O SER E O NADA

Coleção Chaves de Leitura

Coordenador
Robinson dos Santos

Dados Internacionais de Catalogação na Publicação (CIP)
(Câmara Brasileira do Livro, SP, Brasil)

Gardner, Sebastian
  O ser e o nada : uma chave de leitura / Sebastian Gardner ; tradução Luiz Paulo Rouanet. – Petrópolis, RJ : Vozes, 2020. – (Coleção Chaves de Leitura)

Título original: Sartres's Being and Nothingness – A Reader's Guide
Bibliografia.
ISBN 978-85-326-6494-5

1. Existencialismo 2. Filosofia moderna 3. Psicologia existencial 4. Sartre, Jean-Paul, 1905-1980 – Filosofia I. Título. II. Série.

20-34894   CDD-142.78

Índices para catálogo sistemático:
1. Existencialismo : Filosofia   142.78

Maria Alice Ferreira – Bibliotecária – CRB-8/7964

Sebastian Gardner

O SER E O NADA

Uma chave de leitura

Tradução de Luiz Paulo Rouanet

EDITORA
VOZES

Petrópolis

© Sebastian Gardner, 2009.

Título do original em inglês: *Sartres's Being and Nothingness – A Reader's Guide*

Esta tradução é publicada com autorização de Bloomsbury Publishing Plc

Direitos de publicação em língua portuguesa – Brasil:
2020, Editora Vozes Ltda.
Rua Frei Luís, 100
25689-900 Petrópolis, RJ
www.vozes.com.br
Brasil

Todos os direitos reservados. Nenhuma parte desta obra poderá ser reproduzida ou transmitida por qualquer forma e/ou quaisquer meios (eletrônico ou mecânico, incluindo fotocópia e gravação) ou arquivada em qualquer sistema ou banco de dados sem permissão escrita da editora.

CONSELHO EDITORIAL
Diretor
Gilberto Gonçalves Garcia

Editores
Aline dos Santos Carneiro
Edrian Josué Pasini
Marilac Loraine Oleniki
Welder Lancieri Marchini

Conselheiros
Francisco Morás
Ludovico Garmus
Teobaldo Heidemann
Volney J. Berkenbrock

Secretário executivo
João Batista Kreuch

Editoração: Leonardo A.R.T. dos Santos
Diagramação: Sheilandre Desenv. Gráfico
Revisão gráfica: Alessandra Karl
Capa: Editora Vozes
Ilustração de capa: Alexandre Maranhão

ISBN 978-85-326-6494-5 (Brasil)
ISBN 978-0-8264-7468-1 (Reino Unido)

Editado conforme o novo acordo ortográfico.

Este livro foi composto e impresso pela Editora Vozes Ltda.

Em memória de Mark Sacks.

Sumário

Prefácio, 9

1 Contexto, 13

2 Visão geral dos temas, 28

   1 Temas nos primeiros escritos de Sartre, 28

   2 Liberdade e existência humana, 45

   3 Sartre e Kant, 57

3 Lendo o texto, 69

   (A) A ontologia básica, 69

   (B) Estruturas fundamentais do sujeito humano, 139

   (C) Relação com o outro, 188

   (D) Liberdade, motivação e ética, 218

   (E) O ser como um todo, 288

4 Recepção e influência, 301

  1 Críticas filosóficas a *Ser e nada*, 304

  2 *Ser e nada* e o Sartre posterior, 315

  3 A rejeição estruturalista e pós-estruturalista de *Ser e nada*, 320

  4 *Ser e nada* e a filosofia contemporânea, 323

Bibliografia e sugestões para leitura adicional, 329

Índice, 351

Prefácio

O que procurei fazer neste curto livro foi fornecer um comentário que ajude o leitor de Sartre a se sentir à vontade com o livro, e ao mesmo tempo apresente O *ser e o nada* (*SN*) como constituindo um sistema metafísico de um tipo tradicional. Esses objetivos estão conectados. Embora seja possível dirigir a atenção para as passagens marcantes, psicologicamente envolventes, frequentemente citadas em *SN* nas quais Sartre dá livre-curso à sua capacidade de expressão literária da experiência humana, semelhante abordagem deixaria o leitor com pouco mais do que uma apreensão intuitiva das concepções de Sartre e o próprio texto permaneceria opaco. Sartre possui, é claro, uma *Weltanschauung* [Visão de mundo] distinta, a qual, diferentemente de muitos sistemas filosóficos, permite sua pronta tradução para certo poderoso, sensível retrato da condição humana, mas isto pode ser apreendido de maneira mais direta e efetiva pela leitura de suas peças, novelas, estudos biográficos e crítica literária e artística; o investimento de tempo e atenção requeridos para ler na íntegra ou parte substancial de *SN* só faz sentido se o objetivo for compreender por que Sartre pensa que sua visão possui verdade filosófica no sentido estrito da expressão. Pode-se ter dúvidas sobre se é possível fornecer uma formulação filosófica sistemática para uma compreensão profunda e satisfatória da condição humana, mas no que se refere à tarefa de compreender *SN* de acordo com as intenções de seu autor, não se está próximo nem de uma nem de outra, e me esforcei ao longo do livro em mostrar que o sistema metafísico que Sartre apresenta é (em última instância) coerente, cogente e filosoficamente bem motivado, e fornecer da obra pelo menos uma noção remota de sua profundidade, sutileza e riqueza – as quais nos deixam sem fôlego.

Embora a estrutura que Sartre fornece a *SN* não seja de modo algum arbitrária, não há como negar que o texto possui uma tendência a ziguezaguear entre níveis e distinções de tópico de maneiras que envolvem o leitor, mas ao mesmo tempo tornam difícil manter em vista seu argumento geral. É verdade também que as divisões de *SN* em capítulos e seções, por Sartre, nem sempre correspondem nitidamente a diferentes estágios na argumentação do livro. A fim de expor mais claramente a maneira pela qual *SN* progride em termos argumentativos, e assim tornar a posição sistemática que ele apresenta mais fácil de ser apreendida, dividi o comentário em curtas seções designadas a destacar os conceitos, doutrinas e argumentos centrais do trabalho, e me afastei ligeiramente da ordem do texto de Sartre. Não distribuí a quantidade de detalhes em cada seção do comentário de acordo com o número correspondente de páginas do texto de Sartre: alguns tópicos os quais Sartre aborda de maneira rápida, mas que possuem grande importância, recebem comentário relativamente detalhado, enquanto outros que Sartre discute extensamente recebem apenas um breve resumo. Limitações de espaço, de qualquer modo, tornam necessário, lamentavelmente, discorrer pouco sobre amplas passagens do texto – em particular, nos capítulos sobre temporalidade, o corpo e relações concretas com Outros – as quais certamente se beneficiariam com elucidação, mas que podem ser lidas com compreensão adequada, uma vez postas em foco as principais linhas de pensamento de *SN*. Além de esboçar o conteúdo de *SN*, dediquei espaço às questões exegéticas e críticas que me parecem constituir os principais obstáculos para uma apreciação simpática da filosofia de Sartre, e indiquei como se pode tentar enfrentar essas questões. Algumas seções rompem com o comentário textual a fim de discutir temas e questões que dizem respeito a *SN* como um todo. Meus afastamentos da ordem textual de Sartre consistem principalmente em reservar algum material das partes I, II e III de *SN* para discussão posterior na parte (D) do comentário; para aqueles que desejem ler *SN* em uma ordem linear, o sistema de subtítulos com referências textuais permite a localização das seções relevantes do comentário.

As notas servem principalmente para fornecer referências e sugestões de leituras adicionais concernentes ao material histórico e aos escritos de Sartre, cronologicamente anteriores ou posteriores a *SN*, os quais discuto nos capítulos 1, 2 e 4. Literatura secundária sobre Sartre – sobre sua filosofia como um todo e sobre tópicos individuais em *SN* – é fornecida na Bibliografia.

* * *

As referências fornecidas no texto principal, por exemplo, na forma "252/310", são primeiramente à tradução inglesa de Hazel E. Barnes, *Being and Nothingness: An Essay on Phenomenological Ontology* (Londres: Methuen, 1958; atualmente, Londres: Routledge, 1995), e em segundo lugar à edição original francesa, *L'être et le néant. Essai d'ontologie phénoménologique* (Paris: Gallimard, 1943) [Note-se que a última traz paginação diferente da edição posterior "Tel", da Gallimard]. Algumas citações da tradução de

Barnes – que em geral fazem bastante justiça à prosa filosófica exata e lúcida de Sartre, mas contém imprecisões – foram ligeiramente modificadas.* Detalhes bibliográficos completos de todos os escritos de Sartre referidos nas notas são fornecidos na Bibliografia. Detalhes bibliográficos dos escritos de Sartre mencionados nas notas, quando não fornecidos ali, podem ser encontrados na Bibliografia.

A terminologia filosófica de Sartre não é de tão difícil penetração quanto a de muitos filósofos; procurei elucidar termos-chave no ponto em que aparecem no texto de Sartre, mas um glossário adequado é fornecido na tradução de *SN* de Barnes.

* * *

Sou grato a Jim Warren por introduzir-me a *Ser e nada* muito tempo atrás, e por me ajudar a apreciar a força e profundidade das ideias de Sartre. Também sou muito grato a minha colega Sarah Richmond por estimulante e informativa correspondência a respeito de Sartre nos últimos anos. Meus agradecimentos vão, além disso, a minha família, por permitir-me o tempo necessário para permitir uma paixão inútil por escrever um livro sobre nada.

---

* De nossa parte, tomaremos como referência a edição original francesa da Gallimard, 1943, bem como a tradução brasileira de Paulo Perdigão (*O ser e o nada* – Ensaio de ontologia fenomenológica. 24. ed. Petrópolis: Vozes, 2015), procurando seguir de mais perto possível a versão adotada pelo texto em inglês. A referência à edição brasileira virá após as páginas da edição francesa e em inglês, assim: 253/310; 250 [N.T.].

1
CONTEXTO

O mundo filosófico no qual entrou Jean-Paul Sartre, em 1924, com 19 anos, em sua chegada à prestigiosa Escola Normal Superior para estudar filosofia, exibia alto grau de rigidez[1]. Desde aproximadamente o final do século XIX até o início da década de 1930, duas correntes dominaram efetivamente a filosofia francesa: o neokantismo, associado principalmente a Léon Brunschvicg, e o antirracionalismo de Henri Bergson. A primeira oferecia uma versão atenuada de Kant, na qual o programa da investigação filosófica se reduzira à articulação das "condições formais" do conhecimento científico, e que, mediante sua determinação dos currículos

---

1. Sobre o período e desenvolvimentos na filosofia francesa descritos neste cap., cf. KLEINBERG, E. *Generation Existential*: Heidegger's Philosophy in France, 1927-1961. Ithaca: Cornell University Press, 2005, introdução e caps. 1-3. · GUTTING, G. *French Philosophy in the Twentieth Century*. Cambridge: Cambridge University Press, 2001, parte I. · JANICAUD, D. *Heidegger en France*. Vol. 1: Récit. Paris: Albin Michel, 2001, caps. 1-2. · POSTER, M. *Existential Marxism in Postwar France*: From Sartre to Althusser. Princeton: Princeton University Press, 1975, cap. 1. · KELLY, M. *Hegel in France*. Birmingham, 1992, caps. 5-6. · ROCKMORE, T. *Heidegger and french Philosophy*: Humanism, Anti-Humanism, and Being. Londres: Routledge, 1995, caps. 1-4. Para informação biográfica sobre Sartre concernente ao período de 1924 até a publicação de *SN*, em 1943, cf. LEAK, A. *Jean-Paul Sartre*. Londres: Reaktion, 2006, p. 20-59. Em maior detalhe: COHEN-SOLAL, A. *Sartre*: A Life. Londres: Minerva, 1987, partes I-II [trad. Anna Cacogni]. · HAYMAN, R. *Writing Against*: A Biography of Sartre. Londres: Weidenfeld and Nicolson, 1986, caps. 4-14. Sartre descreve suas influências filosóficas em "An interview with Jean-Paul Sartre" (1975), p. 5ss. Sobre essas, cf. tb. LÉVY, B.-H. *Sartre*: The Philosopher of the Twentieth Century. Oxford: Polity, 2003, parte I, cap. 4. · RENAUT, A. *Sartre, le dernier philosophe*. Paris: Grasset, 1993, parte I.

dos departamentos de filosofia ao longo da França mantinham firme dominância institucional; implicitamente endossado pela autoridade política, o neokantismo de Brunschvicg possuía de fato o *status* de uma filosofia estatal oficial na Terceira República. Sartre, como outros de sua geração, foi fortemente afetado em sua compreensão de Kant pela epistemologia racionalista, positivista de Brunschvicg[2]. Bergson, por outro lado, forneceu uma alternativa espiritualista ao neokantismo, um abrigo filosófico para conceitos de livre-arbítrio, experiência religiosa e outros itens cujas pretensões de validade não eram sustentadas ou racionalizadas além do reconhecimento pela epistemologia neokantiana, mas por volta da década de 1920 o bergsonismo perdera muito de seu prestígio filosófico, devido em grande parte à evaporação, após a Primeira Guerra Mundial, da disposição otimista expressa na visão teleológica sobre o desenvolvimento humano, de Bergson. Não obstante, este último, como Brunschvicg, fornece a Sartre, na verdade, um dos pontos de referência mais locais, com mais frequência do que a citação de seus nomes em *SN*.

Contra esse estável, para não dizer congelado pano-de-fundo, o cenário filosófico francês sofreu uma mudança abrupta na década de 1930, devido a uma infusão de intelectuais estrangeiros e, acompanhando-os, da filosofia alemã. A fenomenologia de Husserl, a antropologia existencial que os intérpretes apontavam em *Ser e tempo*, de Heidegger e a concepção de desenvolvimento histórico na *Fenomenologia do espírito*, de Hegel, tudo isso fornecia um rico conjunto de novos temas e materiais metodológicos, suficientes, aos olhos de uma nova geração, para a revitalização da filosofia. O próprio Husserl foi a Paris para pronunciar

---

[2]. Ao mesmo tempo que rejeita como complacente a caracterização de Brunschvicg da situação humana (cf. *The transcendence of the Ego*, p. 50-51).

duas conferências, apresentando uma introdução à fenomenologia transcendental, em fevereiro de 1929[3]. A nova onda de atividade filosófica de orientação germânica se refletiu na publicação, em 1930, do influente *A teoria da intuição na fenomenologia de Husserl*, de Emmanuel Lévinas, e a instituição de uma nova revista fenomenológica, em 1931, *Recherches philosophiques*, pelo russo emigrado Alexandre Koyré; também recebeu forte encorajamento por parte do único membro do corpo docente da Sorbonne oposto ao neokantismo, Jean Wahl, que instava a filosofia a se voltar para "o concreto" e defendia Heidegger como um sucessor não-religioso de Kierkegaard. Mas principalmente, o novo desenvolvimento se centrou em uma série de seminários sobre Hegel, instituída em 1932 novamente por Koyré, mas conduzida de 1933 a 1939 por outro exilado russo, Alexandre Kojève[4]. Kojève apresentou uma leitura unificada de *Ser e tempo* e da *Fenomenologia do espírito*, na qual o momento central da autorrealização histórica humana se situa na "luta pelo reconhecimento" descrita por Hegel no capítulo IV de sua *Fenomenologia*, livro que, além disso, Kojève sustentava ser fenomenológico no sentido de Husserl[5]. A importância do seminário de Kojève para toda uma geração dificilmente pode ser exagerada: entre aqueles que o assistiram estavam Maurice Merleau-Ponty, Jacques Lacan, Raymond Aron, Georges Bataille e André Breton.

Poder-se-ia esperar que Sartre participasse da primeira oportunidade no esforço de assimilar a nova tripla fonte de Hegel-

---

3. *The Paris Lectures* (1929). Retrabalhados e ampliados, foram publicadas em francês em 1931 como *Méditations cartésiennes* (*Meditações cartesianas*), um dos mais importantes escritos tardios de Husserl.
4. Sobre Koyré, Kojève e a história do seminário, cf. KLEINBERG, E. *Generation Existential*. Op. cit., p. 58ss.
5. Cf. KOJÈVE, A. *An Introduction to the Reading of Hegel*: lectures on the Phenomenology of Spirit assembled by Raymond Queneau. Nova York: Basic Books, 1969 [*Introdução à leitura de Hegel*. Rio de Janeiro: Contraponto, 2002].

-Husserl-Heidegger, que outros estavam começando a aceitar na década de 1930, mas seu envolvimento com esse novo desenvolvimento filosófico foi estranhamento adiado[6]. O primeiro envolvimento filosófico de Sartre, formado em sua época escolar, fora com Bergson, em cuja filosofia ele encontrara sobretudo (segundo seu próprio relato), menos uma visão de mundo espiritualizada do que um meio pelo qual a vida psíquica interna podia ser apreendida e magnificada; Bergson tinha o apelo para Sartre de uma contrapartida filosófica a Proust. Sartre afastou-se rapidamente dessa ligação após sua chegada à Escola [*École normale supérieure*], mas não a substituiu por um entusiasmo similar, inequivocamente positivo por qualquer outro filósofo ou movimento filosófico, por um tempo considerável. O estudo de Sartre da história da filosofia na Escola foi amplo, Platão, Kant e Descartes sendo de especial importância para ele[7]. É de particular interesse que, enquanto estava na Escola, Sartre frequentou um curso sobre psicologia patológica, e trabalhou com seu amigo Paul Nizan em uma tradução da *Allgemeine Psychopathologie (Psicopatologia Geral)*, a qual não somente enfatizava a importância da doença mental para a filosofia da mente e psicologia[8], como também expunha Sartre a uma

---

6. Sartre não assistiu ao seminário de Kojève sobre Hegel (embora suas ausências forçadas de Paris em grande parte dos anos de 1930 explique um pouco isso), e *O que é metafísica?*, de Heidegger, que foi publicado em tradução francesa em 1931 e foi lida por Sartre, não suscitou grande interesse por sua parte até muito depois. Cf. a explicação autobiográfica fornecida por Sartre do processo de sua absorção de Husserl e Heidegger em *War diaries*, p. 182-187.
7. Cf. "An interview with Jean-Paul Sartre", p. 8. Hayman (*Writing Against*: A Biography of Sartre. Op. cit., p. 53-55) fornece evidência de que, além disso, Espinosa, Rousseau, Schopenhauer e Nietzsche foram importantes para Sartre, e que este também estava fortemente interessado pelos surrealistas.
8. HAYMAN, R. *Writing Against*: A Biography of Sartre. Op. cit., p. 53, 61, 67. Em 1935, Sartre experimentou mescalina (cf. a entrevista de 1972 em *Sartre by himself*, p. 37-38); seu interesse em anormalidade psicológica se mostra em *Esboço para uma teoria das emoções* e em *The imagination [A imaginação]*, p. 148-159. Estados não normais de mente são referidos com frequência, em *SN*, por sua significação filosófica.

formulação sofisticada da posição antinaturalista segundo a qual a chave para a explanação psicológica reside na descoberta de conexões não-causais de significado. O êxito acadêmico de Sartre na Escola, ao final, foi notável: após ter sido reprovado no exame de *agrégation*, em 1928, devido a uma equivocada tentativa de impressionar com sua originalidade, ao refazer o exame no ano seguinte Sartre obteve o primeiro lugar (com Simone de Beauvoir em segundo lugar, ambos tendo então iniciado seu envolvimento que durou a vida toda).

Por cerca de uma década após sua saída da Escola, Sartre, perseguindo a concepção que formara a seu próprio respeito desde sua infância como sendo acima de tudo um escritor, não alcançou particular sucesso. Os períodos obrigatórios despendidos no serviço militar (de 1929 a 1931) e então como professor escolar de filosofia nas províncias (principalmente em Le Havre, de 1931 a 1936) permitiram a Sartre expandir ainda mais o já amplo espectro de suas leituras, mas seus primeiros escritos, compreendendo algumas composições e ensaios literários de caráter híbrido filosófico-literário, eram estilisticamente idiossincráticos e desfocados, e as poucas peças eventualmente aceitas para publicação não encontraram aclamação[9].

Em seus primeiros anos pós-Escola, os temas gêmeos, inter-relacionados da consciência estética (interesse o qual, sendo limítrofe de uma atração pelo esteticismo, persistiu desde os primeiros anos de Sartre)[10], e da contingência (a qual fora o tema de uma das

---

9. Cf., p. ex., de Sartre, "The legend of truth" (1931), uma exposição especulativa, nietzscheana de como o valor da verdade se formou.
10. Cf., p. ex., "Motion Picture art" ["A arte do cinema"] (1931). A conclusão de *A náusea* (p. 246-253) mantém a ideia nietzschiana de uma justificação da existência por intermédio da arte, mas em termos tão incertos e alienados que não constituem uma base

duas dissertações de *agrégation* de Sartre na Escola), dominaram as reflexões de Sartre, mas nenhuma orientação filosófica podia ainda ser atribuída a ele. O ponto de virada (segundo a mitologia sartreana, mas o acontecimento é também historicamente bem atestado), ocorreu em um café em Paris em 1932, quando Aron, utilizando um copo de bebida como exemplo de um objeto que poderia ser submetido a análise fenomenológica, abriu abruptamente os olhos de Sartre para o projeto de Husserl de um retorno à experiência vivida concreta. O livro de Lévinas permitiu a Sartre pela primeira vez tomar conhecimento a sério das ideias de Husserl, e um arranjo com Aron permitiu-lhe passar o ano acadêmico de 1933-1934 como pesquisador no Instituto Francês em Berlim, imerso no estudo de Husserl. Numa série de escritos filosóficos publicada entre 1936 e 1940, lidando com tópicos na filosofia da psicologia de um ponto de vista fenomenológico, principalmente husserliano, Sartre mostrou seu alinhamento com o novo desenvolvimento da filosofia francesa, de base alemã, enquanto o tema da contingência, que havia por muito tempo preocupado Sartre, alcançou expressão literária final em *A náusea* (1938). Esses escritos manifestavam extraordinária novidade, originalidade e brilho penetrante. O romance, em particular, rompeu fronteiras ao demonstrar novas possibilidades para a realização de ideias filosóficas em forma literária, e em virtude da reconhecível sensibilidade existencialista que ali é expressa; juntamente com um conjunto de contos publicados em 1939, granjearam a Sartre imediato reconhecimento literário, confirmado por resenhas favoráveis e solicitações de artigos de distintas fontes literárias, como a *Nouvelle Revue Française*.

---

para atribuir semelhante convicção a Sartre. Seu repúdio filosófico do esteticismo é explícito em *The imaginary*, p. 188-194.

A trajetória ascendente de Sartre foi interrompida quase instantaneamente, porém, pela irrupção da guerra: mobilizado em setembro de 1939 e designado para uma unidade meteorológica na Alsácia, Sartre foi feito prisioneiro em junho de 1940 e mantido em um campo de prisioneiros [*Stalag*] em Trier até março de 1941, quando conseguiu ser libertado alegando motivos de saúde (piora de seu estrabismo, em parte fingido). Sartre retornou então à atividade de professor de escola, e fundou imediatamente, junto com Maurice Merleau-Ponty, um grupo intelectual, "Socialismo e liberdade", com o objetivo de organizar resistência à colaboração entre Vichy e os nazistas, grupo que cresceu em número de associados, mas por falta de apoio de figuras estabelecidas e em consequência das iniciativas de repressão da Gestapo, foi dissolvido no mesmo ano.

Vivendo em Paris sob a Ocupação, Sartre retornou à escrita filosófica[11]. Sartre começara a escrever um livro com o título *O ser e o nada* em 1940[12], e o texto final foi composto entre dezembro de 1941 e outubro de 1942. Com sua publicação em 1943, Sartre mostrou ter levado a assimilação da filosofia germânica um passo além do que seus contemporâneos. No período que decorrera desde seus textos husserlianos da década de 1930, Sartre absorvera a filosofia de Heidegger, mas não se deteve nela[13]. Não mais se

---

11. Por que teria Sartre passado da resistência ativa à (mera) filosofia? Sobre esse período crucial, cf. LÉVY, B.-H. *Adventures of the Freedom Road*: The French Intellectuals in the 20th Century. Londres: Harvill, 1995, p. 231-238. • LÉVY, B.-H. *Sartre*: The Philosopher of the Twentieth Century. Op. cit., p. 289-294, estabelecendo o registro correto.
12. Sartre menciona seu trabalho em *SN* e cartas a Beauvoir em julho de 1940 (*Quiet moments in a war*, p. 234, 235 e 237) e em 1974 sustentou que ambos conceberam e escreveram *SN* na guerra "estranha" e no *Stalag* ("Conversations with Sartre", p. 156-157).
13. Essa leitura, ou releitura com endosso de Heidegger ocorre entre 1938 e 1940. Cf. *War diaries*, p. 183-136, onde Sartre diz que foi somente quando descobriu o "impasse" em Husserl (a saber, seu idealismo e solipsismo) que ele "se voltou para Heidegger" (p. 184). Por razões de espaço, não tentei registrar sistematicamente em meu comentário os empréstimos de Heidegger feitos por Sartre, mas o tamanho da dívida é bas-

limitando a se envolver no tipo de exegese criativa praticada por Kojève, *SN* formula uma posição filosófica que, embora reconhecendo plenamente seus débitos germânicos, pretende tê-los definitivamente superado: tanto Husserl como Heidegger são acusados de erros e de ficarem abaixo de suas próprias intuições mais profundas, e *SN* contesta ferozmente a tese hegeliana de uma rompante histórica rumo a um nível mais alto de racionalidade.

A filosofia de *SN* e a filosofia de Sartre, não são as mesmas. *SN* corresponde a um único ponto do desenvolvimento de Sartre, representando a culminação de seu envolvimento com Husserl, Heidegger e o projeto da fenomenologia. A produção filosófica de Sartre nos anos pós-guerra inclui uma série de textos publicados

---

tante considerável, como revelará uma leitura do texto de Heidegger de 1929, *O que é metafísica?* Tampouco forneci uma explanação sobre as diferenças filosóficas entre Sartre e Heidegger, além daquelas implicadas pelas críticas feitas a Heidegger em *SN* discutidas em meu texto. O que pode ser dito, muito brevemente, é que, embora a filosofia envolva substancial duplicação de temas heideggerianos, o seu sentido é sempre questionado e com frequência fundamentalmente revertidos no processo. As apropriações de Sartre são seletivas, envolvem importantes cortes e resultam numa posição filosófica mais nitidamente esboçada. O caráter relativamente definido dos compromissos filosóficos de Sartre, em comparação com os de Heidegger, deve-se na raiz à diferença metafilosófica de que as intenções de Heidegger são destrutivas em relação à concepção tradicional da filosofia, com a qual Sartre não tem atrito. Assim, a cada vez que Sartre encontra uma estrutura na exposição de Heidegger do *Dasein* que ele considera adequada para incorporação no sistema de *SN* ele se pergunta como ela deve aparecer na perspectiva da consciência, e a reformula em conformidade com isso; e uma vez que a analítica do *Dasein* é designada de modo a erodir o quadro filosófico husserliano, e de modo mais geral, o quadro filosófico moderno, o resultado – dependendo de se considerar que Sartre foi bem-sucedido ou não – é seja um cartesianismo incoerente, ou revolucionado e regenerado: do ponto de vista de Sartre, as intuições de Heidegger são apenas parcialmente articuladas, e suas teses deixam de apreciar que a subjetividade é parte do problema, e não pode ser valorizada independente da cegueira para a questão do significado do Ser, que precisa ser superada. Em certos momentos, o resultado da "subjetivização" de Heidegger por Sartre parece ser um resgate de Kierkegaard, como o registro de 1939, em *War diaries*, p. 131-134, ilustra a respeito do tema do nada. Sobre o motivo pelo qual Sartre pode ser, para melhor ou para pior, acusado de ter cometido sérios erros de leitura de Heidegger, cf. cap. 4.

mais curtos nos quais reafirmou e defendeu a posição de *SN*, e grande parte de material não publicado no qual Sartre tentou elaborar suas implicações para a filosofia prática, mas que acabaram resultando – com a publicação, em 1960, do primeiro volume da *Crítica da razão dialética*, um trabalho monumental visando reconstruir o marxismo em termos de um novo conjunto de categorias filosóficas – numa perspectiva filosófica que nenhum leitor de *SN* poderia ter previsto. A relação entre o trabalho filosófico acadêmico de Sartre, por um lado, e seus escritos literários, culturais e políticos, por outro, é complexa, e o grau em que seus escritos filosóficos posteriores apresentam continuidade ou rompem com as posições adotadas em *SN* é uma questão de debate. Embora os intensos e múltiplos envolvimentos políticos de Sartre na década de 1950 tenham agido como estímulo material para sua formulação de uma teoria das condições da ação coletiva, pode-se argumentar que *SN* preserva um espaço, embora não o exija estritamente, para a filosofia da história e da existência coletiva apresentadas na *Crítica da razão dialética*. O interesse de Sartre como filósofo, portanto, não se esgota em *SN*; o que não está aberto para debate é o lugar único e central que este ocupa no corpo das obras de Sartre.

* * *

O termo existencialismo se associa mais estreitamente a Sartre do que a qualquer outro pensador, e em 1945, em todo caso, Sartre endossava sua aplicação à sua filosofia. No amplo sentido em que o termo é usualmente empregado, existencialismo denota um movimento de pensamento pelo qual valores estabelecidos, e as visões de mundo a eles associadas, são sujeitas a uma radical reavaliação cética e o indivíduo, voltado a si mesmo como último recurso, procura evitar o niilismo ao extrapolar a partir de sua simples autoconsciência uma orientação normativa. Em que consiste mais exatamente o existencialismo, como ele difere do sistema kantiano e de outros sistemas morais modernos, e se ele possui genuína utilidade como categoria filosófica, ou se ele se refere antes a um estado de espírito ou à mentalidade – na Modernidade tardia – de grande importância cultural e artística, não são questões que precisam ser abordadas aqui. O que é útil nos centrarmos aqui, para compreensão de SN, é a tradição, ou tema recorrente, na filosofia moderna tardia, que assevera forte e direta conexão entre os problemas filosóficos altamente abstratos postos pelo conceito de ser ou existência, e as preocupações práticas e axiológicas do indivíduo.

A primeira sugestão de que a questão de como ser ou existência deveriam ser compreendidos importa da perspectiva da tentativa do indivíduo de alcançar uma relação segura e positiva com o Bem foi feita por Friedrich Heinrich Jacobi, contemporâneo e crítico de Kant, e figura de crucial importância para os idealistas alemães[14]. A filosofia de Kant, argumentava Jacobi, apenas reiterara a aniquilação da realidade e liberdade do indivíduo e da própria possibilidade do conhecimento ou do valor que estavam contidos antes, embora em diferente forma, no grande sistema de Espinosa. Jacobi introduziu o termo "niilismo" para se referir a esse grande movimento de destruição intelectual. A falha de Espinosa e Kant, segundo Jacobi, não foi o fato de terem desenvolvido suas filosofias de maneiras que carecessem do tipo de justificação apropriada para a atividade conceptual; mas, pelo contrário, de que seguiram a lógica da investigação filosófica com consistência até sua própria

---

14. Seleções dos escritos de Jacobi estão disponíveis em: *The Main Philosophical Writings and the Novel Allwill*. Montreal/Kingston: McGill-Queen's University Press, 1994.

desastrosa conclusão; e desse modo, argumentava Jacobi, o que deveríamos aprender de seus esforços (como Hume apreciara, de acordo com o construto de Jacobi) é a necessidade de darmos as costas para a razão filosófica ou, em todo caso, de circunscrever bastante estreitamente sua legitimidade. E o que, em última instância, justifica essa rejeição da autoridade abrangente da reflexão filosófica é o reconhecimento (o qual, admitia Jacobi, precisávamos agradecer a Kant) de que todas nossas pretensões de conhecimento, seja de Deus, do Bem ou do mundo externo, repousam sobre uma base que é *sui generis*, irredutível e não conceptual, a saber, um *sentimento* ou intuição diretamente sentida do *ser*. Nada pode, ou é necessário para, demonstrar a realidade do ser, mas sem ele ficamos abandonados ao nada, e com ele somos devolvidos a um mundo dotado de significado possuindo as características básicas a ele atribuídas pelo teísmo cristão, no qual o indivíduo humano goza de plena realidade, liberdade de vontade e propósito.

Jacobi não integrou as fileiras dos grandes filósofos, mas seus escritos filosóficos tiveram outra forma de êxito, ao estabelecer uma agenda e identificar uma série de temas e questões que mais tarde filósofos pós-kantianos consideraram que deviam ser abordados. Assim, os sistemas dos idealistas alemães são regidos em alto grau pelas preocupações de Jacobi, na medida em que procuram mostrar, *contra* Jacobi, que é possível a um sistema filosófico não só evitar, mas combater o niilismo ao qual, segundo Jacobi, o empreendimento filosófico necessariamente nos condena. As diferentes maneiras pelas quais os idealistas alemães procuraram executar esse projeto não podem ser discutidas aqui[15], mas existem

---
15. Para uma explicação completa de Jacobi e do idealismo pós-kantiano, cf. FRANKS, P. *All or nothing*: Systematicity, transcendental arguments, and Skepticism in German Idealism. Cambridge: Harvard University Press, 2005.

certos pontos particulares no desenvolvimento e recepção tardia do idealismo alemão que merecem ser mencionados pelo que mostram das profundas raízes históricas, e significação filosófica, da filosofia de Sartre em *SN*.

De todas as querelas e divisões dentre as fileiras do idealismo alemão, os debates de Schelling com Fichte e Hegel se destacam por sua relevância para Sartre. A primeira exposição de sua filosofia, que ele chamou de *Wissenschaftstlehre* ("Doutrina do conhecimento sistemático")*, envolvia uma tentativa altamente complexa de elaborar um sistema abrangente da realidade com base no puro "Eu" da autoconsciência individual, enfrentando assim o desafio de Jacobi de mostrar como a sistematicidade filosófica poderia firmar a realidade e finalidade do indivíduo. De maneira estruturalmente similar, Hegel sustenta que seu sistema, ou "Enciclopédia das ciências filosóficas", na parte que ele intitula Ciência da Lógica, permite que partamos da consideração do puro conceito do Ser (*via* seu oposto dialético, o conceito de Nada) para uma completa compreensão da realidade. Contra ambos, Schelling apresenta o mesmo tipo de objeção jacobiana: contra Fichte, que sua exposição do "Eu" precisa ser suplementada por uma "filosofia da natureza" que proceda do ser da natureza dado a nós *a posteriori*, e contra Hegel, que a filosofia meramente "negativa" de sua Lógica – precisamente porque é designada como uma estrutura autônoma exclusivamente conceptual – fracassa inteiramente em apreender o ser efetivo, como oposto ao ser meramente hipotético que é projetado e antecipado no uso de conceitos.

---

* Em português, traduziu-se a expressão *Wissenschaftstlehre* por "Doutrina-da-ciência", ou simplesmente "Doutrina da ciência"; sigo aqui a tradução do autor, "doctrine of systematic knowledge" [N.T.].

Os ataques de Schelling às supostas autonomias (inter-relacionadas) do *self* e da conceptualidade se ramificam ao longo da filosofia do século XIX, e pode ser descoberta subjazendo – para tomar um exemplo importante, conhecido por Sartre e ecoado em *SN* – à concepção de Schopenhauer do sujeito reflexivo consciente contraposto a uma realidade alheia, inimiga. Mais importante, porém, para o fim de compreender *SN*, é a retomada por Kierkegaard do antihegelianismo de Schelling, tal como apresentado em seu *Conclusivo pós-escrito não-científico* (1846). No início de seu trabalho, Kierkegaard se refere explicitamente a Jacobi e, como este, tem como objetivo final formar em seu leitor uma consciência religiosa, mas uma muito mais problemática e livre de ansiedade do que a ortodoxia cristã, à qual Jacobi acredita que deveríamos retornar. A estratégia filosófica empregada por Kierkegaard para realizar esse fim – e é importante notar que Kierkegaard não está apresentando um novo sistema, mas está novamente, como Jacobi, tentando nos ajudar a encontrar o caminho em meio à estupidificante prisão da sistematização filosófica – envolve um apelo ao que ele chama de "subjetividade". A "verdade da subjetividade" é definida por Kierkegaard negativamente, em termos de sua oposição à "objetividade" do hegelianismo de seus contemporâneos, o qual nos instrui a nos satisfazermos com a contemplação do progresso da Razão na história humana, e positivamente, em termos da tarefa do individual de relacionar sua existência, numa condição de intensa, apaixonada "interiorização", à verdade eterna. O conceito de existência, em sua aplicação ao indivíduo humano, é assim reconfigurado por Kierkegaard em um novo tipo de categoria filosófica, designando aquilo pelo qual, corretamente apreendido, isto é, a subjetividade, revela-se como, e se expressa na atividade e esforço infinitos[16].

Quanto dessa história da filosofia Sartre conhecia, e o quão bem ele a conhecia, seja em primeira mão, seja indiretamente, é difícil determinar[17]. O que está claro, no entanto, é que, como se revelará no devido momento, em termos sistemáticos a filosofia de Sartre se situa firmemente dentro da matriz de debates e posições que acabamos de esboçar[18]. Sartre começa, como notado acima, com o projeto de Husserl de uma explicação imanente da consciência, designada para mostrar que estruturas subjazem à consciência intencionalmente dirigida para objetos e como a consciência atinge seu alvo em um mundo objetivo, mas como será visto no próximo capítulo, ao longo da década de 1930, Sartre trabalhou dentro do quadro husserliano e em grande medida procurou sair dele, e em *SN* ele se envolve plenamente com os temas metafí-

---

16. Cf. *Concluding unscientific postscript*, p. 84-86, para uma sucinta apresentação dessa ideia. A tese de Kierkegaard da natureza prática, na forma de tarefa do "Eu" remete a Fichte.
17. Está claro pelo menos que Sartre conhecia Kierkegaard, uma vez que em seus *Diários de guerra* para 1939 (p. 120, 124, 133-134, 139) ele registra suas reflexões sobre *O conceito do temor*, de Kierkegaard, e o estudo de Wahl de 1938 sobre Kierkegaard. O ensaio de Sartre sobre Kierkegaard, "Kierkegaard e o singular universal", data de 1966, mas deixa claro como exatamente *SN* pode ser uma retomada da filosofia de Kierkegaard.
18. Uma importante figura histórica ausente do esboço que acabamos de apresentar dos antecessores filosóficos de Sartre, mas com quem Sartre é frequentemente associado, é Nietzsche. Sartre e Nietzsche têm um terreno comum – suas ideias concernentes à importância da morte de Deus e do peso da autorresponsabilidade possuem similaridades, e há uma convergência entre a ideia de Sartre de liberdade absoluta e o ideal afirmativo da vida de eterno retorno, de Nietzsche (cf. § 35) – mas eles se afastam por suas posições bastante diferentes em relação ao naturalismo, ao escopo da razão filosófica e à possibilidade da filosofia sistemática. É particularmente importante não trazer para nossa compreensão de Sartre a combinação do subjetivismo moral com o autocriacionismo a qual (seja ou não realmente sua visão) é tradicionalmente atribuída a Nietzsche (cf. § 44). Para uma avaliação justa da relação de Sartre com Nietzsche, cf. LÉVY, B.-H. *Sartre*: The Philosopher of the Twentieth Century. Op. cit., p. 127-133.

sicos da agenda de Jacobi. Para antecipar, o que encontraremos em Sartre não é mera reprodução de qualquer posição anterior na história da filosofia, mas algo de fascinante originalidade: uma complexa e modificada reafirmação da tese de Jacobi-Schelling da prioridade do ser, a qual incorpora a exigência anti-hegeliana de Kierkegaard de que a filosofia articule a verdade da subjetividade. Porém, *contra* Jacobi e Kierkegaard, Sartre articula sua posição em forma filosófica plenamente sistemática, a qual possui fortes similaridades com a concepção de Fichte de uma *Wissenschaftstlehre* baseada no Eu[19]. E embora haja um alto e claro eco de consciência religiosa na filosofia de Sartre – um padre encarcerado no *Stalag* com Sartre o descreveu como "um ser como nenhum outro, uma espécie de profeta"[20] –, sua dimensão teológica é inequivocamente negativa: ateísmo, segundo Sartre, é uma condição necessária para que o homem alcance seu próprio fim.

---

19. Um estudo esclarecedor da relação Fichte-Sartre pode ser encontrado em BREAZEALE, D. "Von Idealismus zum Existenzialismus Direttissima: Fichte/Sartre". *Fichte-Studien* 22, 2003, p. 171-192.
20. Apud COHEN-SOLAL, A. *Sartre*: A Life. Op. cit., p. 154.

2
VISÃO GERAL DOS TEMAS

Extraordinários número e gama de tópicos figuram nas oitocentas e tantas páginas que compõem *SN*, indo da estrutura do tempo e do fato de que algo exista em geral, até a autoconsciência, conhecimento de outras mentes, a dinâmica da vida sexual humana e o conceito de caráter de uma pessoa. Não obstante, *SN* pretende formar um todo no qual todas as questões de filosofia – com a exceção da ética, que Sartre adia para livro posterior – recebem respostas sistemáticas. Como é bem conhecido, o tema que confere unidade ao sistema de *SN* – seu núcleo central, com base no qual e em referência ao qual suas teorias do tempo, da autoconsciência, da sexualidade e outras são desenvolvidas – é o da liberdade humana. Em que consiste exatamente a liberdade, segundo Sartre, será discutido bem depois, mas é útil, antes de embarcar em *SN*, possuir alguma ideia sobre como Sartre considera que a questão da liberdade humana deve ser filosoficamente abordada. Neste capítulo, tentarei mostrar, a partir de três diferentes ângulos, em que consiste a estratégia de *SN*.

1 Temas nos primeiros escritos de Sartre

Em termos de sua biografia filosófica, como indicado no capítulo anterior, Sartre não começou com o problema da liberdade, mas um exame de seus primeiros escritos filosóficos publicados nos ajuda a compreender como e por que a liberdade passou a ocupar o centro do palco, e iniciarei com uma discussão de alguns deles. *SN* não pressupõe familiaridade com qualquer dos escritos filosóficos anteriores de Sartre, e algumas das principais ideias que eles apresentam voltam a aparecer sem modificação em *SN*. Uma leitura dos primeiros escritos propicia uma indução à perspectiva filosófica de *SN*, e sua relativa brevidade, juntamente com a simplificação filosófica que resulta do fato de serem dedicados a tópicos filosóficos bem conhecidos – o *self*, a emoção e a imaginação – recomenda semelhante abordagem (também fornecem uma introdução às preocupações filosóficas de Sartre, de natureza mais informal, os diários que ele manteve em 1939-1940, ou seja, pouco antes da redação de *SN*, publicado postumamente como *War diaries*)*.

O mais importante entre os primeiros textos de Sartre, do ponto de vista da compreensão de *SN*, é sem sombra de dúvida *A transcendência do ego* (1936). Esse ensaio começa discutindo o que poderia parecer ser quase um ponto técnico na fenomenologia transcendental de Husserl, de interesse apenas para aqueles que trabalham no interior do programa de Husserl, mas com base nisso, Sartre desdobra uma intrigante e radicalmente original metafísica do sujeito humano, que se contrapõe à concepção comum de identidade pessoal.

A tese de Husserl que Sartre mira é a postulação pelo primeiro de um "ego transcendental" como fonte e fundamento de todas as nossas relações intencionais com objetos. Nos termos da ortodoxia transcendental, essa tese de Husserl parece inócua, e desse

---

* Em francês, *Carnets de la drôle de guerre* (Septembre 1939-Mars 1940). Paris: Gallimard, 1983 [trad. bras.: *Diários de uma guerra estranha*. São Paulo: Círculo do Livro, 1990].

modo recebe a explícita sanção de Kant: parece meramente dizer que, porque deve ser possível que todos os meus estados de consciência sejam pensados (por mim) como sendo meus, o campo da consciência ao qual chegamos por meio da redução husserliana deve ser visto como "pertencente" a um sujeito não-empírico, e por isso, transcendental.

O que provoca Sartre é a observação de que, com a transposição da tese de Kant concernente ao "Eu penso" (a "unidade transcendental da apercepção") para a fenomenologia, o estatuto do sujeito transcendental muda de forma importante. As teses de Kant relativas às "condições de possibilidade" da experiência e do conhecimento, na leitura de Sartre, não envolvem pretensões existenciais: possuem caráter exclusivamente *de jure*, não *de facto*[21]. A versão *fenomenológica* de Husserl da tese kantiana, contudo, não envolve pensar o "sujeito transcendental" como possuindo realidade, e isto, sustenta Sartre, não pode ser aceito.

Fenomenologia é uma ciência descritiva, e o que ela descreve é tudo aquilo que é dado à consciência (pura), *qua* dado. A questão, portanto, é saber se um ego transcendental atende a essa condição.

---

21. *Transcendence of the Ego*, p. 2-3. Sartre se esforça para enfatizar que ele não tem disputas com Kant, mesmo se declarando "feliz em acreditar na existência de uma consciência constituinte" (p. 4). Isto é um tanto quanto enganador, pois soa como se Sartre estivesse se alinhando ao idealismo transcendental, quando de fato (como logo se revela) ele nega que os objetos em geral sejam constituídos pelo sujeito; realmente, Sartre está apenas admitindo provisoriamente o sujeito do idealismo kantiano, e em prol do argumento. É digno de nota – porque a questão também surge com respeito a *SN*, e não é meramente terminológica – que Sartre revela aqui uma compreensão do conceito de "transcendental" que o dissocia inteiramente do idealismo, ao mesmo tempo em que retém a ideia de "pré-mundanidade": o transcendental é o que pertence à subjetividade anteriormente a (independente de, em abstração de) sua imersão no mundo concreto efetivo e seu engajamento nele ou, em outros termos, às dimensões puramente formais da subjetividade. Retornarei a esse ponto depois.

De maneira indiscutível, minha existência como entidade empírica, psicofísica é dada a mim; e também me é dado que, se reflito sobre meus estados de consciência, penso esses estados como meus (como Kant afirma ser necessário, para que o conhecimento empírico seja possível, que ele seja *de jure*). Esses dois dados não implicam ego transcendental, porém: o primeiro, porque o *self* empírico é claramente distinto de, e insuficiente para, qualquer *self* transcendental; e o segundo porque, segundo Sartre, não há necessidade de explanação à qual ele responda, e o que é ainda mais decisivo, ele na verdade torna a autoconsciência ininteligível.

As considerações kantianas padronizadas às quais Husserl apela em favor de um sujeito transcendental giram em torno da necessidade de que algo figure como sujeito-termo dos atos sintéticos que, por sua vez, são requeridos para a unidade da consciência. Sartre rejeita esse argumento com base em que: (1) Pode-se considerar que a unidade de consciência derive da unidade dos objetos, por exemplo, a unidade desta caneta fornece a unidade do que tomo como sendo minhas várias experiências perceptuais dela. Uma vez que a fenomenologia declarou que a consciência é definida pela intencionalidade, e a intencionalidade envolve transcendência a um objeto, os objetos da consciência estão disponíveis como recursos explanatórios, em lugar de um ego transcendental. (2) A unidade da consciência ao longo do tempo – sua "duração" – não necessita de explanação, na medida em que concebemos a consciência primordialmente (como o próprio Husserl mostrou que pode ser feito, em seu trabalho sobre a consciência do tempo interno) como uma estrutura temporalmente extensa, ao invés de instantânea[22]. Assim, o "Eu" transcendental é *supérfluo*.

---

22. Ibid., p. 6-7.

O "Eu" transcendental, além disso, é *incompatível* com a autoconsciência: "se existisse, separaria violentamente a consciência de si mesma, a dividiria, fatiando-a mediante cada consciência como uma lâmina opaca. O Eu transcendental é a morte da consciência"[23]. O argumento de Sartre, explicando essas metáforas, é que, como uma questão de fato fenomenológica, nós não encontramos um "Eu" em "primeira ordem" ou uma consciência "*não reflexiva*", por exemplo, desta caneta na escrivaninha[24], e não *poderíamos* fazê-lo, pois não há um espaço a ser ocupado pelo "Eu". O ponto-chave é que, para que a explicação de Husserl funcione, duas condições precisam ser satisfeitas: o "Eu" (a) não deve ser um *objeto da* consciência, pois seria então *externo*, mas não obstante (b) precisa ser "algo *para a* consciência" (e não, p. ex., uma mera "qualidade" da consciência). O "Eu", a fim de ser *interior* à consciência, portanto, precisaria *habitar* a consciência. Mas isto é incompatível com o caráter necessariamente diáfano, translúcido da relação de intencionalidade consciente – daí a descrição de Sartre do "Eu" como uma congelante e obscurecedora consciência, destruindo sua espontaneidade, tornando-a opaca e "*ponderável*"[25]. Sartre acrescenta posteriormente outro argumento: se um "Eu"

---

23. Ibid., p. 7.
24. Sartre também introduz (ibid., p. 7-8) a ideia (afirmada anteriormente, em *Imagination*, p. 115) de que semelhante consciência é também *consciente de si mesma*, mas aqui sem argumento; este é fornecido depois em *SN* (cf. § 3). Note-se também o argumento fornecido nas p. 11-13, respondendo à objeção de que a experiência não pode validar essa proposição de que a consciência pré-reflexiva dos objetos é livre de um "Eu", uma vez que qualquer consulta dele envolve reflexão, e nos mostra assim um "Eu".
25. Ibid., p. 8-9. Isso leva Sartre, em raras ocasiões (p. ex., ibid., p. 51) a rejeitar inteiramente o termo "sujeito", mas também e com maior frequência Sartre continua a falar de um sujeito e de subjetividade, compreendido simplesmente como consciência: isto "não é mais o sujeito no significado kantiano do termo, mas é a própria subjetividade" (*SN*, xxxiii/24), e a "Subjetividade não está *na* consciência: *é* a consciência" ("An interview with Jean-Paul Sartre" (1975), p. 11).

estivesse presente no nível irreflexivo, sua identidade, ou comunicação com o "Eu" da consciência reflexiva não poderia ser compreendida; os "Eus" se multiplicariam sem conexão inteligível[26].

Mas, se não existe Eu transcendental, como espera Sartre explicar a existência real da autoconsciência no sentido do segundo dado, isto é, a presença efetiva e necessária de um "Eu" em cada ocasião em que reflito sobre meus estados de consciência? O que é mais preocupante ainda, pode parecer que o argumento de Sartre passou do ponto: se a autoconsciência é consciência de um *self*, e o *self* não pode nem ser um objeto nem habitar minha consciência, então a autoconsciência é impossível, caso em que, ao que parece, pensamentos de "Eu penso" são impossíveis – o que obviamente não são.

A resposta de Sartre é de que, é claro, enquanto existe uma conexão necessária entre reflexão e o "Eu", os dados são levados em conta pela suposição (1) de que o ato de reflexão *cria* o "Eu" e o *insere* ou interpola no campo irreflexivo (explicação que Husserl não está em posição de rejeitar, tendo ele próprio argumentado que a reflexão reconfigura a consciência para a qual ela se dirige); e (2) que o "Eu" deveria ser analisado como "tendo com o eu concreto e psicofísico a mesma relação que um ponto tem com três dimensões: trata-se de um *eu* infinitamente contraído"[27]. A segunda parte dessa exposição, sem apelar a um ego transcendental, explica porque "Eu" não pode ser pensado sem conteúdo existencial, e

---

26. *The transcendence of the Ego*, p. 15. Note-se que este argumento adicional é independente do argumento anterior apenas se supusermos que o "Eu" transcendental de Husserl receba uma *explanação* para a possibilidade de tomar a mim mesmo tanto como sujeito quanto como objeto, e pode-se duvidar que Husserl pretendesse tomar essa posição. Mas Sartre está bastante correto em afirmar que a identidade do self em sua dupla condição de sujeito e objeto é um *explanandum* implicado pelo modelo de Husserl, para o qual não se sugere nenhum óbvio *explanans*.
27. Ibid., p. 8.

porque, no entanto, não é o pensamento de qualquer objeto *como* possuindo as propriedades de uma entidade concreta e psicofísica. Suporte adicional para essas interpretações provém da observação de que existe uma incongruência entre o *quê* pensamos por meio do conceito "Eu" e a *base* sobre a qual ele é pensado: a ideia de um "Eu" é de algo que possui permanência além da consciência que atualmente o mantém e, de fato, além de "toda consciência". Porque a ideia do "Eu" é de que algo não perecível que possui um conteúdo o qual não é dado e "precisaria ser desenvolvido", seu "tipo de existência", como Sartre o coloca, é "muito mais próximo daquele das verdades eternas do que daquele da consciência"[28]. Se a metafísica do "Eu" e sua epistemologia se separam de maneira tão chocante, então não podemos alegar certeza com respeito à natureza do "Eu", e devemos tratá-la como um item problemático, filosoficamente suspeito[29].

Importantes partes do relato de Sartre permanecem subdesenvolvidas em *A transcendência do ego*. Por exemplo, a ideia de que "Eu" se refere *a* uma entidade concreta, mas não *como* essa entidade concreta, é tanto intrigante quanto atrativa – de onde vem o peculiar modo de apresentação que constitui o "Eu"? E por que, de fato, deveria qualquer "Eu" aparecer por ocasião da reflexão? *SN* preencherá essas lacunas, mas a realização total já é considerável: Sartre articulou a possibilidade de que o campo de consciência transcendental seja "*sem um Eu*" e é isto o que torna o "Eu" possível, e mostrou que há muito a favor de sua metafísica, em detrimento daquela de Husserl.

Há dois grandes problemas com a posição assumida em *A transcendência do ego*, porém. O primeiro, que corre o risco de fazer

---

28. Ibid., p. 14-15.
29. Ibid., p. 15, A argumentação por trás dessa tese de Sartre está contida nos Paralogismos da razão pura, na *Crítica da razão pura*, de Kant.

voltar à posição de Husserl, diz respeito à individuação dos campos de consciência impessoal. Sartre pode ter mostrado que um "Eu" transcendental não é capaz de explicar o que fornece a um campo de consciência sua identidade, e que seu próprio modelo fornece uma melhor explanação da autoconsciência, mas esse modelo ainda pressupõe a noção de um campo *particular* de consciência, e mesmo se o fundamento de sua individuação não for pessoal – Sartre mostrou por que deveríamos hesitar em pensar que ele não possui o caráter de um "Eu" –, parece que ainda precisa haver *algum* fundamento, e em *A transcendência do ego* Sartre não diz qual ele é: ele reconhece que a consciência constitui uma "totalidade sintética, individual", mas descarta o problema que isso levanta com a observação de que a individualidade da consciência deriva de sua própria natureza[30].

O segundo problema, ligado ao primeiro, é que embora possamos concordar com Sartre que a reflexão não pode ser compreendida em termos de um juízo comum de identidade, ela contém *algum* elemento de reflexividade que Sartre parece ter deixado de notar. Sartre afirma que "minha consciência reflexiva não toma a si mesma por objeto quando levo a cabo o *cogito*", e que o que ele afirma "diz respeito à consciência refletida"[31]. Mas isto parece ser apenas parte do que está envolvido: o que a reflexão afirma *explicitamente* (na linguagem de Sartre, "teticamente") diz respeito apenas à consciência refletida, mas a reflexão também afirma *implicitamente* algo concernente a si própria, a saber, que tanto ela quanto a consciência refletida *pertencem ao mesmo sujeito*. Se a reflexão não apreende a si mesma como "do mesmo sujeito" que a consciência refletida, então a corrente mental que é apresentada

---

30. *The transcendence of the Ego*, p. 7.
31. Ibid., p. 10.

a mim pela reflexão sobre minha consciência teria o mesmo caráter indiferente, alheio que o mundo externo[32]. Essa compreensão implícita no ato reflexivo é pelo menos uma realização *parcial* da reflexividade, e se perde de vista na exposição minimalista de Sartre em *A transcendência do ego*.

Em *SN* veremos Sartre efetuando ajustes na explicação fornecida em *A transcendência do ego*, superando essas limitações, e ao mesmo tempo fazendo concessões a Husserl. Ao criticar Husserl, em *A transcendência do ego*, Sartre, de maneira característica, dá pouca atenção às intenções filosóficas que Husserl efetivamente tinha em relação ao "Eu" transcendental, e pode-se argumentar que ele as descontrói: o que Sartre mostra é apenas que o "Eu" transcendental não pode ser justificado com base em *estreitos* fundamentos fenomenológicos, não que não possa ter seu lugar como entidade *de facto*, em vez de meramente *de jure* com base em fundamentos transcendentais mais amplos, e em *SN* Sartre introduzirá uma estrutura a qual, no que pese todas suas diferenças em relação ao "Eu" transcendental de Husserl, ocupa posição teórica bem similar.

As limitações da exegese de Husserl por Sartre, porém, são felizmente irrelevantes para seu verdadeiro propósito filosófico em *A transcendência do ego*, pois o que Sartre realmente tem em vista nesse ensaio é a concepção do *self* que é parte integrante da consciência *natural*[33]. A significação do expurgo por Sartre do "Eu" transcendental de Husserl consiste em estabelecer uma espécie de

---

32. Sartre nota o dado relevante – o fato de que o ego "é dado como íntimo" (ibid., p. 37) – mas o deixa inexplicado.
33. Sartre toma como alvos várias concepções conhecidas de pessoas, como a bem conhecida e influente visão de P.F. Strawson, defendida no cap. 3 de *Individuals: An essay in descriptive Metaphysics* (Londres: Methuen, 1959).

ateísmo da consciência, dirigido contra nossa autoconcepção naturalmente teísta[34]: Sartre deseja minar nossa profunda noção de nós mesmos – para colocá-lo em termos adequadamente indefinidos – como algo substancial residindo *por trás* e *sustentando* a corrente de nossa consciência, *na* qual o fluxo de nossa vida mental é abrigado e *da* qual flui; a concepção do *self* que Sartre atribui a Husserl possui importância em sua capacidade como articulação filosófica dessa convicção do senso comum da própria realidade pessoal. Que este é o ponto crucial de *A transcendência do ego* emerge com plena força quando Sartre explica que, se a consciência é transcendentalmente impessoal, a ideia que nós comumente empregamos, e que moralistas franceses como La Rochefoucauld amplificam, de um nível absolutamente básico, "natural" de motivação preocupada com o eu ou egoísta na psicologia humana, deve ser abandonada[35]. Toda a estrutura da identidade pessoal humana precisa ser repensada.

A explicação psicológica de senso comum exibe o seguinte padrão. Com base numa série de episódios de consciências irrefletidas com certo caráter e conteúdo – por exemplo: sentimentos de uma qualidade particular dirigidos a alguma pessoa particular – nós, ao refletirmos, consideramos termos presentes elementos psicológicos – por exemplo, emoções de amor ou ódio – que supomos subjazer e se manifestar em episódios conscientes, em maneira análoga a forças físicas. Sartre chama a esses elementos de "estados", e nota como eles são concebidos não como idênticos, mas como dados "*em* e *por*" nossa consciência instantânea, consciência a qual nossos estados, possuindo um grau de permanência, esten-

---

34. A crença paralela no "Eu" com crença em Deus é notada por Sartre (*The transcendence of the Ego*, p. 37).
35. Ibid., p. 17-20.

dem para além. É isto o que me permite pensar que o amor que sinto hoje é o *mesmo* amor que senti ontem, algo semelhante à maneira pela qual posso revisitar experimentalmente um objeto físico[36]. Crenças e desejos também se conformam a esse padrão, segundo a psicologia do senso comum. Os estados, por sua vez são complementados (mas só opcionalmente) pela atribuição do que Sartre chama de "qualidades", disposições subjacentes cuja ativação suscita estados e ações.

A força desse modelo consiste em nos permitir alocar a explicação psicológica na forma familiar dos relatos causais procedentes de um substrato de qualidade que tomamos como constituindo o caráter de uma pessoa, e para os quais nossas atitudes reativas (de admiração, aversão etc.) são dirigidas. Se, entretanto, o "Eu" da reflexão não se referir a nada no fundamento interior da consciência, então não há nada a adquirir, ou a prover um sujeito de inerência para nossos estados e qualidades. E disto se segue – em acordo e como extensão do relato já efetuado por Sartre sobre o "Eu" da reflexão – que nossos relatos e qualidades devem ser vistos como *produtos transcendentes* da consciência: o "Eu", ego ou pessoa que eles compõem permanecem expostos à minha consciência *lá fora no mundo*, não dentro ou por trás de minha consciência.

A constituição dessa entidade, segundo a descrição completa de Sartre, é como segue. O ego ou pessoa é um objeto transcendente de consciência refletida, compreendendo uma unidade sintética de estados e ações, mediados por qualidades. Esse objeto psíquico (mais do que psicofísico) possui duas "faces": por um lado, aparece (no caso nominativo) como "Eu" (*je*), como ativo, e por outro (no caso acusativo) como "mim" (*moi*), como passivo ou capaz de ser afetado[37].

---
36. Ibid., p. 21-26.
37. Ibid., p. 20-28.

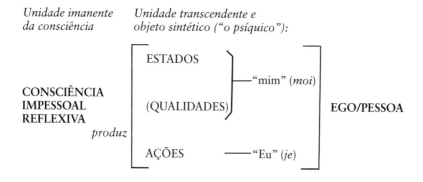

O senso comum e a disciplina da psicologia estão exatamente errados em sua leitura da seta: pensam que expressa apenas a relação de conhecimento, isto é, que é *via* consciência que o Eu passa a *conhecer* meus estados e qualidades, e que a relação de *produção* segue na direção oposta, da direita para a esquerda. Diz-nos o senso comum, é *devido* a meus estados e qualidades que minha consciência é como é; meu amor e meu ódio são *o que me fazem sentir* como sinto. A importância da nova metafísica do *self* de Sartre, e a imputação de uma ilusão metafísica ao senso comum, são claramente afirmadas por Sartre:

> [o ego] é um *locus* virtual de unidade, e a consciência o constitui indo *na direção completamente contrária* daquela seguida pela produção real; o que vem *realmente* primeiro é a consciência, por intermédio da qual vêm os estados constituídos, e então, por intermédio destes, o Ego. Mas, como a ordem é inversa [...] as consciências são dadas como emanando dos estados, e estes como produzidos pelo Ego. Como consequência, a consciência projeta sua própria espontaneidade no objeto Ego de modo a conferir a ele o poder criativo. [...] Assim, é exatamente como se a consciência se hipnotizasse dian-

te desse Ego o qual ela constituiu, fosse absorvida por ele, como se fizesse do Ego sua salvaguarda e sua lei[38].

O erro de inverter a seta, portanto, não é um acidente casual: é parte da própria natureza do ego, tal como a consciência o constitui, de modo que ele tenha o falso significado de ser a fonte da consciência[39]. Novamente, essa parte do relato – por que deveria a consciência constituir um objeto que incorpore uma falsa representação de sua relação? – aguarda desenvolvimento em *SN*, embora Sartre dê uma sugestão especulativa no final de *A transcendência do ego*: a consciência se afasta e procura mascarar sua própria "monstruosa espontaneidade", "vertigem de possibilidade" e "vertiginosa liberdade"[40]. Essa explanação motivacional de nossa crença no ego impede que a tratemos como sendo meramente uma hipótese teórica errônea[41].

Em apoio a sua revolucionária reconstrução da ontologia da personalidade humana[42], Sartre enfatiza o hiato epistemológico entre consciência e estado: eu não sou jamais racionalmente *compelido* por uma dada consciência a atribuir a mim mesmo certo estado (cabe a mim decidir que significação atribuir a meus sentimentos); cada avanço que eu faça além dos dados da consciência irreflexiva para a reflexiva é submotivada pelos dados[43]. Em *SN* se argumentará que a adoção de um *compromisso* é o que me

---

38. Ibid., p. 34-35, 48.
39. Cf. tb. *Imagination*, p. 4-5, no qual se afirma que a falsa metafísica da imaginação – "ontologia ingênua" e "visão coisificada" das imagens – é "aquela do homem da rua".
40. *The transcendence of the Ego*, p. 46-48.
41. Interpretação que, em todo caso, não faz sentido, uma vez que não se consegue explicar nada por meio da hipostasiação (ibid., p. 31-33).
42. LÉVY, B.-H. *Sartre*: The Philosopher of the Twentieth Century. Op. cit., p. 186-190, fornece uma boa ideia da subversão implicada por *A transcendência do ego*.
43. *The transcendence of the Ego*, p. 23-24.

permite cruzar a linha que separa consciência de estado, e muito se seguirá do modo pelo qual autoatribuições e pretensões de autoconhecimento assumem uma carga ontológica que minhas futuras consciência e conduta podem ou não redimir.

Pode-se observar que o argumento de Sartre não exclui que nossas consciências estejam se não fundadas em um "Eu" transcendental ou personalidade substancial, pelo menos baseadas em estados de coisas *não conscientes* e não pessoais – estados neurológicos, mais obviamente. Isto conduz a uma observação final sobre *A transcendência do ego*, que tem em vista o que será sustentado em *SN*.

Está mais do que claro, até agora, porque se espera que a posição adotada em *A transcendência do ego* no que diz respeito ao *self* ajude no desenvolvimento de uma teoria da liberdade humana. Se não existe "Eu" transcendental, e se a personalidade dos seres humanos é um efeito da consciência, em vez de ser seu fundamento, então nossa ideia comum de nós mesmos como autores de nossas ações parece minada[44]. Com efeito, se o campo da consciência é transcendentalmente impessoal, então pode parecer *prima facie* que Espinosa está justificado, que as pessoas são meras modificações da substância impessoal e que nossa noção de nós mesmos como existentes autossubsistentes é consequentemente uma ilusão[45]. Mas Sartre indica o motivo pelo qual ele está confiante de que não foi aberta a porta para o espinosismo. Ao longo de *A transcendência do ego* há observações entre parênteses no sentido desse argumento, mas antecipando o argumento de *SN*, com

---

44. Essa implicação surge quando Sartre sugere que "a reflexão pura" envolveria a eliminação de pensamentos do "Eu" (ibid., p. 41-42). A questão, portanto, consiste em saber se semelhante consciência ainda poderia apoiar as ações, pois, se não pudesse, pareceria ter perdido sua liberdade.
45. Sartre reconhece o apelo de uma "consciência impessoal" (ibid., p. 46).

o efeito de que a consciência é "um absoluto não-*substancial*", "autônomo", "uma totalidade que não precisa ser completada", autolimitando, à maneira da substância de Espinosa, "a causa de si", "uma esfera de existência *absoluta*" de "puras espontaneidades" que "determinam a si mesmas a existir", "uma criação *ex nihilo*"⁴⁶. Sartre nem explica nem justifica essas teses e parece vê--las, de certo modo, como princípios básicos da fenomenologia já assegurados por Husserl. Seja ou não isto acurado, a verdade é que Sartre está mais uma vez usando a plataforma da fenomenologia para estabelecer sua própria metafísica, e em *SN* Sartre esclarecerá, refinará e tentará tornar plausível sua tese de que a consciência é uma totalidade autônoma.

O projeto revisionista de *A transcendência do ego* é perseguido depois, numa direção mais marcadamente moralista, em *Esboço para uma teoria das emoções*, publicado em 1939 [o esboço formava parte de um longo manuscrito com o título *A psique*, composto em 1937-1938, abandonado por Sartre e aparentemente perdido⁴⁷].

Da perspectiva posterior de *SN*, percebe-se facilmente por que o tópico da emoção pode ter atraído a atenção de Sartre. Segundo a concepção do senso comum, a emoção é um estado similar à força que (a) habita, dá cores e possui a capacidade de obscurecer a consciência, (b) é sofrido ou suportado passivamente, (c) tipicamente possui conexões com condições corporais e fisiológicas e com a animalidade dos seres humanos, (d) tende de maneira característica a promover a irracionalidade do juízo e da ação e (e) potencialmente qualifica atribuições de liberdade e responsabi-

---

46. Ibid., p. 7, 19, 35, 45, 46.
47. Cf. *War diaries*, p. 184 e 209 [trad. bras.: SARTRE, J.P. *Esboço para uma teoria das emoções*. Porto Alegre: L&PM, 2006].

lidade (como na concepção jurídica de um "crime passional"). Em todos esses aspectos (estreitamente relacionados), a existência das emoções parece ir novamente de encontro à concepção do sujeito humano absolutamente livre que Sartre defenderá em *SN*, e o *Esboço* é uma tentativa preliminar de enfrentar esse desafio.

A emoção, como argumenta Sartre, não é efeito consciente ou o correlato de uma ocorrência fisiológica, nem um mecanismo comportamental, mas um modo específico de consciência de objetos nos quais indivíduos e o mundo, ou partes deles, são apreendidos como possuindo qualidade um tipo específico. As qualidades em questão possuem continuidade com aquelas que os objetos exibem no curso de nossos engajamentos práticos comuns, não emocionais: algumas pessoas como necessitando-de-ajuda, o bonde como precisando-ser-apanhado, o fogo como precisando-ser-aceso, e coisas do tipo[48]. O que distingue especificamente as qualidades emocionais, sugere Sartre, é uma espécie de finalidade que revela (i) a contribuição da imaginação, e (ii) uma suspensão ou abandono motivado da perspectiva prática. Cada tipo de emoção é definido pelo conjunto particular de qualidades que ela fornece a seu objeto, e Sartre oferece análises das maneiras pelas quais emoções como a alegria, a melancolia, o medo e o aborrecimento emprestam ao mundo uma organização e significação particulares que, de um modo ou outro, alivia o sujeito do peso da ação, ao re-representar o mundo como *não* apresentando uma exigência prática, uma que coloque alguma espécie de dificuldade para o sujeito[49]. A imaginação, na emoção, vai além de sua função usual,

---
48. *The transcendence of the Ego*, p. 1, 41; *Sketch for a theory of the emotions*, p. 61-63.
49. O exemplo mais persuasivo de Sartre é o da melancolia, na qual, segundo ele, "Torno o mundo uma realidade afetivamente neutra, um sistema que, afetivamente, está em completo equilíbrio. [...] Em outros termos, carecendo tanto da habilidade quanto da vontade de executar os projetos que eu anteriormente acalentava, comporto-me

por exemplo, em contextos ficcionais, pela impressão da *crença* que a acompanha, crença na realidade das qualidades que se acaba de imaginar que o mundo tenha[50]. Mas uma vez que, segundo a explicação de Sartre, a consciência imaginativa em geral tem consciência de si mesma enquanto tal – a consciência de um objeto irreal só pode ser obtida pela postulação desse objeto *contra* a realidade[51] –, a finalística "transformação do mundo" na emoção é acompanhada e reforçada pelo autoconhecimento. A emoção, portanto, é bastante próxima, se não é efetivamente uma instância sua, da autoilusão.

Que Sartre tenha fornecido aqui a base para uma teoria abrangente da afetividade pode ser posta em dúvida: o que é mais plausível, Sartre desenvolveu a teoria de uma subclasse ou modo particular da emoção, ou identificou uma potencialidade que é imanente a toda emoção, mas nem sempre precisa ser efetivada. O ponto importante para os presentes fins, porém, é que o *Esboço* apresenta o mesmo tipo de explicação por meio da "teoria do erro" da consciência natural que *A transcendência do ego*, e de modo similar implica a necessidade de uma reorientação ética: assim como a consciência hipnotiza a si mesma diante da imagem de um ego, do mesmo modo ela representa erroneamente a si mesma como passi-

---

de tal maneira que o universo não exige nada mais de mim" (*Sketch for a theory of emotions*, p. 69).
50. Cf. ibid., p. 75-80. No pano de fundo está o que Sartre chama de crença na magia: cf. p. 63, 66, 72. O conceito de magia é ubíquo nos escritos de Sartre, e assume tanto aspectos negativos quanto positivos: às vezes, como aqui, Sartre critica formas de consciência como mágicas, mas em outras ocasiões, aduz a magia como elemento de explanações corretas. A visão subjacente de Sartre é que *um senso* mágico é "verdadeiro": se a mágica é o poder da consciência de determinar a realidade de acordo com a escolha, independentemente de qualquer meio causal físico, então Sartre, de maneira antinaturalística, acredita nela. E é *porque* isto é assim que é possível para a consciência "abusar" de seus "poderes mágicos", como faz na emoção.
51. Cf. *The imaginary*, esp. p. 148ss.

va em relação ao mundo emocionalmente transfigurado; e assim como o reconhecimento do primeiro erro coloca à consciência a tarefa de se "purificar" da reflexão que hipostasia o ego[52], dessa forma também a consciência se liberta do autoencantamento afetivo. Esse padrão de tradução do que é fácil para o senso comum aceitar, ou fácil para a psicologia postular como fatos brutos da natureza em estruturas intencionais finalísticas, a fim de eliminar o que de outro modo seria considerado como limitações da liberdade humana, é recorrente ao longo de SN, e compreende tudo o que resta na fenomenologia de Sartre do conceito de "*epoquê*" ou redução fenomenológica em Husserl[53].

2 Liberdade e existência humana

O que separa *SN* desses escritos anteriores é seu desenvolvimento de uma teoria explícita da liberdade humana no âmbito de um contexto metafísico completo: a liberdade, na visão de Sartre, não consiste em mero poder ou capacidade psicológica, e sua compreensão exige que tudo seja repensado desde o início, logo, a articulação de um sistema filosófico completo, em contraste com as análises relativamente fragmentárias encontradas nos textos de Sartre da década de 1930.

O problema da liberdade humana apresenta a seguinte dificuldade metafísica. É natural abordar o problema por meio de alguma concepção anterior da entidade cuja liberdade está sob consideração: com base em alguma noção do que nós *somos*, considera-se se entidades desse tipo podem ou não *possuir liberdade*. Mas isto, segundo considera Sartre, diminui a probabilidade da liberdade:

---

52. Cf. *The transcendence of the Ego*, p. 23-24, 41-42, 48-49, 51-52.
53. Cf. ibid., p. 49.

se o conceito anterior do que somos é formado sem levar em consideração a liberdade, então é difícil ver como ele pode evitar representar a liberdade como algo externo e contingente, meramente acrescentados a nossa essência; mesmo que o argumento para nossa posse do atributo da liberdade seja convincente, permanece um enigma no que se refere a nossa ligação com ela. Sartre vê as tentativas anteriores de resolver o problema, com a (qualificada) exceção de Heidegger, como falhas exatamente deste modo: permitiu-se que pressupostos filosóficos e interesses alheios à liberdade determinassem a reflexão sobre a natureza do homem – as explicações de Descartes e Espinosa do homem são guiados por uma metafísica (pan)teísta da substância, as de Hegel por uma visão racionalista e otimista da história humana e assim por diante – com a consequência que a liberdade humana foi ou negada ou erroneamente representada.

Isto pode sugerir que a identidade do sujeito não deveria ser filosoficamente fixada antes da determinação da liberdade. Mas isto vai de encontro a um problema. Alguma concepção do que somos precisa estar pronto no início – dificilmente podemos inverter o método natural e começar com a liberdade, pois isto significaria conferir liberdade a algo conceptualizado somente como "aquilo ao que a liberdade deve ser conferida". Sem alguma concepção independente do termo sujeito, a atribuição de liberdade não faz sentido. Parece que estamos nos movendo em círculos.

Se não se pode conceder prioridade nem ao atributo da liberdade, nem a uma caracterização da identidade humana, então precisamos encontrar alguma maneira de formar nossas concepções de ambos *simultaneamente*. O juízo "seres humanos são livres ou "o homem possui liberdade de vontade" serão consequentemente do tipo peculiar que Hegel chama de proposição "especulativa", na qual nem o sujeito nem o predicado podem ser pressupostos um sem o outro: semelhantes proposições, diz Hegel, não são suscetíveis de prova filosófica no sentido estrito; a reflexão filosófica, em vez disso, tem a tarefa de mostrar cada um dos conceitos desdobrando o outro. Deste modo, podemos esperar tornar virtuosa a inevitável circularidade metodológica que surgiu. Embora Sartre não descreva sua abordagem em termos do vocabulário filosófico de Hegel, este é o método que ele de fato segue em *SN*.

Uma coisa, porém, é afirmar que liberdade e identidade humanas precisam ser pensadas juntas; a dificuldade é encontrar uma maneira de fazê-lo. A proposta de Sartre consiste em um tipo radicalmente novo de resposta à questão tradicional sobre a natureza do homem: em lugar de uma explicação sobre quais atributos diferenciam os seres humanos de outros tipos de entidades, Sartre fornece uma teoria inteiramente imanente do que significa para um ser humano existir, na qual a noção de existência empregada incorpora certo número de peculiaridades lógicas que são cruciais para seu papel em mostrar a possibilidade da liberdade. Os pontos essenciais concernentes à noção de Sartre são os seguintes: (1) A questão de que significa para um ser humano existir está ligada, na concepção de Sartre, ao ponto de vista da *primeira pessoa*. (2) aparências no sentido contrário, "minha existência" não é um dado, fato ou estado de coisas em qualquer sentido familiar ou comum: ao perguntar o que significa para mim existir, está se perguntando o que significa para mim *apreender* – ter (que) tomar pé, ou relacionar a – minha existência. (3) Tudo que pode ser dito sobre que *tipo* de coisa eu sou é fornecido por uma explicação do que significa, para mim, apreender *que* eu sou.

(1) A perspectiva da investigação de *SN* é desde o início (seja ou não essa perspectiva até o fim – questão que precisaremos enfrentar) aquela do *Eu*. Provisoriamente, a justificação para essa abordagem deriva da necessidade de eliminar preconcepções: so-

mente quando o ser humano é concebido em termos que não são tomados de empréstimo do mundo, isto é, em seus próprios termos e como é em si mesmo. De maneira mais profunda, a metodologia de primeira pessoa de Sartre se conecta logicamente com sua visão substantiva de que o que eu sou é um ser que apreende a si mesmo como existindo: se minha existência fosse um fato de um tipo comum, ou se minha essência fosse dada por um conjunto de características externamente observáveis que distinguem os seres humanos de outros tipos de seres, então não haveria razão para pensar que o objeto da investigação não pode ser separado da perspectiva da primeira pessoa, e não ficaria claro por que essa perspectiva deveria ser metodologicamente privilegiada.

(2) A questão sobre a natureza do homem em sua formulação tradicional nos pede para pensarmos a nós mesmos como pertencentes a uma das diversas espécies de coisas que povoam o mundo, e também nos exige que formemos primeiramente uma teoria geral dos diferentes tipos de entidades do mundo. A questão de Sartre o que significa existir dirige nossa atenção, em vez disso, para um processo ou atividade reflexiva interna ao sujeito humano. A doutrina cartesiana, e talvez o senso comum, diz-nos que apreender a si mesmo como existindo é uma questão instantânea e imediata, que resulta em uma cognição absolutamente segura. Sartre nega que o *cogito* seja primordialmente uma instância de conhecimento – como vimos, em *A transcendência do ego* ele caracteriza o "Eu" da reflexão como a projeção de uma unidade ideal – e vê o registro na reflexão da própria existência como sendo apenas a ponta de um *iceberg* metafísico: minha existência é adequadamente apreendida, para Sartre, somente quando é compreendida como se alongando por várias dimensões, temporais e outras, que se estendem até onde a vida individual humana se estende, e quando essa estrutura

e as relações que a compõem são tomadas como algo diferente do que um objeto de conhecimento. O objetivo de *SN*, como tratado filosófico, é alcançar conhecimento teórico sobre o que significa para mim apreender minha existência, e do que se segue disso, mas a relação de apreender ou se relacionar com a própria existência é profundamente prática: o relacionamento com o *self*, do qual o autoconhecimento é apenas uma instância subsidiária e derivativa, é efetivamente equivalente ao que comumente chamamos de a pessoa vivendo a própria vida.

(3) Se a resposta de Sartre à questão *O que sou eu?*, portanto, é que sou um ser que, no sentido definido, apreende a si mesmo como existindo, então a distinção tradicional entre a existência das coisas e sua essência não possui aplicação aos seres humanos, ou em todo caso, não tem o mesmo tipo de aplicação que tem quando pensamos das coisas no mundo como existindo, por um lado, e como possuindo determinado caráter particular, por outro. Uma maneira de expressar esse ponto é afirmar que o sujeito humano não possui essência; alternativamente, que sua existência precede sua essência[54], que sua essência é "a ordem sintética de suas possibilidades", ou que "sua existência implica sua essência" (xxxi/22).

Está começando a ficar claro como Sartre visa conceber a liberdade e a identidade humana de maneira conjunta: se nossa existência é conceptualizada nos termos indefinidos, não determinados propostos por Sartre, então não é difícil compreender como, com uma pequena amplificação, o conceito de sujeito humano pode ser "desdobrado" naquele de liberdade.

Em que medida isto resultará, se não em uma prova, pelo menos numa defesa efetiva da liberdade humana? A seguinte objeção

---

54. Cf. *Existentialism and humanism*, p. 26.

ao procedimento de Sartre precisa ser considerada. Sartre, como eu disse, vê explicações filosóficas anteriores como tendo um viés implícito e não conhecido, em função do método que adotam, contra a liberdade. Mas o que, pode-se perguntar, torna a abordagem de Sartre muito menos tendenciosa? Do ponto de vista de Espinosa, digamos, a pretensão de Sartre de que a liberdade é o conceito apropriado com referência ao qual a identidade humana deve ser fixada é tão carente de fundamentos quanto o substancialismo de Espinosa, da perspectiva de Sartre; o espinosista verá a maneira pela qual a concepção do homem de Sartre parece ter sido designada à luz de sua desejada conclusão de que o homem é livre como uma debilidade crítica e filosófica. Claramente, encontramos aqui uma dificuldade profunda e inteiramente geral de natureza metafilosófica – a de que como qualquer sistema filosófico pode ser aceito se proceder de uma base que seja considerada, do ponto de vista de qualquer outro sistema, como dogmático e carente de fundamentos. Para aqueles que não estão persuadidos pela pretensão de Hegel de ter resolvido esse problema há um limite para o que pode ser feito com isso, e se a filosofia precisa começar, ela precisa começar em algum lugar. Tentei indicar acima por que seria injustificado descartar a posição de Sartre como arbitrária, e isto se tornará mais claro se agora destrincharmos o que pode ser visto como o "argumento chefe" para a liberdade em *SN*.

O problema da liberdade humana, da maneira brevemente descrita acima, e por razões que *SN* elaborará extensamente, apresenta extraordinária dificuldade. A reflexão sobre o problema, de maneira característica, move-se para frente e para trás entre, num extremo, a convicção inalienável da plenitude de conteúdo, necessidade e justiça de nossa pretensão à liberdade, e no outro, um colapso tão completo na tentativa de pensar a liberdade humana de maneira coerente que a única conclusão a extrair, ao que parece, é que o conceito é quimérico. Ora, é verdade também – isto é algo que, novamente, *SN* tentará nos persuadir, ou antes, recordar, uma vez que dificilmente é algo que pode ser ignorado – que a existência humana, quando encarada de frente, em vez de apreendida de maneira lateral, exibe profundos traços de ininteligibilidade: no horizonte de nossas preocupações locais, articuladas, parece que deixamos para trás nossa apreensão conceptual sobre aquilo que somos. A estratégia de Sartre consiste em juntar esses dois problemas ou *explananda*, não a fim de oferecer uma explanação de ambos em termos de algum terceiro elemento conceptual, mas tendo em vista utilizar cada um, à maneira de duas equações simultâneas, para resolver o outro: ou seja, *SN* visa mostrar que tornar nossa existência e identidade inteligíveis requer que pensemos que o próprio modo no qual existimos difere daquele de objetos do mundo, e que uma revisão paralela do senso comum concernente ao conceito de liberdade – pela qual seremos levados a ver que o senso comum localiza nossa liberdade em um nível demasiadamente superficial – mostra-nos que a liberdade é o que define nosso modo não mundano de ser. Sartre objetiva conduzir tudo isso até o ponto de compreender a liberdade e a individuação humana – a distinção entre seu "Eu" e o meu "Eu" – em termos recíprocos. O desdobramento de um em outro dos conceitos da existência e da liberdade humanas tem seu ponto crucial no que segue. O que necessita nossa compreensão do juízo de que o homem é livre como uma proposição "especulativa" da impossibilidade de ver qualquer um dos termos como mero predicado do outro. Hegel vê a ruptura dessa estrutura de sujeito-predicado como revelando a estrutura final de *toda* realidade; Sartre a vê como revelando a estrutura do sujeito humano. O modo de ser que define o sujeito humano, segundo a explicação de Sartre, não deve possuir forma de sujeito-predicado: em última análise, nós não existimos como sujeitos, dos quais se podem predicar propriedades. Duas coisas se seguem disso. Em primeiro lugar, segue-se (como sustentado em *A transcendência do ego*) que a concepção da personalidade humana do senso comum, que é também a concepção da disciplina de psicologia, deve ser rejeitada, e que essa rejeição é necessária para a compreensão da liberdade humana: se nossa existência exibisse a forma de juízo de sujeito e predicado, então não poderíamos pensar-nos como livres. Em segundo lugar, segue-se que o verbo "existir", em aplicação aos seres humanos, deve ser compreendido como se comportando na maneira gramaticalmente peculiar que começamos a ver acima: afirmar que um sujeito humano *existe* já é apreendê-lo como *ativo*, e afirmar algo sobre o modo e a estrutura de sua atividade; como também pode ser posto, a própria existência humana possui o caráter de um *evento*, ou ocorrência, em relação à ordem extra-humana. (Em antecipação de outro aspecto no qual as proposições filosóficas chaves de Sartre exibem irregularidade conceptual: se afirmará seguir-se da não conformidade da existência humana à forma sujeito-predicado que a elucidação filosófica do ser humano permite, na verdade, exige, predicações contraditórias.)

Se voltarmos a examinar *A transcendência do ego*, veremos como ele prepara o caminho para essa ideia crucial. A explicação de Husserl do "Eu" transcendental, nota Sartre, apela à concepção tradicional de predicados como pertencendo a "*algo*", a um "X", que é seu "portador" e "ponto central da conexão", de tal modo que os predicados são "impensáveis sem" o X, "porém podem ser distinguidos dele"[55]. Mas a relação do ego ou pessoa com seus estados mentais, Sartre torna claro, é incongruente com esse modelo: um sujeito X é necessariamente *indiferente* às propriedades expressas por seus predicados, ao passo que

---

55. *The transcendence of the Ego*, Sartre está citando as *Ideias* de Husserl.

> a ação ou estado se volta para o Ego a fim de qualificá-lo. [...] Cada novo estado produzido pelo Ego fornece cores e nuanças ao Ego no momento em que este o produz. [...] Não é o crime cometido por Raskolnikov que é incorporado em seu Ego. Ou antes, para ser preciso, *é* o crime, mas numa forma condensada, na forma de uma ferida[56].

Estados e atos se ligam ao ego como a sua origem, e ainda assim "não dados como tendo estado anteriormente com o Ego": o Ego "é sempre superado pelo que ele produz, mesmo se, de outro ponto de vista, ele *seja* o que o produz" e não possa ser outra coisa além daquilo que produz"[57]; o Ego "mantém suas qualidades por meio de uma verdadeira criação contínua" e ainda assim se retirássemos essas qualidades, "não restaria nada, o Ego desapareceria"[58]. Tendo em vista esse padrão paradoxal – o que nos impede de conceber a relação do Ego com seus estados, qualidades e atos seja como emanação, seja como atualização, e em vez disso convida à comparação com a criação poética[59] – um melhor modelo para a unidade do sujeito humano, sugere Sartre, é fornecido pela melodia, na qual claramente não há "X"[60].

A lógica da relação da pessoa com seus estados mentais é assim completamente diferente, muito mais rico e complexo do que tudo o que encontramos fora do mundo humano, e a explicação para sua extrema peculiaridade conceptual, segundo Sartre, é que a concepção do senso comum das pessoas é derivada da consciência, mediante a operação ficcionalizante da reflexão, e por consequên-

---

56. Ibid., p. 35-36.
57. *The transcendence of the Ego*, p. 32-34.
58. Ibid., p. 32-33.
59. Ibid., p. 32.
60. Ibid., p. 29-30.

cia, carece de realidade (incorpora a espontaneidade, mas numa forma "degradada", uma "pseudoespontaneidade" na qual uma "memória da espontaneidade da consciência" é retida)[61]. A concepção do senso comum das pessoas é formada pela incoerente superposição da estrutura tradicional da substância sobre a estrutura da consciência de não-sujeito-predicado, daí a "irracionalidade" em última instância dessa concepção[62].

A intersecção com os temas da liberdade e do modo de ser é um terceiro fator argumentativo, o qual diz respeito à dimensão, em última instância prática, amplamente ética do sistema de Sartre. Na visão de Sartre, as concepções filosóficas equivocadas sobre a existência humana formam um todo – reforçam e subscrevem a adoção de – posições e atitudes em relação à vida que são experimentadas, tanto na primeira quanto na terceira pessoas, como falhas[63]. Sartre pretende fornecer uma verdadeira articulação da existência humana, a qual, segundo supõe, conduzirá a uma revisão de nossas orientações fundamentais. A filosofia não pode abolir a deficiência na vida humana – *SN* conclui, pelo contrário, que a vida humana *é* um fenômeno de falta –, mas ela pode nos ajudar a distinguir entre formas metafisicamente necessárias e outras formas remediáveis da deficiência, e essa contribuição terapêutica pode ser tomada como uma medida da verdade filosófica.

---

61. Ibid., p. 33, 35.
62. Sartre se interessa particularmente pela experiência anormal do pensamento, em que os pensamentos são experimentados na maneira de objetos e, em consequência, como alheios: cf. "The legend of truth", p. 40ss., *Nausea*, p. 144-145, e *The imaginary*, p. 155-156. As relações patológicas entre o pensador e o pensamento que Sartre descreve nesses lugares expressam a fenomenologia que está implicada pelo modelo sujeito-predicado.
63. Pois os esforços que a consciência faz, em sua "atitude natural", para absorver a si mesma no *mim* não são "jamais completamente premiados" (*The transcendence of the Ego*, p. 49).

O argumento a favor da liberdade apresentado em *SN*, portanto, consiste numa demonstração da coerência sistemática de sua metafísica, e de sua capacidade de resolver problemas filosóficos de caráter filosófico que, de outra maneira, sustenta Sartre, não podem ser abordados. *SN* não fornece uma prova estrita de que esses problemas não poderiam ser abordados por outras soluções, mas Sartre torna pelo menos plausível que este seja o caso. Isto pode não bastar para abalar a confiança de um espinosista, ou de qualquer um que afirme não compartilhar a intuição básica da realidade da liberdade humana, mas se Sartre for bem-sucedido em forjar em *SN* uma visão unificada, sintética da vida humana como fenômeno metafísico, na qual fenômenos tão diversos como a autoconsciência, a temporalidade, o conhecimento de outras mentes, a sexualidade e a emoção estão todos inter-relacionados de maneira inteligível, e que, além disso, promete uma reorientação terapêutica prática, então sua pretensão a reter nossa atenção será tão forte quanto possível.

Ao prosseguir em sua investigação sobre o que significa para um sujeito humano existir, *SN* não somente emprega uma linguagem metafísica altamente abstrata, como, em vários pontos da lógica filosófica, como já começamos a ver, afasta-se flagrantemente da ortodoxia analítica: Sartre distingue entre diferentes modos de ser, isto é, nega que "exista" um único significado, concebe existentes de diferentes tipos como possuindo diferentes graus de realidade, e vê uma espécie de existente, o sujeito humano, como caracterizado pela falta de autoidentidade e como sujeito de predicados contraditórios. Em todos esses casos, é importante notar, a posição de Sartre possui precedente histórico: a univocidade é tema de extensa controvérsia na filosofia medieval, enquanto distinções entre diferentes graus de realidade são assumidas, sob várias bases, em todo o caminho desde Platão a Kant, e a figura conceptual da identidade não baseada no *self*, juntamente com a ideia de que contradições podem ser inerentes à realidade, é notoriamente encontrada em Hegel. Precedente filosófico, no entanto, não é em si mesmo uma explicação ou desculpa para a prática de Sartre, e seria tolo negar que essas formas conceptuais criam dificuldades, entre outras pela maneira pela qual imediatamente complicam as teses de Sartre. Qual deve ser nossa atitude em relação a elas, portanto?

A resposta de muitos comentadores de língua inglesa tem sido encarar as formas conceptuais logicamente problemáticas de Sartre como não mais do que metáforas, e mais amplamente, ver a metafísica de Sartre em *SN* – uma vez que é difícil inserir uma cunha entre ambas – como necessitando de tradução em algum outro idioma filosófico, por exemplo, o da filosofia da mente analítica contemporânea. Embora se ganhe alguma coisa em abordar Sartre desse modo, há razão para pensar que isto representa uma opção em última instância insatisfatória. Não existe um método simples de tradução que forneça uma perspectiva coerente e interessante, original e distintamente sartreana, e o resultado típico consiste em tornar as ideias centrais de Sartre parecerem submotivadas e pobremente defendidas, meros exageros de verdades mais simples e inócuas (como é reconhecido por alguns dos que empreenderam a abordagem na forma de tradução, na medida em que descrevem o que estão fazendo como oferecendo reconstruções parciais dos elementos que vale a pena salvar em Sartre).

É importante notar que a falta de inclinação para tomar a metafísica de Sartre por seu valor de face possui fontes distintas do motivo de evitar complicações da lógica filosófica, incluindo simpatia com o naturalismo, antipatia em relação à metafísica e ceticismo no que concerne à possibilidade e utilidade da construção de sistemas filosóficos. De alta importância, igualmente, é a noção de que as teses substantivas de Sartre – sobretudo no que diz respeito à liberdade humana – são simplesmente muito fortes para serem aceitas. Isto torna mais claro o que está em jogo na escolha entre uma leitura "metafísica" e uma "não metafísica" de *SN*. Subjacente à última está um compromisso com pressupostos filosóficos que Sartre tipicamente rejeita: tipicamente, tomar as crenças da consciência pré-filosófica, comum ou "natural" como fornecendo a medida da credibilidade filosófica. Uma vez que a filosofia de Sartre constitui um projeto ambicioso e radical visando questionar e revisar o senso comum, e as metafísicas de Sartre são essenciais para sua montagem desse questionamento – fornecem os meios pelos quais nos situamos por trás das aparências do pensamento comum –, uma leitura não metafísica que domestique *SN* e a alinhe com o que usualmente pensamos, contradiz a intenção de Sartre. Seja ou não bem-sucedido o questionamento de Sartre do senso comum, o fato é que não podemos começar a nos envolver com ele até que tenhamos uma apreciação correta da intenção por trás das teses de Sartre e das razões para sua estranheza.

3 Sartre e Kant

No capítulo anterior, situei Sartre dentro de uma tradição que toma o conceito de existência como possuindo significação prática e axiológica, e acabamos de ver, em termos muito gerais, como Sartre vê a ontologia como conectada, *via* liberdade, com o valor. Se agora estabelecermos algumas comparações de Sartre com o predecessor filosófico cuja concepção da tarefa da filosofia Sartre em grande parte assume, Kant, uma visão mais completa do que Sartre está propondo em *SN* emergirá.

Sartre via a si mesmo como tendo saído, no final dos anos de 1930, do impasse do idealismo de Husserl, para abraçar o realismo de Heidegger[64], e com frequência descreve a intuição filosófica que *SN* procura articular como uma convicção da verdade do realismo. Porém, o realismo afirmado por Sartre possui dois componentes, um dos quais corresponde ao que usualmente se associa com o termo, a saber, a tese da realidade dos objetos da experiência, e o outro não. Numa entrevista em 1969, Sartre declarou que *SN* visara "prover uma fundação filosófica para o realismo. [...] Em outros termos, como fornecer ao homem tanto sua autonomia quanto sua realidade entre objetos reais, evitando o idealismo sem recair no materialismo mecanicista"[65]. O realismo que Sartre procura estabelecer, portanto, tal como ele o compreende, opõe-se ao naturalismo, pois incorpora como seu segundo componente a realidade da *autonomia* humana, a qual ele vê o materialismo como negando[66]. O foco de Sartre no tema da liberdade humana e sua concepção como definidora da tarefa da filosofia o coloca, juntamente com Fichte e Schelling, numa linha direta de descendência de Kant, na tradição transcendental antinaturalística, mas a posição de Sartre sobre a grande oposição kantiana entre Natureza e

---

64. Cf. *War diaries*, p. 184.
65. "The itinerary of a thought" (1969), p. 36-37.
66. Em todo caso, materialismo de um tipo "mecanicista"; e a única outra espécie de materialismo que Sartre admite é o materialismo dialético, cuja "dialética da natureza" – "um processo natural que produz e transforma o homem num conjunto de leis físicas" – Sartre também rejeita (ibid. p. 37). A incondicional rejeição por Sartre do naturalismo é claramente expressa em *War Diaries*, p. 21, 25ss.: Sartre descreve a concepção do homem como uma "espécie" como um "rebaixamento da natureza humana", uma "degradação" da condição humana. É digno de nota que a objeção de Sartre diz respeito a uma questão de valor, mais do que filosofia teórica (assim como seu deslocamento de Husserl para Heidegger é orientador por valor: cf. *War diaries*, p. 185, onde ele afirma que em 1938 ele procurou "uma filosofia que não fosse uma mera contemplação, mas uma sabedoria, um heroísmo, uma totalidade – algo que permitisse que eu me agarrasse").

Liberdade – sua visão tanto daquilo em que ela consiste quanto de como os problemas da liberdade humana devem ser resolvidos – é profundamente distinta.

A solução de Kant para o problema da liberdade humana repousa sobre duas condições: primeira, nossa aceitação da doutrina do idealismo transcendental, ou seja, a tese de Kant de que a natureza – o reino empírico no qual só podemos descobrir o tipo de relações causais empíricas que bastam para um determinismo universal – só possui um grau qualificado de realidade; e segunda, nossa aceitação da explicação de Kant da lei moral, ou seja, o princípio que determina nossos deveres, como pressupondo a liberdade humana, e nossa consciência dessa lei (o respeito imediato que ela ordena) como de certa maneira trazendo consigo uma segurança de que genuinamente nós possuímos essa liberdade. Ambas as condições se unem na tese de Kant de que, embora os objetos empíricos sejam mera aparência (entidades "fenomênicas"), nosso *status quo*, agentes morais dotados de liberdade é a das coisas em si mesmas (entidades "noumênicas"). A estratégia de Kant, portanto, consiste num tipo de barganha: em troca do abandono de nossa suposição do senso comum de que o mundo empírico possui o tipo de realidade plena ("realidade transcendental") que ingenuamente supomos ter, ganhamos, com a condição adicional de que submetamos nossas vontades às exigências da moralidade, o direito a nos vermos como possuindo uma capacidade – de iniciar uma sequência de eventos no mundo sermos obrigados a isso por condições empíricas precedentes; tornando-nos genuínos autores de nossas ações – que seria ininteligível atribuir a qualquer ser meramente natural.

As duas partes da estratégia de Kant são regularmente criticadas: seu idealismo transcendental por, entre outras coisas, deixar o mundo empírico esvaziado de realidade, e seu argumento moral por deixar a liberdade humana apenas com o mais frágil apoio das evidências. Endossando ambas as críticas, Sartre assume uma característica-chave da solução de Kant, ao mesmo tempo em que vê a construção kantiana do problema como estando, em um aspecto básico, equivocada. O que Sartre aceita de Kant, é claro, é a noção de que nós e os objetos naturais diferimos ontologicamente; o que ele rejeita é a concepção de Kant de nós como enredados *ab initio* na rede da causalidade empírica, da qual precisamos nos retirar, nossa relação com nossa liberdade sendo para sempre, depois disso, epistemicamente indireta. Em vez disso, Sartre vê nossa liberdade como primária: em lugar de restringir o conhecimento da liberdade à moralidade, ele supõe que ela está implicada por cada instância de conhecimento ou de autoconsciência; é desnecessário, e um erro, pensar que precisamos ingressar com um pedido especial de isenção da causalidade empírica a fim de reivindicar a liberdade.

Posto deste modo, pode parecer duvidoso que o libertarianismo de Sartre possa evitar ser meramente dogmático: com certeza, a realidade de nossa liberdade não pode ser tão óbvia e fácil de ser assegurada. Mas neste ponto, precisa ser reconhecido que, longe de ignorar a ameaça do determinismo naturalista e se limitar a asseverar, de encontro a ele, a realidade da liberdade, Sartre na verdade reconhece, em certo sentido, a verdade do naturalismo: a concepção do naturalista da realidade independente da natureza é expressa na concepção de Sartre do ser-em-si, e Sartre considera que o naturalismo está correto no sentido de que o *paradigma* de uma entidade com ser pleno, genuíno, é de fato um objeto material ou, posto de maneira diferente, que qualquer coisa que saia dos limites da natureza material não pode possuir ser (pleno, genuíno) e assim deve ser "nada".

Até aqui, o pensamento de Sartre segue um caminho curioso em paralelo com o materialismo eliminatório defendido por alguns naturalistas, segundo o qual a intencionalidade e a fenomenalidade – as tradicionais "marcas do mental" – não possuem lugar na fabricação da realidade. Mas Sartre dá um passo a mais. Tendo feito uma limpeza – tendo se livrado da ideia de que existe um reino ontológico unificado, uma ordem da natureza, dentro da qual nos vemos primordialmente localizados – somos postos em posição de reafirmar nossa própria existência e apreender corretamente seu caráter ontológico: uma vez que é verdade, como diz o naturalista, que somente a natureza material atende às condições para um ser pleno e genuíno, e porque, não obstante, não podemos evitar pensar em nós mesmos como existindo de *alguma* maneira (o materialismo eliminatório, do ponto de vista relevante, é literalmente impensável), requer-se que pensemos em nossa existência como exemplificando um *modo diferente de ser* daquele da natureza material, além disso, um que é em algum sentido antitético a ele; daí a identificação de Sartre de nosso modo de ser com a "nadidade". A estratégia de Sartre, em suma, é a primeira a oferecer uma interpretação da intuição filosófica que subjaz ao naturalismo – a usar essa intuição para *revelar a liberdade* (de um modo vagamente análogo aos verdadeiros fundamentos do conhecimento). A dupla vantagem da estratégia de Sartre sobre a de Kant é que ela deixa a realidade externa inteiramente intacta e a liberdade sem se apoiar em qualquer condição.

A estratégia de Sartre exibe uma característica que a de Kant não tem – o primeiro simplesmente rejeita a ideia, que se pode argumentar (com algum equívoco) que o senso comum sustenta que nós *somos* de fato causalmente envolvidos com a ordem empírica. De alguns pontos de vista filosóficos, isto deve contar como uma fraqueza (catastrófica), mas as razões fornecidas acima, do próprio ponto de vista de Sartre contam como fortalecimento adicional de sua posição, uma vez que segundo sua explicação o pressuposto de nossa naturalidade é um ponto de erro profundamente significativo na consciência comum. Pode-se acrescentar, portanto, que *SN* mostra que o que um naturalismo coerente exige não é uma nova concepção da realidade empírica, mas de *nós mesmos*, à qual uma autotransformação quase ética necessariamente corresponde[67].

A interpretação do naturalismo proposta por Sartre não é extrapolada da reflexão sobre os resultados da ciência natural ou sobre as virtudes epistêmicas do método científico, mas retrocede a uma experiência, ou tipo de experiência, que Sartre vê tanto como subjazendo a todo o campo de nossa consciência cotidiana do mundo, como disponível a nós numa forma pura, explícita, aguda. Essa continuidade entre experiência comum e excepcional é importante para Sartre, e parte integrante do método fenomenológico: o episódio experiencial ao qual Sartre apela não envolve uma *transcendência* da experiência comum mais do que o *cogito* de Descartes; permanece *dentro* e intensifica, por meio do isolamento, a dimensão filosoficamente significativa da experiência comum, e por essa razão permanece como (ou basta para) uma "intuição metafísica"[68]. A extraordinária experiência em questão é aquela que Sartre, de maneira famosa, descreve em *A náusea*, no ponto em que o protagonista do romance se vê esmagado pela qualidade bruta, primitiva, alheia da existência exibida por uma raiz de árvore:

---

67. LÉVY, B.-H. *Sartre*: The Philosopher of the Twentieth Century. Op. cit., p. 404, de maneira apta descreve a filosofia de *SN* como "o verdadeiro epítome de um antinaturalismo coerente".
68. Sartre utiliza esse termo, p. ex., em *What is Literature?*, p. 230, n. 18.

> Então, eu estava há pouco no Jardim público. A raiz da castanheira se afundava na terra, até debaixo de meu banco. Eu não me lembrava mais que se tratava de uma raiz. As palavras haviam desaparecido e, com elas, a significação das coisas, seus usos, os frágeis pontos de referência que os homens traçaram em sua superfície. Eu estava sentado, um pouco curvado, a cabeça baixa, só diante dessa massa escura e nodosa, inteiramente bruta e que me causava medo. E depois tive esta iluminação. Fiquei sem fôlego. Jamais, antes desses últimos dias, eu pressentira o que significava "existir". [...] Se alguém tivesse me perguntado o que era a existência eu teria respondido de boa-fé que não era nada, apenas uma forma vazia que vinha se acrescentar às coisas externas, sem nada mudar em sua natureza. E então, de repente, estava lá, claro como o dia: a existência subitamente se revelara. Perdera seu ar inofensivo de categoria abstrata: era a matéria mesma das coisas, essa raiz estava petrificada na existência.
>
> [...] Eu podia repetir: "É uma raiz" – isto não servia mais. Eu percebia que não se podia passar de sua função de raiz, de bomba aspirante, *a isto*, a essa pele dura e compacta de foca, a esse aspecto oleoso, cheio de calos, teimoso. A função não explicava nada. [...] Essa raiz, com sua cor, sua forma, seu movimento petrificado estava... acima de toda explicação[69].

O que é crucial aqui é a heterogeneidade do *self* e do objeto: o objeto não é meramente distinto de mim da maneira pela qual cada objeto externo, não apenas qualitativamente diferente de mim, mas diferente de mim no nível mais fundamental, o de seu modo de ser, e de tal modo a tornar essa experiência antitética ou de aversão. Essa apreensão da realidade física externa, na qual um

---

69. *Nausea*, p. 182-183, 186 [tradução direta do francês: SARTRE, J.-P. *La nausée*, Paris: Gallimard, 1938, p. 179, 183].

objeto perceptual é apreendido unicamente sob o conceito indeterminado de sua mera existência, serve como chave fenomenológica para a reflexão filosófica de Sartre, e pode ser vista como contendo *in nuce* a ontologia básica de *SN*.

Não será apostar demais no que, afinal, é admitido por Sartre como sendo, em certo sentido, uma experiência *a*normal? E mesmo se admitirmos que a experiência não pode ser inteiramente arbitrária – pois é difícil ver de que maneira ela pode ser meramente uma função da idiossincrasia psicológica ou da história cultural – podemos estar certos de que as conclusões filosóficas dela derivadas possuem a requerida estrita universalidade? É importante considerar aqui que Sartre não pretende simplesmente extrair uma metafísica de um estado perceptual afetivamente carregado: a fenomenologia não é empirismo, e o método fenomenológico não consiste em aduzir simples garantias empíricas. Assim, Sartre sustenta que sua interpretação da experiência da *Náusea* é apoiada pela reflexão sobre a estrutura da consciência e mostra o que significa alguém ser confrontado com a realidade objetiva, e que ela provê uma visão sobre o fundamento da liberdade humana: uma vez apreendida de modo claro e distinto a separação entre a subjetividade e a objetividade, descobrimos um hiato, uma separação e uma alienação dentro do *self*, como em *A transcendência do ego*, e é precisamente nesse hiato, argumentará Sartre, que nossa liberdade consiste.

A abordagem de Sartre ao naturalismo, portanto, difere daquela de Kant, para quem a autoridade epistemológica da ciência natural faz parte dos dados básicos a partir dos quais a reflexão filosófica deveria proceder. Sartre não inclui a legitimação da cognição científica em sua concepção da tarefa da filosofia. Em vez disso, Sartre relaciona a autoridade do naturalismo filosófico a uma fonte existencial, a experiência fundacional de nosso realismo empírico comum, e dá a essa experiência uma nova interpretação metafísica que implica que o sujeito humano se situa fora da esfera da ciência natural.

Vale a pena apontar um último ponto preliminar a partir da comparação entre Sartre e Kant. Para ambos os pensadores, existe um sentido, crucial para a liberdade humana, no qual o sujeito não é um *conteúdo* do mundo. Para Kant, essa extramundanidade consiste, em primeiro lugar, na subjetividade transcendental revelada pela análise do conhecimento empírico: o sujeito não pode pertencer à ordem empírica da natureza, na medida em que é requerida a contribuição *a priori* do sujeito para que essa ordem seja constituída. O segundo sentido no qual o sujeito para Kant não pertence ao mundo – sendo um agente moral noumênico – se liga a, e pressupõe essa identidade transcendental.

O sentido no qual o sujeito sartreano se encontra separado do mundo é diferente: como vimos, Sartre rejeita o idealismo, e assim não admite uma distinção horizontal de níveis, um pré-mundano e constitutivo, e outro constituído. Em vez disso, para Sartre a distinção entre o *self* e o mundo é uma distinção vertical de domínios, correspondendo a dois diferentes *modos de ser*, ambos localizados num único nível[70]. Em consequência, como pode ser dito, o sujeito humano kantiano, em sua extramundanidade transcendental, abrange ou *contém* o mundo, ao passo que o sujeito sartreano,

---

70. Confirmando que a filosofia de Sartre, todavia, merece ser descrita como genuinamente *transcendental*, cf. *SN* 175-176, onde Sartre afirma que seu estudo se preocupa em estabelecer o que "deve tornar toda experiência possível" e que "o que torna toda experiência possível" é *a priori* (ou seja, "o florescimento original do para-si"). O movimento original de Sartre consiste em designar essas condições transcendentais de *ontológicas* (ele afirma que isto se segue da necessidade de *haver* condições transcendentais, i. é, que aceitar o transcendental é aceitar que o transcendental é ontológico).

embora não contido no mundo, encontra-se com ele como com seu igual[71]. A esse respeito, pode-se argumentar que Sartre colocou para si mesmo a tarefa mais difícil, a de assegurar a liberdade sem recorrer ao idealismo.

Isto também permite que se compreenda por que o tema da superação da oposição entre realismo e idealismo tenha um princípio estrutural proeminente em *SN*, evocado em praticamente todo contexto importante de discussão. Na visão de Sartre, embora o realismo torne a liberdade impossível, o idealismo a torna muito fácil – e assim dela fornece uma falsa explicação – em virtude de seu fracasso em apreciar a extensão e qualidade de nossa imersão no mundo: os objetos que nos cercam e nos afetam, e em relação aos quais nossa liberdade precisa ser sustentada, não são – como Sartre supõem que sejam, para Kant – redutíveis a e funções de nosso conhecimento deles; a realidade da liberdade requer que sejamos relacionados a objetos *qua* seu ser, isto é, que se saiba que os objetos sejam *ir*redutíveis a nosso conhecimento deles. Desse modo, navegar entre e além do realismo e do idealismo é necessário para a reivindicação da liberdade, segundo Sartre.

* * *

Se de fato Sartre leva adiante sua promessa de mostrar a "autonomia e realidade [do homem] em meio aos objetos reais" resta a verificar. Há um grande consenso em relação aos pontos para os quais *SN* permanece suscetível a críticas. Como um escrutínio da

---

71. A concepção idealista do sujeito como contendo seu mundo possui um equivalente lato com a ideia de Sartre do sujeito como *responsável pelo* mundo (cf. § 35); mas essa ideia surge *em consequência* da doutrina da liberdade, não como condição para ela.

literatura secundária revelará, essencialmente as mesmas três principais objeções são feitas a Sartre, com diferenças de formulação, pela maior parte dos comentadores, e será útil tê-las em mente desde o início. Elas são: (1) que a ontologia dualística de *SN* é incoerente; (2) que a doutrina da liberdade absoluta de Sartre é ou absurda ou vazia; e (3) que Sartre torna o niilismo axiológico inevitável e assim contradiz-se quando sustenta ter fornecido em *SN* uma fundação para valores éticos[72]. A natureza precisa dessas objeções surgirá no devido momento.

Todas as grandes estruturas de pensamento na história da filosofia atingem uma espécie de força pictórica, visionária, e em consequência permitem ser reduzidas, para fins de rápida referência, a um feixe de imagens e lemas ousados. *SN* não constitui exceção a isso e, ao longo de sua recepção e conversão do existencialismo num movimento cultural difuso a filosofia da primeira fase de Sartre foi submetida a excepcional simplificação, para não dizer vulgarização. Pode-se sustentar que recai sobre Sartre parte da responsabilidade por isto – em virtude de passagens extravagantes em *SN* nas quais Sartre dá livre curso a suas capacidades literárias[73], suas reformulações de sua posição para leitores e audiências não acadêmicas, e talvez porque seu trabalho literário paralelo pareça implicar a possibilidade de apreender suas ideias sem ter de em-

---

72. Para enunciados claros dessas objeções, cf. as citações de WAHL, J. *A Short History of Existentialism*. Nova York: Philosophical Library, 1949, p. 28-30, abaixo em § 11, e de maneira mais ampla, em: MARCEL, G. "Existence and human freedom". In: *The Philosophy of Existence*. Londres: Harvill, 1948. • MERLEAU-PONTY, M. *The Visible and the Invisible*. Evanston: Northwestern University Press, 1964, cap. 2.

73. Como Janicaud o coloca, *SN* é ao mesmo tempo impossível de ler e demasiado fácil de ler ["à la fois illisible et trop lisible"] (*Heidegger en France*. Vol. 1. Op. cit., p. 60). Numa entrevista em 1975, Sartre censurou a si mesmo por "utilizar frases literárias num texto cuja linguagem deveria ter sido estritamente técnica" ("Self-portrait at seventy", p. 9).

preender o árduo caminho da prosa filosófica. A tarefa ao ler *SN*, de acordo com isso, é devolver às ideias de Sartre a sutileza e a complexidade que foram retiradas ao longo de sua popularização, pois será somente então que poderemos avaliar a força das objeções tradicionais e o escopo das respostas de Sartre a elas.

3
LENDO O TEXTO

(A) A ontologia básica

A base da posição metafisica de Sartre é estabelecida na introdução de *SN*, "Em busca do Ser" (XXI-XLIII/11-34; 15-40) e na parte I, capítulo 1, "A origem da negação" (3-45/37-84; 43-91). A introdução é densa e intricada, e uma das partes mais difíceis de esclarecer do texto. Sartre opera com um conjunto de termos altamente abstratos – "ser", "fenômeno", "aparência", "essência", "transfenomenal" – que sofrem uma série de combinações e permutações, às vezes parecendo conduzir o leitor a um labirinto cada vez mais intrincado. É crucial, todavia, apreender os movimentos feitos por Sartre na introdução, pois é aí que ele apresenta um conjunto de fortes teses metafísicas concernentes à consciência e a seus objetos que se mostram essenciais para quase todas as principais proposição que Sartre fará em *SN*: as mais impactantes teses de *SN*, em particular no que respeita à liberdade humana, são em grande medida amplificações ou desenvolvimentos diretos de proposições metafísicas postuladas na introdução.

O quadro metafísico de Sartre se revela, finalmente, como consideravelmente menos complicado do que a argumentação fornecida em apoio: o objetivo de Sartre na introdução é mostrar que uma gama de problemas e quebra-cabeças filosóficos pode ser resolvida mediante nossa aceitação de certas questões como conceptualmente primitivas, deixando-nos com uma estrutura austera e cristalina plena de implicações para a interpretação do sujeito humano.

§ 1 Concepção de fenômeno por Sartre [introdução, seção I]

SN abre com um enunciado da posição à qual, segundo a explicação de Sartre, a filosofia chegou até agora. Isto é definido pela concepção de "fenômeno", que Sartre vê como tendo surgido da obra de Husserl e Heidegger. A questão à qual essa concepção visa responder é a seguinte: o que significa uma coisa ser dada a e apreendida por um sujeito como possuindo *existência real, objetiva*, como *transcendendo* o sujeito? Pode-se supor que as duas questões, de alguém possuir existência real, e a de haver para o sujeito alguma aparência, são fundamentalmente *independentes* uma da outra. Nesse caso, enfrentamos a tarefa de unir ambos os conceitos de tal modo a conferir sentido à nossa pretensão de sermos capazes de *saber* qual é o caso, do qual surgiu uma série de posições epistemológicas e metafísicas tradicionais. A suposição alternativa, articulada e defendida na fenomenologia, é que as coisas às quais atribuímos existência objetiva devem ser compreendidas como *unidades conceptualmente primitivas de existência real e possibilidades de aparição*: ou seja, supomos que é *constitutivo* do fato de algo possuir existência real, que se deve manifestar em sua aparição, e que o fenômeno "*é* tal como *aparece*" (xxvi/16; 21).

Mais precisamente, a existência real, objetiva se revela não ao longo de qualquer soma finita de aparições, mas num *modo* particular de aparição, um no qual cada aparição individual de um objeto – cada *presentação* [sic] ao sujeito, cada caso de um objeto parecendo ser assim e não de outro modo – nos refere a um número indefinido de outras possíveis aparições desse objeto, segundo alguma "lei" ou "princípio" que torna a série de aparições não arbitrária. Essa lei ou princípio, que unifica as inesgotáveis possibilidades de aparição de um objeto, é ao mesmo tempo a "essência" do objeto, isto é, o que a torna uma coisa de um tipo particular com um conjunto particular de qualidades. Assim, em minha consciência da caneta em minha escrivaninha a possibilidade de uma infinidade de experiências perceptuais ordenadas da caneta – como vista, tocada etc., deste ou daquele ângulo, em uma ou outra sequência, como ditada pela natureza do objeto – é dada.

Essa concepção do fenômeno não é sustentada de maneira detalhada: a atitude de Sartre é de que, graças a Husserl e Heidegger, ela já está bem estabelecida, e ele se concentra em vez disso em enfatizar como ela se livra de certos problemas que tradicionalmente estiveram no centro da atenção filosófica; essa concepção cumpre de fato o trabalho de uma teoria do conhecimento. De maneira crucial, ela se livra da distinção entre aparência e realidade, e assim, da posição kantiana, tal como Sartre a compreende, segundo a qual o ser está "escondido por trás" da aparência e a aparência é "sustentada por" ou fundada no ser. De maneira simétrica, sugere Sartre, o problema de relacionar particulares e universais cai por terra: a essência do objeto, assim como o próprio objeto, reside no nível da aparência; o objeto se manifesta, e a sua essência, de uma vez só. O mesmo vale, segundo Sartre, para a dualidade entre o "interior" e o "exterior" metafísicos do objeto, e para a dualidade aristotélica entre "potência e ato", potencialidade e efetividade.

Não obstante, afirma Sartre (xxiii-xxiv/13-14) há um problema com a nova concepção de fenômeno, que põe em dúvida sua pretensão de dissolver os problemas associados às dualidades tradicionais, e faz parecer como se estes houvessem sido apenas deslocados. Até aqui, a análise "substituiu a *realidade* da coisa pela *objetividade* do fenômeno" (xxiii/13; 17) e o fez com base em um apelo a uma hipotética série infinita de aparições. Porém, essa noção contém uma dificuldade. Obviamente, ao perceber minha caneta, nenhuma infinidade de aparências é dada a mim, assim como nenhuma aparência particular qualquer – o aspecto perceptual particular que a caneta possui para mim em algum momento – é dada a mim; a série infinita não aparece ela própria, mas é "indicada" pelo aspecto perceptual efetivamente dado. Mas o que torna possível essa relação de "indicação"? Ela requer que um aspecto perceptual individual "transcenda a si mesmo" em direção a outras possíveis aparições do objeto ou, para reformular essa exigência em termos subjetivos, exige que o sujeito transcenda aspecto perceptual individual dado "em direção à série total da qual da qual ela faz parte" (xxiii/13; 17) (pois, como nota Sartre, é necessário que eu tenha pelo menos a *ideia* da totalidade de aparições de um objeto, por infinita que seja). E com isto parecemos retroceder a pelo menos um dos antigos dualismos: o objeto está em certo sentido contido em, e em outro sentido, fora de qualquer aspecto perceptual dado; ele se permite ser pensado como uma potencialidade para efetivação em aspectos perceptuais; e é composto de uma essência a qual, ao que parece, deve ser numericamente distinta da aparição individual que o manifesta. O progresso que podemos pretender ter feito até agora, conclui Sartre, consiste em termos ultrapassado apenas a concepção (kantiana) de aparência como "oposta" ao ser.

§ 2 O fenômeno do ser [introdução, seção II]

A dificuldade reconhecida na seção I – de apreender a estrutura da transcendência envolvida nos fenômenos ou, como também propõe Sartre, o infinito no finito – será retomada em ponto bem posterior de *SN*. Na seção II, Sartre retorna à concepção do fenômeno com a qual iniciou, e suscita nova questão relativa a essa concepção, consideração que leva a um conjunto adicional de importantes, esclarecedores resultados.

Afirmar que os fenômenos envolvem uma concepção constitutiva entre existência real e aparência deixa indeterminada a natureza dessa relação: a fenomenologia afirma que a aparência "tem o seu *ser* próprio" (xxiv; 18), mas deve-se perguntar: O que significa uma aparência "ter" ser? Como se relacionam os conceitos de "ser" e "aparência"? O objetivo de Sartre na seção II é tornar mais clara a inanalisável, primitiva unidade com a qual somos confrontados, por meio da rejeição de certas concepções equivocadas do ser da aparência[74].

Não se pode supor que as aparências *possuam ser* do mesmo modo que o açúcar *é doce*: ser certamente não é qualidade das coisas. O que se pode supor, porém, é que o ser, uma vez apreendido por nós como algo, e não como nada, deve ser reconhecido como *ele próprio* aparecendo, de tal modo que cada aparição envolva o *fenômeno de seu ser* (o que significa: não somente *a mesa* aparece a mim; além disso, aparece para mim *o ser da* mesa). Sartre aceita que existe uma coisa tal como "fenômeno do ser", notando que o testemunho dos estados de espírito, como o tédio – no qual assumimos uma atitude em relação a "tudo o que existe",

---

74. O que Sartre mostrou aqui, como sugiro, é menos o caráter absurdo da posição de Heidegger do que a distância em que permanecem as teses de Heidegger, em termos de sua gramática filosófica, das proposições metafísicas tradicionais: porque Sartre está comprometido (como dito acima, nota 13) em perseguir um tipo de investigação filosófica relativamente tradicional ele não possui interesse em estender a caridade interpretativa a Heidegger. (É de se notar que, nos *Diários de uma guerra estranha*, p. 183, Sartre afirma que ele foi incapaz, inicialmente, em 1934, de penetrar *Ser e tempo*, pois ele fora incapaz de reconhecer nele qualquer dos "problemas tradicionais", da consciência, do conhecimento, do realismo ou idealismo etc.)

registrando-o com um afeto específico – pode ser invocado como evidência (corroborativa) de sua realidade fenomenológica. Isto marca a rejeição por Sartre de concepções "deflacionárias" do ser, segundo as quais o conceito de ser não possui significação extra-conceitual e pode ser analisado numa mera função lógica. Até aqui Sartre está de acordo com Heidegger. A próxima questão é saber se, como supõe Heidegger, o fenômeno do ser é o que constituição as aparições do ser.

Heidegger, tal como Sartre o interpreta, concebe o fenômeno do ser como algo a mais no campo fenomenológico, sobre e acima das aparições de existentes particulares, e responde à questão de saber como os conceitos de ser e aparência devem ser ordenados postulando uma relação de *desvelamento* entre as entidades e o Ser, o sujeito sendo concebido como de certa forma "ultrapassando" a entidade a fim de apreender seu Ser. Tudo isso, entretanto, Sartre rejeita, com base em que isto torna a posse de ser da aparência como *relacional*, e que semelhante concepção é ininteligível: "O objeto não *possui* o ser, e sua existência não é uma participação no ser, ou qualquer outro gênero de relação com ele. Ele *é*, eis a única maneira de definir seu modo de ser" (xxv/15; 19). Sartre apoia isto com o seguinte argumento: se o Ser fosse desvelado por suas aparências, então seria possível identificar algo "sobre" o objeto que *efetue* o desvelamento; mas isto é absurdo, e em todo caso fútil, uma vez que para a compreensão fenomenológica dos objetos, se o objeto é dado ao sujeito, então também seu ser é dado. Isto volta a confirmar a necessária contemporaneidade do ser com a possibilidade sua manifestação: o ser está por si mesmo imediatamente pronto e apto a se manifestar (todo ser, tal como Sartre o coloca, é *ser-para-desvelar*), não algo ao qual a possibilidade de manifestação precisa ser adicionada. Heidegger é assim culpado de um tipo de dupla contagem – é verdade que existe um fenômeno do ser, *pace* deflacionismo, mas falso que isto constitua um *fato adicional* sobre entidades exigindo compreensão adicional – e a tentativa, na explicação do *Dasein* em *Ser e tempo* de explicitar as condições suplementares, mediadoras que são necessárias para o desvelamento do Ser são portanto equivocadas.

Ao rejeitar a concepção de Heidegger de uma distinção ("ôntico--ontológica") entre seres/entidades e Ser, cuja elucidação define a tarefa fundamental da filosofia, Sartre está rejeitando a explicação de Heidegger do que significa as aparências possuírem ser, mas não retornando a sua afirmação de que há de fato um "fenômeno do ser". Como afirma Sartre, certamente podemos redirecionar reflexivamente nossa atenção para um objeto, como uma mesa, a fim de focarmos em vez disso no próprio fato de ser ser; mas nesse caso o que temos diante de nós é um novo e *diferente* fenômeno, o qual não pode *ele próprio* ser o que compreende o ser do fenômeno da mesa. Assim, "o ser do fenômeno não pode ser reduzido ao fenômeno do ser" (xxv/16; 20).

Este importante resultado negativo – de que a concepção de Heidegger de filosofia como "ontologia fundamental", investigação sobre o sentido do Ser, é equivocada – significa que Sartre ainda tem a tarefa de coordenar aparência e ser, e de explicar o que se deve fazer em relação ao "fenômeno do ser". Sartre procede de modo a extrair as seguintes conclusões adicionais.

A crítica de Heidegger mostrou que o ser das aparências não está disponível para nós na forma de um fenômeno do ser, e isto significa, sustenta Sartre, que nossa relação com o ser das aparências *não pode ser uma relação de conhecimento* – pois o conhecimento, tal como Sartre o entende, envolve "determinar uma coisa em conceitos", e qualquer coisa que determinemos em conceitos só pode ser um fenômeno. A definição de conhecimento aqui empregada é relativamente estreita, e contestável, mas Sartre tem boas razões para estabelecer a distinção tal como o faz: o conhecimento de um objeto O só é possível se permaneço em algum tipo de relação com o ser de O. Porém, o ser de O não pode figurar para mim como objeto de conhecimento, uma vez que o ser-de-O é uma condição de haver, para mim, qualquer objeto para que eu tenha um conhecimento dele; que O possui ser não pode ser algo *sobre* o objeto que conheço. O argumento de Sartre, portanto, não é o trivial de que se conheço O, então O existe, e que se O não existe, então não conheço O; é o argumento substancial de que o ser de O deve ser algo *para mim* em um modo diferente daquele no qual conheço qualquer coisa sobre O. Nossa relação com o ser das aparências, por conseguinte, na terminologia preferida de Sartre, deve ser não epistemológico, mas "ontológico".

É verdade também, entretanto, que *existe* uma coisa como o fenômeno do ser: o ser *pode* se transformar em um fenômeno; explicações deflacionárias do ser são falsas. Sartre mostra como isso exclui outra maneira, não heideggeriana, de construir a relação entre ser e aparência, a saber, a suposição do fenomenalismo ou do idealismo de que a existência real pode ser *reduzida* a possibilidades de aparência. Se o ser pode aparecer, pode assumir a forma de um fenômeno, então o ser não pode *consistir* na fenomenalidade – um fenômeno que não manifesta nada além da mera *possibilidade* de fenômenos não é inteligível. O ser, portanto, precisa ser "transfenomenal": é falso que "o ser da aparência seja sua aparição" (xxxi/16; 20)[75]. Sartre escreve que "o ser do fenômeno, embora seja coextensivo com o fenômeno, não pode estar sujeito

---

75. Posto de outra forma, o que o argumento de Sartre mostra é que o fenomenólogo está comprometido com uma explicação deflacionária do ser.

à condição fenomênica" (xxvi/16; 20), o que significa que, embora todo ser possa se manifestar, não é *porque* ele pode fazê-lo que ele seja (que haja) ser. Na seção VI, Sartre dirá mais a respeito do fenômeno do ser.

§ 3 Consciência [introdução, seção III]

A seção III inicia retomando a discussão com o idealismo ou fenomenalismo. Sartre atribui a tese de que o ser da aparência é sua aparição a Berkeley e (de maneira tendenciosa) a Husserl. Pode ter parecido que o idealismo já fora refutado, dada a força da conclusão na seção II de que o ser da aparência é transfenomenal, mas Sartre mostra que, na verdade, seus assuntos com o idealismo permanecem inacabados.

Em primeiro lugar, Sartre reconhece que a posição que ele defendeu, com sua insistência sobre a irredutibilidade do ser, pode parecer perigosamente próxima ao realismo clássico, o qual ele admite ser altamente problemático, e também que o idealismo possui fortes atrativos, devido à narrativa mais econômica e direta que ele apresenta sobre ser e aparência. Em segundo lugar, tendo levantado na seção II a questão da relação entre a teoria do conhecimento e a ontologia, Sartre agora deseja considerar o idealismo com respeito a uma formulação diferente de sua tese central, a saber, como sustentando que o ser pode ser *reduzido* ao conhecimento que temos dele (xxxvi/16), ou, que o ser é "mensurado pelo conhecimento" (xxxiii/24). Finalmente, e o que é mais importante, pode-se objetar a Sartre que o argumento anterior não refutara o idealismo, pois o idealista pode responder que, mesmo que seja verdade que o conhecimento das aparências exige ser transfenomenal, esse ser transfenomenal do *sujeito* pode desempenhar o papel necessário. O idealista pode concordar que a cognição e sua asserção não podem evitar compromisso existencial – que algo deve prover uma "base" ou "garantia" do "ser do conhecimento" (xxvi/17), na medida em que as próprias cognições, estados de conhecimento, devem ser algo – mas acrescentar que isto é providenciado internamente pelo idealismo, uma vez que o idealista não procura reduzir o sujeito da cognição à aparência. A fenomenologia de Husserl faz justamente isso, diz Sartre, pois ao referir o conhecimento à consciência trata o conhecedor em sua capacidade "como *ser*", não como objeto de conhecimento (xxvii/17). A conclusão anti-idealista anterior de Sartre, portanto, ainda não está a salvo. O resultado do debate retomado com o idealismo fica em suspenso até a seção V, porém, e o restante da seção II é dedicado a estabelecer as primeiras tábuas da teoria do sujeito de Sartre[76].

Seguindo Husserl, e trazendo pressupostos de seus próprios escritos anteriores[77], Sartre propõe as seguintes teses concernentes à consciência.

(1) Consciência é necessariamente *de* algo: é a "*posição* de um objeto transcendente", uma "consciência posicional do mundo" (xxxvii/17-18; 22). (No que respeita à terminologia de Sartre: consciência *posicional* é consciência com forma objectual, consciência *de* O; consciência *tética* é consciência com forma de juízo ou proposicional, consciência *que p*). Disto se segue diretamente, como supõe Sartre, que a "consciência não possui 'conteúdo'", e que a noção de qualquer coisa estar "na" consciência é necessaria-

---

76. Sartre utiliza a terminologia escolástica, a qual eu evitei: *percipere* (infinitivo ativo) = perceber; *percipi* (infinitivo passivo) = ser percebido; *percipiens* (particípio presente) = percebido; *perceptum* (particípio perfeito) = o que é percebido, o objeto da percepção.
77. Especialmente *A transcendência do ego* e "Intencionalidade".

mente falsa; o primeiro procedimento da filosofia "deve ser expulsar as coisas da consciência" (xxvii/18; 22)[78].

Se isto parece questionável, com base em que não parece impossível que a consciência tenha objetos dos quais *também* deve haver conteúdo, o argumento de Sartre é que a consciência deva ser apreendida não apenas como envolvendo, mas como sendo *idêntica* à relação de "intenção" de a-caminho-de-apreender [*going-out-to-grasp*] um objeto; supor que a consciência também poderia ter um *tipo* diferente de relação, por exemplo, a de "conter" algo, consistiria portanto em mudar de assunto, falar sobre um *termo* de alguma relação, e não sobre a *relação* que *é* a consciência. (Começamos a ver aqui que a consciência tal como Sartre a compreende não é de modo algum a mesma a que nós, seguindo o sendo comum, chamamos de "mente". É também digno de nota que as razões explícitas para que Sartre expulse o conteúdo da consciência não têm nada a ver com evitar os problemas epistemológicos criados pela doutrina tradicional do "véu de ideias", embora, é claro, Sartre esteja bastante ciente de que sua posição dispõe da necessidade de uma explicação de como as "representações" se fecham em torno dos objetos do mundo[79].)

(2) A consciência é necessariamente *consciência de si*, uma *autoconsciência pré-reflexiva* – Sartre a chama de *consciência (de)*

---

78. A qualidade purgativa e visionária dessa "expulsão" é enfatizada em "Intencionalidade".

79. Cf. "Intencionalidade", p. 4-5, onde a filosofia ("digestiva") dos "conteúdos da consciência" e da "vida interna" é rejeitada com base na pura falsidade fenomenológica, e os problemas epistemológicos que ela cria não são sequer mencionados. Mais uma vez, no ataque de Sartre, em "O imaginário", à concepção de "imagem-coisa" da imaginação, considerações epistemológicas se introduzem apenas de maneira oblíqua: Sartre acusa essa concepção de ser incapaz de explicar a efetiva espontaneidade fenomenológica e a certeza com as quais as imagens se distinguem das percepções (cf., p. ex., p. 94-101), mas não com inevitáveis implicações céticas (daí o subtítulo do trabalho, "uma crítica *psicológica*").

si a fim de indicar a peculiaridade da "relação" envolvida. Essa noção é inovadora e difere de maneira importante, explica Sartre, de qualquer tese concernente à epistemologia do mental. É um lugar-comum do cartesianismo que, se Eu sou consciente de um objeto O, então sei que sou consciente de O. Porém, isto não é o que Sartre está afirmando quando diz que a consciência é autoconsciente: Sartre tem em vista essa estrutura como o *terreno prévio* do conhecimento do sujeito de sua própria consciência, como o que torna o autoconhecimento *possível*.

O argumento de Sartre para supor que uma relação consigo própria da consciência deve ser assumida começa com uma *reductio* (xxviii/18-19). Suponha-se que identifiquemos a autoconsciência em geral com o autoconhecimento (como, supõe Sartre, faz Espinosa: a autoconsciência consiste em "saber de um saber", uma "ideia de uma ideia"). A relação de conhecimento, no entanto, observa Sartre, envolve uma distinção entre sujeito (cognoscente) e objeto (do conhecimento), e no caso do *auto*conhecimento, isto imediatamente gera a questão: *Como* o sujeito do conhecimento conhece sua identidade com o objeto do conhecimento? Mais precisamente: como ele conhece essa identidade da maneira distinta, infalível e imediata requerida? Pois precisamos respeitar as óbvias e fundamentais diferenças entre saber que estou com dor ou que estou vendo uma caneta, e saber que a Estrela da Tarde é idêntica a e partilha as propriedades da Estrela da Manhã: a consciência do próprio *self como si mesmo* não é de qualquer modo um caso comum de chegar à conclusão de que uma coisa é a mesma que outra.

Ora, pode-se supor que a noção tradicional de "ato de reflexão", concebida como a virada da mente para a atenção a si mesmo, responde a essa questão. Mas como nota Sartre, o apelo à reflexão, *la réflexion*, meramente recoloca o quebra-cabeças: o que permite ao "Eu" de minha reflexão, ou minha consciência desse "Eu", a conhecer a si mesmo como sendo o mesmo que – ser idêntico com o sujeito da – a consciência sobre a qual se reflete? Parece que somos levados a introduzir um "terceiro termo", que conhece sua identidade; mas então a relação desse terceiro, "super"-Eu com os dois termos anteriores precisa ser explicada, e um regresso ao infinito é posto em movimento. Qualquer explicação que tome o autoconhecimento como sendo destituído de fundamento se depara, portanto, com insuperáveis dificuldades, a única solução para as quais sendo supor que, assim como aceitamos no caso do conhecimento de objetos que deve haver algo prévio sobre o qual ele se funda, por exemplo, a consciência dos objetos, assim, de maneira paralela, devemos admitir um fundamento pré-epistêmico do autoconhecimento[80]. Uma primitiva relação consigo mesmo, ou uma autoinclusão da consciência do objeto explicaria o caráter imediato da transição que somos capazes de fazer a partir da consciência pré-reflexiva absorvida no mundo para a consciência reflexiva de nós mesmos.

Sartre também fornece um argumento (xxix/19-20) mostrando que, mesmo se fosse admitido que um ato de reflexão é o que explica de maneira suficiente a possibilidade do autoconhecimento, resultam consequências absurdas, a mesmo que suponhamos uma consciência pré-reflexiva. Se a consciência pré-reflexiva não existe, então certas realizações cognitivas ordinárias tornam-se ininteligíveis. Tome-se o caso no qual conto doze cigarros, e chego à resposta "12". Para cada cigarro contado, existe uma consciência do objeto correspondente (consciência do primeiro cigarro, do

---

[80]. Manfred Frank explica a visão de Sartre e a refere, retroativamente, a pensadores pós-kantianos, em: *Whats is neostructuralism?* (Minneapolis: University of Minneapolis Press, 1989, p. 194-195).

segundo e assim por diante). Mas se essas doze consciências do objeto não fossem já autoconscientes, então eu precisaria contá-*las*, por sua vez, a fim de alcançar o resultado "12" – o que, mesmo se a ideia de contar a consciência fosse inteligível, claramente não é o que a cognição ordinária da quantidade envolve, e em todo caso não evitará o regresso, uma vez que as consciências reflexivas de segunda ordem, por sua vez, precisarão ser contadas. Mais uma vez, o resultado é que, para que a unidade do sujeito seja inteligível, algo deve mediar a relação entre consciência posicional do objeto e consciência reflexiva, e este algo não pode ser quer uma consciência posicional do objeto, quer um ato de reflexão.

Embora Sartre não o expresse, existe uma racionalidade mais ampla subjazendo a e motivando sua tese da consciência pré-reflexiva, que é independente do ponto que ele defende concernente à necessidade de que o autoconhecimento seja inteligível. Como devemos pensar a consciência? Que conceito podemos formar dela, e qual base sobre a qual esse conceito deve ser formado? É essencial, para que a consciência seja o que é, que ela seja diferenciada (na maneira correta) de tudo o mais, uma vez que se supõe que tudo seja um objeto transcendente a ela, deva contar como "mundo". Ora, a base sobre a qual ocorre essa diferenciação não pode ser *externa* à própria consciência – pois se fosse, a consciência necessitaria (de maneira absurda) consultar assuntos transcendentes a fim de conhecer a si mesma como consciência. Segue-se que qualquer distinção que estabeleçamos entre uma parte da realidade e outra, que não incorpore já a função interna da consciência por meio da qual ela se põe acima e contra o mundo, não pode ser bem-sucedida como conceptualização da consciência. Nosso conceito da consciência, portanto, deve ser o conceito de algo que *se diferencia* de seus objetos é que é *consciente de si como fazendo isso* – ou seja, de algo que possui autoconsciência pré-reflexiva. As próprias condições sob as quais podemos pensar ou formar um conceito da consciência, por conseguinte, implicam a reflexividade da consciência[81].

(3) A consciência é *autônoma* e um *absoluto*, mas um absoluto *não substancial* que *não provê sua própria fundação* (xxxi-xxxii/ 22-23). Já vimos a primeira parte dessa tese em *A transcendência do ego*, e em *SN* Sartre reitera o ponto que "é impossível conferir a uma consciência uma motivação que não seja a própria" e que ela exibe "determinação de si por si mesma" (xxxi/22), mas aqui Sartre lhe fornece suporte, mostrando como ele se segue de suas teses anteriores sobre a consciência: qualquer coisa que se suponha determinar ou motivar a consciência deve manter alguma relação com a consciência, mas não pode manter essa relação sem ser seu objeto (porque a consciência *é* intencionalidade) e sem que ela esteja consciente dessa relação (porque a consciência é prerreflexivamente autoconsciente); assim, nada pode determinar a consciência de fora dela (de maneira heterônoma) sem ser tomado e convertido na autodeterminação (autonomia) da consciência.

A autonomia diz respeito à forma que algo assume desde que assume existência, e assim ficam em aberto as condições e causas da existência da coisa, mas Sartre chega perto de dizer também que

---

81. Vale apontar que, quando Sartre fala de consciência ele não está pensando jamais nela *qua* um estado que *atribuímos* a nós mesmos ou a outros: ele está tentando localizar o fenômeno *pré*-atributivo da consciência, consciência tal como é, independente e anterior a sua imputação de juízo. Na visão de Sartre, a reflexão filosófica do tipo não-fenomenológico que encontramos na filosofia da mente, em lugar de apreender o próprio fenômeno da consciência, desloca-se para consideração das condições sob as quais se pode *pensar que* existe, ou que uma pessoa possui, consciência de algum objeto, e daquilo que é implicado por isso. O resultado é que formamos uma concepção até mesmo de nossa consciência mesclada com um caráter de terceira pessoa, isto é, daquilo que Sartre chama de "o psíquico"; cf. § 24.

a *existência* da consciência é autoderivada: "*la conscience existe par soi*", a consciência é uma "*existence par soi*" (xxxi-xxxii/22, traduzido por Barnes como "A existência da consciência provém da consciência ela mesma", e "existência autoativada"). Isto se segue, Sartre deduz, pela mesma razão que a consciência é necessariamente autônoma – nada poderia permanecer na relação "causa de existência" com a consciência sem ser uma instância da consciência – mas Sartre mostra que também se segue da premissa (com seu argumento anterior também assegurado) que a consciência é radicalmente *ontologicamente original*, ou seja, que não existe um conceito mais elevado sob a qual ela se subsume. Faria sentido pensar na consciência como tendo sido trazida à existência por alguma causa não-consciente somente se sua possibilidade estivesse escrita na ordem das coisas, anteriormente à sua gênese (de tal modo que sua essência precederia sua existência). Mas a consciência não é uma espécie de qualquer *genus* na explicação de Sartre – não existe um "tipo de coisa" geral do qual ela é uma instância – e isto significa que a noção de uma ordem dentro da qual a transição poderia ser feita da potencialidade da consciência para sua atualidade cai por terra.

Mas há uma complicação aqui com a qual é muito importante lidar[82]. Se fosse verdade *sem qualificação* que a consciência provoca a própria existência, então ela seria uma autocausa, *ens causa sui*, e pelas regras da metafísica tradicional, isto forneceria

---

82. A complexa combinação de teses descritas aqui fica clara em *War diaries* [*Les carnets de la drôle de guerre*], p. 109: a consciência a ou realidade humana (i) "motiva a si mesma sem ser sua própria fundação... existe uma consciência que motiva sua própria estrutura", e além disso (ii) não pode possuir qualquer fundação – "qualquer fundação transcendente da consciência mataria a consciência com suas próprias mãos, ao mesmo tempo que daria nascimento a ela"; assim, o fato da consciência é "irredutível a absurdo".

à consciência uma propriedade de Deus suficientemente definida. Para evitar essa implicação – que situaria Sartre entre os idealistas absolutos, e o colocaria em conflito com a explicação (oblíqua), veremos isso no § 9, que ele fornece mais tarde da gênese da consciência – uma distinção adicional faz-se necessária. A autoativação existencial que Sartre deseja atribuir à consciência é realmente apenas uma combinação de sua autonomia com a propriedade *negativa* de não provir ou ser derivada de nada, e esta é distinta da propriedade muito mais forte da *incondicional* autossuficiência existencial, isto é, de ser tal de modo a existir independente de existir ou não alguma outra coisa. Esta última – substancialidade no sentido tradicional ou no que Sartre chama de "ser sua própria fundação" – *não* é atribuída por Sartre à consciência: não se segue de nada que ele tenha até agora sustentado, e contra isto está o fato de que a consciência não é consciente de si mesma como ato de atribuir existência a si mesma. Por esse motivo, Sartre afirma que é preciso cuidado para se referir à consciência como "causa de si" (xxxi/22; 27, embora continue a fazê-lo, p. ex., em xl/32).

Note-se que essas duas propriedades não poderiam ser mantidas à parte, se para a existência de tudo deve haver uma razão suficiente: pelo pressuposto tradicional, a propriedade mais fraca implica a mais forte, senão temos uma violação da ordem metafísica das coisas. Mas Sartre de maneira enfática e explícita recusa a aplicação irrestrita do princípio de razão suficiente: a existência da consciência é uma contingência absoluta. A não-substancialidade da consciência, assim, possui dois sentidos, os quais estão conectados: refere-se tanto à contingência da existência da consciência quanto a ela ser pura aparência, sem um substrato de apoio oculto.

§ 4 *Contra* esse est percipi *[introdução, seção IV]*

Ao final da seção III, pode parecer que o idealismo foi reivindicado, uma vez que Sartre – quaisquer qualificações que ele possa ter desejado adicionar referentes à autocausação da consciência – parece ter defendido a concepção idealista do sujeito como absoluto. Não obstante, a seção IV inicia com a declaração de que "escapamos ao idealismo" (xxxiii; 29).

O idealismo do qual escapamos, porém, é somente aquele que procura reduzir o ser em geral ao ser *conhecido*[83], e Sartre deixa claro que ainda não escapamos da posição – que ele atribui a Husserl, e que também faz jus ao nome de idealismo – segundo a qual o ser transfenomenal é prerrogativa do sujeito, e os objetos de consciência podem ser reduzidos a aparências. As seções IV e V visarão demolir essa posição. A seção V oferecerá um argumento positivo a favor da transfenomenalidade dos objetos da consciência. A seção IV, de maneira menos ambiciosa, mas como preparação necessária para o argumento da seção V, procura mostrar o caráter ininteligível da fórmula fenomenalista-idealista de Berkeley para os objetos da consciência, que seus *esse* é seu *percipi*.

Em um mínimo absoluto, indica Sartre, e concedendo ao fenomenalista-idealista que devemos falar dos objetos apenas "como percebidos", uma distinção precisa ser reconhecida entre o objeto (percebido) da consciência e o conhecimento dele, ou da síntese que o revela; de outro modo o conhecimento de uma mesa se torna conhecimento *da* consciência (e toda consciência de objeto se torna reflexão, o que constitui um absurdo). Isto é suficiente para assegurar que há *alguma* questão concernente ao ser da mesa. Uma vez que

---

83. O idealismo que Sartre tem em mente é aquele que concebe condições transcendentais *de jure*, em vez de termos *de facto*, i. é, o de Kant.

está excluída uma redução direta mediante a identidade – a mesa *é* essa impressão subjetiva; ou, o ser da mesa *é* o ser da consciência –, a redução fenomenalista-idealista deve ser expressa, sugere Sartre, pela tese de que o ser da mesa é *relativo* ao ser do sujeito percebido. Além dessa relatividade, o ser da mesa, para a análise fenomenalista-idealista, é também *passivo* – necessariamente a percepção é algo, por assim dizer, feito *à* mesa, não algo que a mesa faz – e essa noção, argumenta Sartre, contém incoerência. Podemos falar de "ser passivo" quando e *somente* quando um objeto pode ser pensado como sendo afetado – ou seja, como sofrendo modificações na natureza do que é determinado por como esse objeto é – e também como sendo algo *em si*. O fenomenalista-idealista não pode admitir que essa concepção do objeto apoie suas modificações, como possuindo um ser que é a fundação para suas afecções. Além disso, e independente disso, Sartre afirma que a transação metafísica visada pelo fenomenalista-idealista, pela qual a consciência *age* sobre o objeto de tal modo a *dar-lhe* ser ou *fazê-lo* ser – num sentido que precisa ir além da contínua criação do objeto, uma vez que um sujeito consciente de si mesmo como engajada em semelhante atividade "não pode ter sequer uma ilusão de sair de sua subjetividade" (xxxiv/25) – implica uma concepção incoerente da consciência: como uma mão que só pode esmagar com a condição de que seja também esmagada, a consciência poderia passar por ser para uma unidade de aparência somente se a consciência, por sua vez, pudesse se ver em ato; a interação só é possível com a condição da reciprocidade. E supor isto é contradizer a inatacável, não negociável intuição de que a consciência é "toda atividade, toda espontaneidade" (xxxv/26). (Sartre sugere que foi em resposta a esse problema que Husserl introduziu sua noção de *hylê* – a *matéria* ou conteúdo da síntese –, mas com efeito incoerente, uma vez que Husserl exige que ela exiba atributos tanto da consciência quanto de uma coisa[84].)

Desse modo, pode-se concluir: "O ser transfenomenal da consciência não pode fundamentar o ser transfenomenal do fenômeno" (xxxvi/27; 32).

§ 5 A "prova ontológica" de Sartre [introdução, seção V]

A seção V contém um argumento que Sartre, ecoando Descartes, chama de "prova ontológica". Seu alvo mais próximo, mais uma vez, é o fenomenalismo-idealismo: ele pretende mostrar que o ser do objeto da consciência é transfenomenal, mas por um motivo diferente daquele fornecido na seção IV. O ser da *consciência*, Sartre defende agora, implica diretamente isto. O alvo remoto é o ceticismo em relação ao mundo externo: se o argumento for correto, então semelhante ceticismo constitui um erro. O argumento é tão simples quanto irresistível, como tenta Sartre mostrar:

> Há uma "prova ontológica" proveniente não do *cogito* reflexivo, mas do ser *pré-reflexivo* do *percipiens* [= percipiente]. [...] Toda consciência é consciência *de* alguma coisa. Isto significa que a transcendência é a estrutura constitutiva da consciência; ou seja, que a consciência surgiu *apoiada por* um ser que não é ela mesma. Isto é o que chamamos de prova ontológica. (xxxvi-xxxvii/27-28; 32-33).

Essa combinação de simplicidade com (alegada) força argumentativa é estonteante, e requer interpretação.

Eis uma maneira de compreender a prova ontológica. Anteriormente, notamos que, para Sartre, a consciência deve ser conce-

---

84. Sartre originalmente aceitara a existência da *hylê*: cf. *Imagination*, p. 132-133.

bida internamente e a partir de uma perspectiva. Ora, também faz parte da perspectiva da consciência, sustenta Sartre, que ela é contígua ao *ser* (o qual, como mostrou a seção IV, precisa ser transfenomenal). O que torna esse argumento bem diferente tanto da famosa prova da realidade do mundo externo das "duas mãos", de G.E. Moore, quanto de qualquer defesa do realismo direto com base em que se trata de teoria da percepção envolvida em senso comum, é que ela apela, como insiste Sartre, à consciência *pré*-reflexiva. Divide com o argumento de Moore e com o argumento do realista direto a ideia de que a cognição da realidade externa não envolve referência, mas difere deles no fato de que se centra não sobre os juízos reflexivos – o "Eu percebo O" e que esse juízo mesmo é da mais alta qualidade epistêmica –, mas nas condições sob as quase a consciência pode ser (corretamente) *concebida*. Em consequência de seu caráter transcendental e de perspectiva, a prova de Sartre pode ser facilmente desconsiderada (pode parecer que não há qualquer argumento), seja descaracterizada (pode parecer meramente dogmática, ou mera repetição de Moore, ou uma asserção pouco sustentada de que a realidade do mundo externo é dada pela experiência).

O ponto crucial da prova de Sartre é que qualquer pensamento que eu tenha sobre se há (ou mesmo *se pudesse haver*) um "hiato" ou curto-circuito cognitivo em minha consciência da realidade externa pressupõe alguma espécie de *objetificação* de um item localizado em minha extremidade da relação sujeito-mundo – uma vez que envolve minha reflexão de que esta minha *representação* (ou *estado-de-crença*, ou *conteúdo mental* etc.) deixa de se aplicar à realidade cuja imagem ela contém ou em cuja direção intende – e com isso, nos termos de Sartre, indicia a si própria. A tese contrária de Sartre é que a consciência apreende a si mesma pré-reflexivamente *em termos* do item no qual ela desemboca, que são os termos do ser transfenomenal, e assim, por razões fornecidas antes, não pode ser concebida como admitindo a possibilidade de deixar de alcançar seu alvo epistêmico. A perspectiva da consciência reverte a da reflexão cética.

Porém, pode-se perguntar, o que *garante* que, em algum caso particular, "aquilo-em-que-minha-consciência-desemboca" pertence à realidade *externa*? O que dizer de sonhos e alucinações, isto é, estados nos quais o objeto intencional da consciência não é nada real externamente? Mesmo que Sartre esteja certo sobre como as coisas parecem da perspectiva da consciência, não significa isto, justamente, que quando a reflexão (do tipo encontrado na Primeira Meditação de Descartes) deixa de apoiar os enunciados dessa perspectiva, temos um conflito epistêmico, logo, bases para o ceticismo? Por que considera Sartre que a perspectiva da consciência pré-reflexiva supera e silencia os resultados da reflexão?

Uma plena reconstrução da prova ontológica de Sartre mobilizaria os seguintes pontos essenciais. Em primeiro lugar, deve-se lembrar que, segundo Sartre, nada precisa ser *adicionado* à consciência de O para que O seja determinado como pertencendo à realidade externa, na medida em que a distinção entre *self* e não-*self* já está articulada com a distinção pré-reflexiva entre consciência e objeto. Em segundo lugar, a concepção de Sartre (como notado acima é de que a consciência de não-realidades é derivativa de e dependente da consciência da realidade, e Sartre possui um conjunto independente de argumentos para a teoria da imaginação, da qual essa tese se segue.

Em terceiro lugar, Sartre expande a prova ontológica, retornando à tese husserliana anterior de que a infinidade potencial de aparências perceptuais de um objeto constituírem a marca de seu ser objetivo. Sartre endossa o "apelo ao infinito" de Husserl, no sentido de que ele concorda que ele captura como é para a consciência ter um objeto que possui ser objetivo: captura a realização fenomenológica desse estado de coisas. (Seu papel, nota ele, vai além daquele de um *critério* epistêmico: uma infinidade potencial de aparências não é aquilo-por-referência-ao-qual podemos *dizer* se nossa consciência é verídica ou não. Para Sartre, pensar que precisamos de uma "maneira de dizer" já é ter cometido um erro.) Aquilo sobre o que Sartre pressiona Husserl é a questão do que torna essa estrutura *possível*: a infinidade de aparências às quais Husserl apela não são evidentemente dadas como impressões subjetivas efetivas, mas como *ausentes*; do que se segue, pelo princípio idealista de que a "consciência é constitutiva do ser do objeto" (xxxvi/27), que O possui ser objetivo se O existe *como uma falta* na minha subjetividade; e isto deixa inexplicado como minha consciência de O toma a si mesma para (i) "sair do subjetivo", a fim de (ii) atingir O como "uma *presença*, não uma ausência" (xxxvi/28). (Além disso, gera-se um paradoxo metafísico: "como pode o não-ser ser a fundação do ser?", xxxvii/28). A única coisa que pode tornar inteligível a estrutura pela qual a consciência parece transcender a si mesma em direção a um objeto em sua presença é o ser *transfenomenal* do objeto. (Um cético que vá tão longe a ponto de negar que ele pelo menos *toma a si mesmo* como o nível mais primitivo para escapar de sua subjetividade, note-se, perdeu a argumentação, pois ele admitiu implicitamente que pode estar consciências de coisas somente *como* imagens mentais, e o

91

que quer que ele faça destas, isto significa que nós não partilhamos mais com ele uma condição, sobre cuja correta interpretação epistemológica estamos discutindo[85].)

Finalmente, a perspectiva pré-reflexiva leva a melhor sobre o ceticismo reflexivo, pois a consciência é primordial e a reflexão secundária – sem consciência de primeira ordem dirigida ao objeto não poderia ocorrer a reflexão – e porque, tendo reencontrado a perspectiva da consciência pré-reflexiva, somos capazes de compreender a reflexão cética como baseada em um erro. É bem verdade que sempre posso continuar a *pensar*, sem qualquer conhecimento de inconsistência epistêmica, que meus juízos reflexivos céticos possuem uma autoridade da qual carece minha consciência pré-reflexiva, como pensa Descartes, mas isto é apenas o que a prova ontológica nos diz para esperar – uma vez que ela nos diz que *não pode haver* qualquer coisa no plano reflexivo que possa contar como evidência para uma relação com um objeto externo real. Assim, em certo sentido, uma vez explicada a prova ontológica, não há nada mais a ser dito em resposta ao cético que continua a perguntar como podemos saber com certeza que alguma instância da consciência externa é verídica; mas podemos atribuir nossa incapacidade de dizer qualquer coisa mais à impossibilidade de satisfazer o pressuposto da questão cética, sua exigência de que a reflexão determina uma questão que, de fato, não caberia à reflexão determinar (é como se o cético estivesse pedindo que a reflexão *produzisse* um objeto real).

---

85. Existe também uma diferença, aponta Sartre, entre sua prova ontológica e a refutação do Idealismo por Kant, na *Crítica da razão pura*: este último estabelece condições transcendentais meramente *de jure*, identificando uma exigência epistêmica sem mostrar que ela foi satisfeita (xxxvii/28-29); a prova de Sartre mostra que o *status de facto* do transcendental, sua efetividade ontológica. É interessante, e característico da nova concepção de Sartre do transcendental, que ele insere o elemento normativo kantiano na fabricação ontológica da consciência: cf. § 14 sobre a consciência como "obrigação".

§ 6 Ser-em-si e ser-para-si [introdução, seção VI]

Com o realismo e o idealismo oficialmente despachados, Sartre retorna ao "fenômeno do ser" discutido na seção II, que ele afirma que agora podemos apreender corretamente. Toda a informação sobre o ser que podemos derivar desse fenômeno – e *tudo o que há* em relação ao ser do fenômeno – está contido nas espantosas proposições simples de que ele (1) "é (*est*)", (2) "é em si (*est en soi*)" e (3) "é o que é (*est ce qu'il est*)" (xlii/34; 40). A finalidade dessas estranhas fórmulas não é nem descrever de maneira informativa, nem asseverar verdades analíticas relativas a esse ser, mas em nos alertar sobre o caráter especial, não-ordinário, *negativo* de sua relação com conceitos e juízo. A cópula, em sua aplicação ao ser do fenômeno, serve meramente como indicador ou signo expressivo – ele indexa o ser, ou expressa o fato da confrontação da consciência com ele – e as proposições de Sartre visam nos mostrar que esse uso da cópula (i) esgota a função do pensamento em relação a esse ser, e (ii) o faz *porque* esgota o ser: embora esteja aqui em seu limite, mas o limite é *também* o do *ser*. (Assim como a forma sujeito-predicado esteja faltando do polo *subjetivo* da relação sujeito-objeto, do mesmo modo ela está ausente – por opostas, diferentes razões, e em sentido inverso – de seu polo oposto, *objetivo*.)

O sentido das três proposições de Sartre são que o ser do fenômeno existe sem razão ou justificação: nem Deus, nem a lei natural podem explicá-lo; porque ele simplesmente "é", não podemos sequer descrevê-lo como "não criado", nem como autocriador; trata-se de uma absoluta plenitude, autoidêntica, completa sem consciência; as categorias conceptuais básicas de atividade e passividade, negação e diferenciação, possibilidade e necessidade não se aplicam a ele; está além do devir e não está sujeito à temporalidade (xlii/33-34). Seu ser plenamente idêntico – que pode ser expresso como "A é A" – significa que ele "existe numa compressão infinita sem densidade infinita": não requer unificação sintética, uma vez que sua unidade "desaparecer e se transforma em identidade" (74/116). Sartre o designa "ser-em si", ao mesmo tempo que observa que a sugestão de reflexividade ("si") é estritamente enganosa (76/118). Porque está além da razão e da modalidade, no sentido de que não pode ser pensado como justificado ou tornado necessário ou tornado possível por qualquer coisa, o ser-em-si – em sentido especial, *absoluto*, a ser contrastado com juízos ordinários, relativos de contingência – é *contingente*. (Note-se como, por todos esses motivos, o ser-em-si não é "matéria".)

A razão pela qual o ser-em-si está além da explicação, segundo enfatiza Sartre, não é que nossas capacidades cognitivas sejam assim, e não de outra maneira: não "tem nada a ver com nossa *posição* em relação a ele; não é que sejamos obrigados a *apreendê-lo* e a *observá-lo* porque somos sem "fora". [...] O em-si não possui segredo" (xlii/33).

O ser transfenomenal dos fenômenos, portanto, é ser-em-si, *l'être-en-soi* (xxxix/31). Sob todos os aspectos, permanece oposto ao ser transfenomenal que descobrimos na consciência, ao qual Sartre agora dá o nome de "ser-para-si", *l'être-pour-soi*. O caráter metafísico do ser-para-si é o inverso daquele do ser-em-si: como explicará a parte II de *SN*, o ser-para-si é definido como "ser o que não é e não ser o que é", ser que "*tem de ser* o que é (tem que *être ce qu'il est*)" (xli/33; 40).

Sartre indica como sua explicação do ser-em-si contradiz Heidegger. Este considera que nossa relação com o Ser precipita a questão do significado ou sentido, *Sinn*, desse Ser; Sartre nega que seja quer necessário, quer possível "ir além" do ser-em-si "em direção a seu significado" (xxxix/30). Existe um propósito mais profundo para que Sartre feche questão em relação à questão do Ser de Heidegger. A concepção deste sobre a relação entre o *Dasein* e o Ser implica que o Ser, em algum sentido, *necessita* do ser humano, e ao afirmar o primado do todo indissolúvel, inanalisável, fundido do "ser-no-mundo-do-*Dasein*", Heidegger garante um limite para a alienação do *Dasein* – quaisquer que sejam os erros e lapsos do *Dasein*, o Ser sempre *pertence* propriamente ao *Dasein*, assim como o *Dasein* pertence ao Ser, e permanece em princípio a possibilidade, por mais remota que possa ser na prática, de que o *Dasein* possa estar em casa no Ser. Isto é uma espécie de otimismo metafísico, e é rejeitado por Sartre: se o ser-em-si se esgota nas três teses de Sartre e não possui segredo, então o mundo *qua* seu ser é incondicionalmente indiferente às preocupações humanas.

§ 7 O ser como um todo [introdução, seção VI, xlii-xliii/34]

A introdução se encerra com um conjunto de questões, com as quais Sartre inicia formalmente a investigação que se segue em *SN*:

> [...] qual o *sentido* profundo desses dois tipos de seres? Por que razões pertencem ambos ao *ser* em geral? Qual o sentido do ser, na medida em que compreende essas duas regiões de ser radicalmente cindidas? Se o idealismo e o realismo fracassam na explicação das relações que unem de fato essas regiões incomunicáveis de direito, que solução podemos dar ao problema? (xliii/34; 40).

Ora, como coloca Sartre um pouco depois, quando resume a questão, no início do capítulo sobre o nada (3-4/37-38): "Qual é a relação sintética que chamamos de ser-no-mundo?" (3-4/37-38; 44), "Que devem ser o homem e o mundo para que seja possível a relação entre eles?" (ibidem). Como isto deixa claro, a noção de que o ser forma um todo inteligível que se espera que a filosofia possa elucidar é inteiramente razoável, uma vez que nós de fato descobrimos uma relação entre duas regiões do ser além e acima da mera consciência intencional, a saber, nosso "ser-no-mundo" ("essa totalidade que é o homem-no-mundo", 4/38).

A peculiaridade da relação do para-si, com o em-si, a diferença da compreensão de Sartre de nosso "ser-no-mundo" daquela de Heidegger, e a dificuldade que isto coloca para a noção de que o ser forma um "todo", merece ênfase.

Sartre se refere a "emergência" (*jaillissement, surgissement*) do para-si, do para si como "o evento absoluto", algo que "acontece de" (*arrive à*) ser-em-si, "a única possível aventura do Em-si" (216-217/268-269). Essas metáforas e formas sintáticas expressam um ponto de fundamental importância para Sartre. Nossa concepção comum do mundo é de que uma entidade que comporta ou estrutura que abrange uma série de mudanças e acontecimentos, um dos quais é o vir à existência dos seres humanos. Sartre rejeita a noção de que nosso vir a existir é um acontecimento na história do mundo, ao negar que o para-si possa ser posto sob qualquer categoria metafísica anterior além daquela de ser: nenhuma categoria metafísica fornecida pelo ser-em-si é adequada para conceber o para-si; o ser-em-si não contém qualquer antecipação do ser-para-si. De acordo com isso, Sartre identifica o ser-para-si com o advento de uma nova categoria metafísica, a de *evento*, de tal modo que o ser-para-si está para o ser-em-si como a *event-ualidade* [*event-hood*] para a *substancialidade*. (Para empregar uma analogia, ser-para-si se relaciona ao ser-em-si como uma *direção* espacial se relaciona com um *corpo material* inerte – a direção não vem do corpo e tampouco o afeta ou pode ser afetada por ele, mas não pode ser pensada sem ele.) A insistência de Sartre de que os dois tipos ontologicamente heterogêneos de ser estão metafísicamente em ângulos opostos um ao outro reitera, é claro, seu antinaturalismo, mas também reflete uma discordância com Heidegger, necessariamente "no-mundo", mas o mundo que está *em* (veremos isto no § 12) é apenas um correlato da emergência que o para-si *é*; assim, a preposição "em" não carrega, em Sartre, a conotação heideggeriana de nosso *pertencimento* a qualquer ordem ontológica trans-humana.

Sartre retornará à questão no sentido em que ser compreende um todo na conclusão (cf. § 46). Os seguintes pontos devem ser notados. Primeiro, o fato de que Sartre ponha a questão do todo do ser, e a privilegie como a principal questão e âmbito mais geral da discussão em *SN* mostra o quão próximas estão as preocupações de Sartre com a metafísica tradicional, e como *SN* é visto como mais do que uma antropologia filosófica: mesmo que seja o homem que compreende "o significado último" dos dois tipos de ser, Sartre deseja *mostrar* a preeminência metafísica do homem *à luz do* ser em geral. Segundo, chama a atenção que, ao rejeitar o realismo e o idealismo como soluções, Sartre está asseverando, de uma maneira que nenhum sistema tradicional de metafísica anterior está preparado para sustentar, que há um importante sentido no qual a realidade deixa em última instância de ter coerência como um todo. Consideraremos aonde isto conduz Sartre, quando retornarmos à questão do ser como um todo, no § 46.

§ 8 Relações ontológicas e epistemologia

A noção de uma relação ontológica que vimos Sartre introduzir na seção II, em contraste com relações de conhecimento e que ele empregou na prova ontológica da seção V, merece comentário, assim como a postura mais geral em relação à epistemologia que Sartre adota em *SN*, uma vez que esta parece exibir certa ambiguidade: como já mostrou a discussão da prova ontológica, há um escopo para ler Sartre como apresentando seja um argumento original em favor de uma teoria do conhecimento do realismo direto, seja uma "dissolução" pela qual a existência do problema epistemológico é negada[86].

Relações ontológicas são concebidas por Sartre como um tipo de relação mais primitiva do que relações de cognição, mas que a cognição pressupõe e sobre a qual ela prevalece [*supervenes*]. Consideradas do ponto de vista da cognição que elas permitem, as relações ontológicas são tais que as cognições às quais elas suscitam – o acesso epistêmico que elas facilitam de um termo para outro – se deve nada mais do que ao mero *ser* de cada item. Noções de justificação não possuem aplicação a relações ontológicas como tais, embora relações ontológicas sejam *correlatas* com estados epistêmicos que possuem os atributos de certeza e indubitabilidade. (Seria um erro, note-se, pensar que o conceito de relação ontológica *seja* apenas a de uma relação epistêmica privilegiada, uma vez que toda finalidade de falar de relações ontológicas é *explicar* como semelhantes relações epistêmicas são possíveis.) A forma das cognições que prevalecem [*supervene*] imediatamente sobre relações ontológicas, além disso, é a de uma "relacionalidade com o objeto" intencional primitiva, isto é, é a forma da consciência posicional, mais do que tética.

A noção de Sartre de relação ontológica precisa ser compreendida à luz da crítica de Heidegger a Husserl: Heidegger objeta a este que as mais básicas formas de intencionalidade não podem possuir caráter cognitivo *e assim* não podem possuir o caráter de

---

86. Cf. tb. nota 79 acima, no que concerne à relação oblíqua da fenomenologia com a epistemologia.

consciência; Sartre concorda com Heidegger que a intencionalidade básica é não-cognitiva, mas apoia a identificação de Husserl da intencionalidade com a consciência, rejeitando assim a tese de Heidegger de que as formas básicas de intencionalidade são pragmáticas[87]. (Sartre comenta criticamente sobre a "supressão" por Heidegger da dimensão da consciência em 73/115-116 e 85/128.) De tudo isso podemos ver que a ambiguidade da posição de Sartre *vis a vis* problemas epistemológicos não mascara qualquer inconsistência, e também porque deve resistir à desambiguação. A virada para a ontologia, em Sartre não é, como em Heidegger, uma virada para longe das questões epistemológicas como mal formadas ou *non sense*, como parte um repúdio mais amplo da filosofia tradicional: os motivos epistemológicos estão na agenda de Sartre, e ele usa a inabilidade de outras explicações filosóficas de resolver problemas epistemológicos como argumento a favor de sua própria ontologia. Mas ao permanecer com a consciência, Sartre dá um passo adicional do que Husserl para longe da epistemologia tradicional: a perspectiva transcendental da consciência, que Sartre utiliza para fundamentar sua ontologia ao mesmo tempo se livra, segundo sustenta, do hiato que a teoria epistemológica tenta fechar[88]. Disto resulta a duplicação que acabamos de descrever das relações ontológicas (teorizadas por Sartre) e das relações

---

87. Sartre explica como ele permanece exatamente entre (e além de) Husserl e Heidegger, empregando o termo de cada um para (re)interpretar o outro, em "Intencionalidade": nosso ser é o do "ser-no-mundo", mas este "ser-no" deve ser compreendido como "movimento", especificamente, o movimento que a consciência *é*, pois a consciência não é nada, mas "um movimento de fugir a si própria". Cf. tb. "Consciência do self", p. 132.
88. Motivo pelo qual Merleau-Ponty está de certa maneira correto e de outra errado quando sustenta que "Sartre espera explicar nosso acesso primordial às coisas" por meio de sua ontologia dualista (MERLEAU-PONTY, M. *The Visible and the Invisible.* Op. cit., p. 52).

epistemológicas (para as quais Sartre não oferece teoria positiva, mas para as quais, ele acredita, nenhuma é necessária).

A estratégia de invocar o primado das relações ontológicas – e de acusar as posições rivais do erro metodológico de assumir o "primado do conhecimento" – será novamente desenvolvida em passagens-chave em *SN*, em particular no que concerne a outras mentes (cf. § 27-29) e no capítulo sobre a transcendência, no qual Sartre fornece sua explicação sobre a natureza do conhecimento, a concepção de conhecimento como relação ontológica será completada (cf. § 19). As relações ontológicas que são de interesse central em *SN* – que dizem respeito à estrutura do para-si ou suas relações com o em-si, e que duplicam as relações epistemológicas – são *negativas* e *internas*. Uma negação interna, *une négation interne*, é uma relação entre dois seres tais "que aquele que é negado para o outro qualifica o outro no núcleo de sua essência – por ausência. A negação se torna então um vínculo de ser essencial, uma vez que pelo menos um dos seres do qual depende é tal que aponta para o outro" (175/223; cf. tb. 86/129). Note-se que as relações ontológicas negativas não são elas próprias equivalentes (embora possam *sustentar*) relações de *juízo* negativo de um ser com outro (semelhante redução reafirmaria o primado do conhecimento). Negações internas, além disso, podem exibir um caráter *dinâmico*, pelo qual a instanciação de um termo de uma relação ontológica modifica, sem qualquer necessidade de um intermediário causal ou de qualquer "representação" de um pelo outro, o ser do outro: uma negação interna é "uma conexão sintética ativa dos dois termos, cada um dos quais se constitui negando que seja o outro" (252/310). Negações *externas*, nas quais a relação deixa intocado o ser dos termos relacionados – por exemplo, o jornal não sendo a mesa sobre a qual repousa – pertencem à verdade empírica objetiva (185/234). (Para completar a taxonomia, como veremos no § 41 concernente à relação de "possessão", relações ontológicas internas não são exclusivamente negativas.)

§ 9 A metafísica do nada [parte I, cap. 1, 3-24/37-60; 43-91]

A ontologia básica do ser-em-si e do ser-para-si, que acabamos de considerar, não estará completa até que Sartre a adicione à sua metafísica do nada. Esta está contida na primeira metade do capítulo 1 da parte I (3-24/37-60). O restante do capítulo 1 (24-45/60-84) e o capítulo 2 da parte I, nos quais a metafísica do nada é desenvolvida numa teoria da liberdade, serão retomados nos § 32 e 37.

As teses centrais de Sartre são que o nada pertence ao estofo da realidade, e que a possibilidade do nada real é explicada pela identidade entre a consciência e o nada. O argumento de Sartre em favor da teoria pode ser compreendido como procedendo em quatro estágios: (1) a negação é um componente necessário e irredutível e condição da cognição, mas não pode ser reduzida a uma função do juízo. (2) A negação é ontologicamente real: sua realidade é fenomenologicamente atestada, pois descobrimos o nada como objeto concreto da experiência. (3) A realidade do nada deve ser vista como derivando do poder de negar da consciência. (4) Consideração de outras teorias do nada – as de Hegel e Heidegger – nos leva a concluir que a consciência possui o poder de negar porque a consciência *é* nada. Finalmente, como pós-escrito à sua teoria, Sartre fornece a seguinte sugestão especulativa concernente à origem do para-si:

(1) O ponto de partida do argumento de Sartre é que a negação – que podemos compreender de início em termos neutros,

como significando simplesmente o pensamento de coisas em termos que envolvam "não" – é onipresente em nossa cognição do mundo e necessária para ela. Sartre mostra isto inicialmente por referência ao conceito de *questão*. O questionamento, como aponta Sartre, pressupõe negações, incluindo a ignorância, o não conhecimento do questionador, e a possibilidade de uma réplica negativa. Uma vez que tudo que pode ser pensado é potencialmente seja o sujeito de uma questão, seja a resposta à questão, tudo que é pensável se conecta logicamente a efetivas ou possíveis negações. Além disso, Sartre inclui, sob o título de atitudes interrogativas não só a investigação cognitiva, mas todos os empreendimentos práticos, uma vez que as relações com as coisas possuem a estrutura de interrogações: para tudo o que tento – por exemplo, tentar consertar o carro verificando o carburador – o mundo poderia responder com um "não" (7/42; 48).

A consideração do questionamento conduz a outras observações, demonstrando a ubiquidade e o caráter não erradicável da negação. Em primeiro lugar, há conceitos particulares que são requeridos para uma descrição completa do mundo, como o fracasso, a destruição e a fragilidade, que possuem um irredutível componente negativo: fracassar é não ser bem-sucedido, destruir é ser a causa de que algo não-ser-mais (8/42-43; 48), ser frágil é exibir uma probabilidade de não-ser-mais sob certas circunstâncias (8/43; 49). Nesses casos, como no contexto do questionamento, alguma relação com a subjetividade humana está envolvida. Sartre argumenta: mesmo no caso da fragilidade, exige-se que um sujeito humano relacione o objeto em seu estado atual com um projetado estado futuro possível (lembre-se aqui a explicação anterior do ser- -em-si como "além da negação"). Dando um passo a mais, Sartre faz da negação uma condição transcendental da cognição: todo conceito e ato do pensamento, afirma Sartre, envolve negação. A negação é pressuposta na aplicação de qualquer conceito, seja ao individuar um objeto, seja ao predicar algo dele: julgar que X é F é determinar X como distinto de, isto é, *não* sendo o mesmo que Y etc. A determinação de uma distância espacial, por exemplo, envolve a determinação de limites, e assim, negação (20-21/56-57). A negação, portanto, é necessária para a consciência de um mundo de objetos individuados, determinado por propriedades: eu continuamente uso negações "para isolar e determinar existentes, isto é, para pensá-los" (27/64); a negação é "o cimento que realiza" as unidades da cognição (21/57). Para expressar essa tese transcendental em termos do conceito de verdade: "a verdade, como diferenciada do ser, introduz" o não-ser, pois se (considera-se que) algo é verdadeiro, então (considera-se que) o mundo é "assim e não de outro modo" (5/40). Ou, em termos de conhecimento: "O que está presente para mim é o que não é eu", e "este 'não-ser' está implicado *a priori* em toda teoria do conhecimento" (173/222).

(2) É relativamente fácil de mostrar, portanto, a onipresença e necessidade da negação – ela é, na verdade, aceita por qualquer um que subscreva à tradicional fórmula metafísica, *omnis determinatio est negatio*. A tarefa mais difícil para Sartre é mostrar que a negação consiste em algo mais do que uma característica do pensamento ou do juízo, dado que a concepção natural, padrão da negação é de algo subjetivo. O senso comum, de maneira caracteristicamente proto-naturalista, equipara realidade com tudo o que *é*, implicando que a negação pertence somente a nosso *pensamento* sobre as coisas, não às próprias coisas[89]. E isto pode parecer ser diretamente sustentado pelo ponto, que Sartre concedeu, que a ne-

---

89. Esclarecendo o que está em questão, cf. BUCHDAHL, G. "The problem of negation". *Philosophy and Phenomenological Research* 22, 1961, p. 163-178.

gação é condicional sobre o ser humano, que alguma relação com uma possibilidade de ação ou cognição humana é exigida para que a negação surja. De acordo com isso, com base na explicação do juízo, conceberemos a negação como uma "qualidade do juízo" (6/40) – o emprego da categoria de negação num ato de juízo ou pensamento – e o conceito de nada será compreendido como sendo meramente a "unidade" de todos os juízos negativos (6/40-41).

Sartre ataca essa posição, em primeira instância, com base em que, como mostra o caso do questionamento, nosso envolvimento com a negação se estende além do alcance do juízo: ao perguntar se é ou não o caso que p, eu não *julgo* que eu seja ignorante da verdade de p, e ainda assim essa consciência é pressuposta por minha interrogação. Tivemos, como Sartre o coloca, "compreensão imediata do não-ser" (8/42), uma "compreensão pré-judicativa" (9/44) da negação, e é impossível, mesmo em princípio, que essas compreensões pré-judicativas se convertam coletivamente em juízos. Em segundo lugar, e em conexão com isso, Sartre insiste sobre o ponto de que as negações não são dadas a nós *como* subjetivas – a possibilidade da quebra de um objeto, ou sua destruição, são dadas a mim como *no mundo*, como "um *fato objetivo* e não como um pensamento" (9/44). Em terceiro lugar, Sartre pergunta o que na explicação baseada no juízo fornece inteligibilidade básica à categoria de negação, com a suposição de que "tudo é plenitude de ser e positividade". Se tudo o que a realidade contém, inclusive nossos estados mentais, possui caráter positivo, como podemos "nós sequer conceber a forma negativa de juízo" (11/46)?

Esses pontos são fortes, mas provavelmente insuficientes para obrigar a uma rejeição da teoria baseada no juízo, em favor da qual se pode dizer que, enquanto tratarmos a negação como uma categoria *a priori* (ou ideia inata), nenhuma explicação de como ela adquire sua inteligibilidade é requerida, e que, em casos como os da destruição e da fragilidade, pode-se estabelecer uma distinção entre os próprios eventos, as reconfigurações da matéria que estão de fato no-mundo, e nossos modos negativos de pensar neles, que não estão (no-mundo).

O que permite que "decidamos com certeza" contra a teoria com base no juízo (9/44), afirma Sartre, é o fato de que o nada assume formas *concretas*. A famosa, enérgica ilustração que Sartre fornece em apoio a sua tese fenomenológica de que o nada figura como objeto posicional da experiência é de quando entro em um bar para encontrar alguém que vejo não estar ali (9-10/44-50; 50-51). Descubro a ausência de Pedro no bar de uma maneira bem diferente daquela pela qual eu poderia inferir, a partir de uma lista completa dos donos do bar, ou de um relato da localização de Pedro em outro lugar qualquer, que Pedro não está ali. Tampouco é dado a mim da maneira pela qual algum item no bar ou na região em que ele fica, em sua plenitude de ser, pode ser dado: não vejo a ausência de Pedro em alguma localização ou conjunto de localizações no bar da maneira pela qual posso ver um homem sentado no canto. A ausência de Pedro vem a mim *via* o bar como um todo, que se organiza como totalidade sintética não-o-contendo: ela "fixa o bar", que "carrega" e "apresenta" a requerida presença de Pedro, que se ergue "ele próprio como nada com base na nulidade do bar"; "o que é oferecido à intuição é uma oscilação de nada" que serve como *fundação* para o juízo de que "Pedro não está" (10/45; 50). A ausência de Pedro do bar, assim, é dada a mim de um modo que a distingue do número infinito de fatos negativos meramente *abstratos* que também são verdadeiros em relação ao bar (o Duque de Wellington não se encontra ali etc.); a teoria baseada no juízo pode explicar essas negações abstratas, mas não a negatividade concreta. O exemplo "é suficiente para mostrar que o não-ser não vem às coisas por meio de um juízo negativo; é o juízo negativo, pelo contrário, que é condicionado e sustentado pelo não-ser" (11/46).

Não está claro por que a resposta à teoria do juízo pode fazer isto, se não for nem uma negação da integridade da fenomenologia (nas linhas de: nós não *experimentamos* a ausência de Pedro, mas meramente *pensamentos* nele como ausente, e de algum modo *confundimos* esse pensamento com a experiência do bar), ou uma negação de que a negação fenomenológica e lógica são duas formas da mesma coisa ("negatividade" fenomenológica, pode-se dizer, é uma coisa, uma mera qualidade da experiência, relacionada de maneira apenas contingente, talvez apenas metaforicamente, com a genuína negação do juízo). Ambas as respostas ficam pressionadas, porém, e em todo caso, estamos agora em posição de ver a força da própria explicação da negação de Sartre.

(3) A ausência de Pedro é uma instância do que Sartre chama de *negatidade*, um "negado" – um estado "negativizado" de coisas, incorporando e constituído pela negação (21/57). *Negatividades* pressupõe expectativas e outras orientações humanas; mas, uma vez mais, são *objetos* transcendentes da consciência posicional – não experiências, mas aquilo de que algumas experiências são *de*; a ausência de Pedro é "um evento real concernente a este bar", "um fato objetivo" (10/45). O conceito de *nada* (*le néant*), em distinção de *negação* (*négation*) se introduz agora como se referindo ao tipo ontológico e *status* do que constitui a negatividade das *negatividades*: o nada é um "componente do real" (5/40) ou "a estrutura do real" (7/41). Como mostrou a análise, *negatidades* [*négatités*] não são unidades autossuficientes de puro nada separados do ser: a ausência de Pedro não é "uma intuição do *nada* (*rien*)" (9/44) – toda

negatividade é *de* algum ser (do bar, e de Pedro). À operação pela qual algum ser é reconstituído com negatividade Sartre chama de "nadificação" (*néantisation*), e tendo em vista a referência de *negatividades* a uma outra orientação humana, a inferência natural (11/46) é que a *consciência* é o veículo da negatividade, isto é, é o que tem o poder de nadificar (*néantir, néantiser*).

Agora, não se segue do fato de que o nada suporte juízos negativos no caso de *negatividades* concretas que ele seja a fundação ontológica de todos os juízos negativos, e Sartre de fato admite que "-não é" *pode* ser "meramente *pensado*" (11/45) (como em "Pégaso não existe"). Mas, uma vez aceita a realidade metafísica do nada, há todo motivo para encarar o nada e o poder de aniquilação como resposta à questão de Sartre sobre o que torna a forma negativa do juízo concebível. Ganhamos com isso uma teoria unificada do entendimento e da sensibilidade: a negação se torna uma única condição transcendental de conceptualidade (do juízo e da aplicação de conceito) e da percepção (a negação fornece uma forma de intuição não diferente, mas ainda mais básica do que aquelas do espaço e do tempo).

(4) Sartre se volta em seguida para duas explicações do nada as quais, corretamente, concedem a ele a realidade negada pela teoria do juízo, isto é, o trata como algo não-subjetivo, mas que, segundo argumenta Sartre, são todavia inadequadas ou incompletas, e cujos defeitos somente podem ser eliminados levando a metafísica do nada que acabamos de descrever um passo adiante.

A *Lógica* de Hegel descreve o nada como o contrário dialético de ser, essas duas categorias exibindo em sua plena abstração a mesma total indeterminação, ou seja, o vazio; e assim, por subtração de sua identidade e esvaziamento de conteúdo, colapsando em sua definição mútua, produz a categoria do devir [*becoming*]. Segundo a interpretação de Sartre (seção III: 12-16/47-52; 53-58), a explicação de Hegel assevera uma *simetria* entre ser e nada, tratando-os como "duas noções estritamente contemporâneas" e como "componentes complementares do real, como a escuridão e a luz", que não podem ser considerados isoladamente e estão de algum modo "unidos na produção de existentes" (12/47).

Sartre coloca várias objeções a Hegel, que incluem um confronto com a tese idealista deste último, tal como Sartre a compreende, de que o ser *consiste na* manifestação da essência (13-14/49; 55). A principal e mais poderosa objeção de Sartre, porém, consiste em que o esquema de Hegel reduz o nada a algo que existe juntamente com o ser, o que *é*, ou *foi* – obliterando dessa forma a distinção entre ser e nada. Ora, de certa forma, é exatamente o que Hegel está sustentando – que a distinção posta desaparece. Mas o argumento de Sartre é que o que se deveria considerar que esse colapso da distinção mostra é que o erro inicial de colocar o ser e o nada "no mesmo plano" (15/51), especificamente, de deixar de ver que suas respectivas indiferenciações são diferentes: o ser abstrato está vazio de todas as *determinações*, mas que o nada está "vazio de ser" (15/51). A verdadeira relação entre eles, por conseguinte, é uma de contradição assimétrica, não de oposição simétrica: a negação é *do* que *é* antecedentemente; o nada é "logicamente subsequente" ao ser (15/51). O erro metodológico subjacente de Hegel – refletido em sua redução do ser à manifestação da essência – portanto, o de ter assimilado *ser* ao *conceito* de ser, ou posto de outra forma, de ter deixado de apreender a *unicidade* do conceito de ser (retornamos aqui aos argumentos de Sartre contra o idealismo na introdução, descritos nos § 2-5).

A fim de pensar de maneira coerente a distinção entre ser e nada, argumenta Sartre, é necessário concebê-los como conceptualmente *a*ssimétricos – e isto exige que digamos que, enquanto o ser *é*, o nada *não é* (15/51); ele "pode ter somente uma existência emprestada", "ele recebe seu ser do ser" (16/52). A ideia de Sartre é de que, se "é" provê o marcador conceptual para o ser, então "é" não pode *também* ser usado para apontar para o nada – para indexar o nada, precisamos empregar a *negação* de "é". Isto produz uma concepção da realidade que inclui tanto o que "é" quanto o que "não é", mas em que o nada *depende* do ser e se torna (como na análise da ausência de Pedro) mediante a aniquilação do ser.

Os problemas com a explicação de Hegel – sua "simetrização" entre o ser e o nada, e o reducionismo conceptual – são evitados por Heidegger (seção IV: 16-21/52-58; 58-64), que liga o nada à realidade humana. O *Dasein*, definido como ser-no-mundo, encontra-se *no* ser e "*investido* de ser" (17/53), mas o mundo surge somente porque o *Dasein* possui a estrutura da transcendência – o *Dasein* supera o ser em direção a seu próprio futuro, e a distância que ele com isso toma do ser, segundo a explicação de Heidegger, introduz o nada na forma "daquilo pelo que o mundo recebe seus contornos como mundo" (18/54).

O defeito que Sartre encontra na explicação de Heidegger é mais sutil do que aquele apresentado por Hegel e pertence à ordem de explicação de Heidegger. Tanto Sartre quanto Heidegger fazem do nada um transcendental, mas para o segundo sua posição é meramente secundária e derivativa: a transcendência autossuperadora do *Dasein* é originária, e o nada está meramente *implicado* por ela, "suportado e condicionado pela transcendência" (19/55). Para discutir essa visão, basta a Sartre mostrar que os termos positivos que Heidegger utiliza para descrever a transcendência do *Dasein* "ocultam todas as negações implícitas" (18/53): para superar o mundo, o *Dasein* precisa originalmente postular a si mesmo como "*não sendo em si* e como *não sendo o mundo*" (18/54). Sartre acrescenta a observação de que a explicação de Heidegger deixa o nada "sitiando o ser por todo lado e, ao mesmo tempo, expulso do ser" (18/54; 60), e que semelhante "nada extramundano" (19/55) deixa de explicar "essas pequenas poças de não-ser que encontramos" concretamente *no*, mais do que *além* do mundo (19/55). (Esses erros, segundo o diagnóstico de Sartre, são sistematicamente repetidos: Heidegger deixa de ver que sua concepção do mundo como primordialmente uma "totalidade instrumental" de entidades "prontas para usar" pressupõe um corte no ser que só é possível com base na negatividade do para-si (200/250-251; cf. § 21); e o fracasso de Heidegger em conectar o extramundano ou o "ontológico" com o intramundano ou "ôntico" é recorrente, como veremos no § 28, no contexto de outras mentes.)

Tendo mostrado as limitações das explicações não-subjetivistas do nada de Hegel e Heidegger, Sartre se encontra em posição de estabelecer uma inferência adicional. Sartre argumentou que a realidade contém negações porque a consciência tem o poder de negar, e a consciência tem esse poder, sustenta Sartre agora, porque *é nada*: "*o ser pelo qual o Nada vem ao mundo deve ser sua própria Nadidade*" (23/59). Essa identificação ontológica – que vai além da tese de que a consciência é o *veículo* da negatividade, que é compatível com o ser do nada ser meramente "uma perpétua presença em nós" (11/47) – é necessária para explicar como o *Dasein* não pode importar nada para a realidade, como Heidegger sustenta que o faz. (O argumento de Sartre aqui, que procede por meio de eliminação de alternativas, é dado em detalhe em 22-23/58-59.)

Finalmente, retornando à questão de como o ser-em-si e o ser--para-si se relacionam (§ 7), Sartre faz uma sugestão concernente à gênese do ser-para-si, que se pode chamar inicialmente de "mito da de-criação" de Sartre: ele propõe que o ser-para-si é *ser-em-si que sofreu uma nadificação*. Somente o ser que foi ele mesmo nadificado, argumenta Sartre, poderia ter o poder de nadificar. O ser humano, sugere Sartre, é portanto uma forma negada, "caída" de ser-em-si – é como se tivesse sido uma coisa, mas que tivesse sofrido uma espécie de destruição metafísica, de modo que ele agora existe sobre a terra na forma da consciência, como um tipo de fantasma ou sombra, despojado de ser. Este, portanto, é um elemento da "relação sintética" entre duas regiões do ser-como-um-todo: ser-para-si está ligado ao ser-em-si em virtude de ter sido criado fora dele, mediante um processo de nadificação.

De modo característico, Sartre encoraja o pensamento de que a nadificação do ser-em-si ocorreu por razões que são de certo modo morais ou teológicas – é como se um mal tivesse sido cometido, seja por nós (a narrativa da Queda do Homem[90]) ou a nós (a história de Prometeu). Sartre não persegue essa sugestão, porém, fica bem claro que sua ontologia básica exclui qualquer explicação de quem ou o que efetuou a nadificação de nosso ser. A sugestão antropogenética concernente à origem do para-si, em consequência, exibe um estatuto incerto em *SN*. Por um lado, pode parecer que ela deveria ser encarada como um mero "como se", uma ficção metafísica designada unicamente para refletir uma qualidade sentida da experiência humana, e neste ponto precoce do texto, pode parecer que não seja mais do que isso. Mais tarde, no entanto, na parte II, veremos que a explicação de nossa nadificação a partir do em-si é pressuposta pelas explicações de Sartre sobre a autoconsciência (79/121; cf. § 14), da "falta" como uma estrutura

---

90. Essa identificação é explícita em *Notebooks for an Ethics* [*Cahiers pour une morale*. Paris: Gallimard, 1983], p. 11.

do para-si (86ss./129ss.; cf. § 17), e da metafísica da motivação humana, que Sartre constrói sobre essa base (cf. § 38). É também desenvolvida, numa maneira inteiramente não-ficcional, como explicação metafísica direta de uma das estruturas do para-si, nossa "facticidade" (84/127; cf. § 16). Retornaremos à questão do peso que tem a narrativa da nadificação, e perguntaremos se Sartre está certo em permitir que seu dualismo vete toda especulação futura sobre a origem do para-si, na seção final (§ 48).

§ 10 Consciência como nada

Um óbvio problema inicial parece ter sido criado pela teoria do nada de Sartre. O nada, diz ele, "não é", isto é, não possui ser, e se algo não possui ser, não existe. Logo, se a consciência *é* nada, então ela não possui ser, e não existe. Ainda assim, certamente Sartre afirma que *há* consciência: ele pode ter afinidades com o materialismo eliminativista, mas dificilmente pode negar que "a consciência existe" expressa uma verdade.

Indubitavelmente, Sartre deseja admitir que uma sombra de paradoxo paire sobre sua tese de que a consciência é nada – para servir como lembrete constante de nossa peculiaridade ontológica –, mas o sentido de sua posição pode ser exposto sem paradoxo, se lembrarmos seu compromisso com a doutrina de que a existência possui múltiplos modos, e reconhecer que sua concepção do nada é a de um *modo* do ser, e que a função de "não é", como adicionada a "nada", consiste em expressar esse modo. Uma vez que o conceito de nada tal como Sartre o compreende não adquire seu sentido filosófico de uma forma de juízo, a identificação da consciência com o nada não é equivalente à tese que a consciência não existe de fato: a realidade, a totalidade dos existentes, inclui tanto que as coisas existem no *modo de ser* ("existe^É") e as coisas que existem no *modo do nada* ("existe^NÃO É").

A identificação por Sartre do modo particular de ser possuído pela consciência com o nada evita assim contradição. Também possui uma motivação poderosa e inteligível, independente de e mais direta do que a inferência genética relativa à origem do nada descrita no § 9.

A consciência, como sustentara Sartre na introdução, depende ontologicamente de seu objeto, de uma maneira particular (intencional e reflexiva). Ora, nosso conceito de consciência – na medida em que seu sentido é fenomenológico, e por razões fornecidas antes, Sartre considera que o conceito de consciência é um que *só* pode ter sentido fenomenológico – deve espelhar essa dependência. Um conceito fenomenologicamente formulado de consciência, de acordo com isso, deve registrar o fato de tomar a si mesmo como *não sendo* seu objeto, sua primordial "alteridade de" e "distinção de" seu objeto. Ora, os objetos da consciência possuem o estatuto de ser-em-si, e isto, como sabemos, é apenas um modo de ser, não o ser como tal e em geral; motivo pelo qual não se segue do fato de que a consciência é "outra que não o ser-em-si", que ela é outra do que o ser como tal e, assim não-existente. No entanto, essa distinção entre o ser-em-si e outros modos de ser só pode ser formulada mais tarde: somente mediante reflexão filosófica somos capazes de dizer que o ser dos objetos da consciência é meramente *um* modo de ser. No cenário transcendentalmente primitivo, por contraste, a *única* concepção de ser disponível – para a consciência, como ela se diferencia de seu objeto – é a de seu objeto.

Daí a garantia para a designação, por Sartre, da consciência como nada: primordialmente, a consciência deve experimentar a si mesma em *relação negativa* com aquilo que exemplifica para ela o que significa *ser*, e assim, deve experimentar a si mesma como *sendo nada*. E devido às cláusulas honrando à subjetividade que Sartre situa no pensamento filosófico, essa concepção não pode ser superada: *SN* se encaminhará para descobrir uma panóplia de estruturas mais profundas em relação às quais a mera consciência-objeto parecerá relativamente superficial, mas com isso a concepção de consciência como nada, de Sartre, será elaborada, não revogada. A experiência original que a consciência tem de si mesma como nada será empregada para apreender as estruturas mais intrincadas de nossa subjetividade, e estas serão consideradas como sendo inteligíveis unicamente como formas de, ou maneiras de ser, nada.

A linha de pensamento que acabamos de esboçar se torna explícita no último capítulo sobre a transcendência (cf. § 20-21), no qual a consciência é reinterpretada à luz das estruturas do para-si (cf. esp. 173-174/222-223 e 180-183/229-232). Podemos, é claro, pensar nos objetos do conhecimento, nota Sartre, como "*não sendo* consciência", isto é, aplicar a negatividade ao objeto, e não à consciência, mas esse juízo somente poderia ser *primário* se "o para-si fosse uma substância já plenamente formada": a negação *original* é aquela pela qual "o para-si constitui a si mesmo como *não sendo* a coisa" (174/222). O para-si – individualizando a si mesmo – nega "concretamente que seja uma coisa *particular*" (180/229), a saber, *seu* ser, aquele do qual agora ele tem consciência. A característica indexadora, a "historicidade" do objeto, é o trabalho do para-si; a consciência é um tipo de ato de ostensão, mas com a diferença de um ato ordinário de, digamos, apontar para uma coisa, que é *reflexivo* e *negativo* – a consciência "diz", por assim dizer, de *si mesma*, que ela *não é* essa coisa.

Está claro que o conceito de nada de Sartre não é o mesmo do pensamento comum, qualquer que possa ser exatamente este: trata-se de um conceito especificamente *filosófico* que receberá extenso desenvolvimento em *SN*, sendo que somente ao final seu pleno sentido estará disponível (veremos também, no § 14, como a teoria do *self* de Sartre permite um refinamento da metafísica do nada; ela é apresentada em 78-79/120-121). Se a filosofia de *SN* fosse reconstruída na forma de um sistema baseado em um único princípio, esse princípio seria a identificação do ser humano com o nada. O ganho e a inteligibilidade da designação por Sartre do modo de ser da consciência e do para-si como nada, em consequência, não poderiam, e de fato não precisam ser, definitivamente assegurados neste momento preliminar, e certamente não podem ser avaliados até que se tenha visto como a negatividade funcional em todos os contextos que serão explorados por *SN*. Por exemplo, e em particular, veremos no § 14 que Sartre também é capaz de usar a *auto*consciência como base para sua identificação do para-si com o nada. Se alguma noção ontológica alternativa pudesse ser sugerida no lugar do nada, capaz de desempenhar o mesmo conjunto abrangente de papéis analíticos e unificadores, então pouco se perderia para Sartre. Mas é difícil ver qual poderia ser essa noção; e nessa medida, a metafísica do nada de Sartre possui motivação correta.

§ 11 As críticas padrões à ontologia de Sartre

Como observado antes, as críticas a Sartre tendem a seguir linhas bem estabelecidas. No que concerne à ontologia, Wahl sugeriu, em 1949, que Sartre é conduzido por Husserl a "um tipo de idealismo que pode não ser completamente consoante com os elementos" que Sartre deriva de Heidegger[91]. O problema é este:

---
91. "The roots of existentialism", p. 24.

> O que é primário, o "em-si" ou o "para-si"? Este é um dos mais difíceis problemas a resolver na filosofia de Sartre. Quando diz que o "em-si" é primário, ele classifica a si mesmo como realista; quando enfatiza o "para-si", classifica a si mesmo como idealista. [...] Na medida em que essas duas formas de ser são absolutamente opostas uma à outra em todas as suas características, é-se tentado a perguntar se é adequado a chamar a ambas de Ser. Se a ontologia é a ciência de um único ser, pode haver qualquer ontologia nessa teoria ontológica? Em segundo lugar, pode-se perguntar se há efetivamente algo na realidade que possa ser o "em-si" tal como definido por Sartre. [...] Não há dúvida, a afirmação de Sartre do "em-si" responde a uma preocupação epistemológica de sua parte, e respondeu à necessidade de afirmar a realidade independente do pensamento; porém, tem-se o direito de passar dessa asserção para a noção de que essa realidade é o que é, e é unicamente assim – é, na verdade, algo maciço e estável?[92]

As queixas interconectadas são, portanto, de que (a) a metafísica de Sartre envolve uma confusão entre realismo e idealismo, (b) a agudeza do dualismo de Sartre atinge o ponto da incoerência, e (c) a concepção de ser-em-si de Sartre carece de suporte.

Wahl oferece a seguinte saída para essas dificuldades:

> Talvez a dualidade da filosofia de Sartre seja uma de suas características intrínsecas, e a não ser desprezada. Uma busca por justificação e a impossibilidade de justificação são *motivos* [*motifs*] recorrentes na filosofia de Sartre. Sua filosofia é uma das encarnações do problematismo e da ambiguidade do pensamento contem-

---

92. Ibid., p. 24. Wahl acrescenta que o "impasse" de Sartre entre realismo e idealismo leva a, "sob certos pontos, a um retorno, talvez mesmo a um recuo, das concepções de Heidegger em relação às de Hegel e Husserl" (p. 28).

porâneo (pois o Homem de fato parece, para a mente contemporânea, como ambíguo). Isto não significa que um esforço por parte de Sartre para dissipar a ambiguidade seja quer desaconselhável, quer improvável. [...] Ainda poderá haver um Sartre que irá além da ambiguidade[93].

Wahl o vê como parte daquilo que define o existencialismo, que ele se separa da filosofia clássica em virtude de um compromisso com a fidelidade à experiência pessoal vivida[94]. Sartre, no entanto, jamais dissipou ou procurou ir além da ambiguidade alegada por Wahl, e como outro dos críticos contemporâneos de Sartre notou, o preço para validar o pensamento de Sartre da maneira meramente subjetiva proposta por Wahl é que ele perderia com isso sua "influência metafísica"[95]. Uma metafísica sem influência [*bearing*], ou uma filosofia sem justificação, seria uma ficção peculiar, e não há razão para pensar que Sartre estaria interessado em semelhante coisa; assim, não há alternativa a não ser tentar ver se a ontologia de Sartre pode ser salva das acusações de incoerência. E, como já vimos no § 7, Sartre de modo algum faz vistas grossas às questões suscitadas por Wahl.

§ 12 Realismo, idealismo e o mundo de objetos inteligivelmente diferenciado

É claro, não obstante, porque se pode pensar que Sartre esteja em dificuldade no que concerne a suas relações com o realismo e com o idealismo[96]. As seguintes profundas dificuldades se apre-

---
93. Ibid., p. 25.
94. Ibid., p. 4, 26.
95. MARCEL, G. "Existence and human freedom". Op. cit., p. 62.
96. Sobre a ambiguidade realismo/idealismo em *SN*, cf. NATANSON, M. *A Critique of Jean-Paul Sartre's Ontology*. Nova York: Haskell, 1972, cap. 9.

sentam por si mesmas. Sartre afirmou que o ser do fenômeno é ser-em-si. O ser-em-si foi descrito como não sendo nem ativo nem passivo, "além da negação", "além do devir", "não sujeito à temporalidade", "colado a si mesmo", "*sólido* (maciço)", exibindo "indiferenciação" (xl-xlii/32-33). Isto certamente exclui a identificação do ser-em-si com a realidade empírica, a multiplicidade de fenômenos que compreendem o mundo diferenciado de objetos. De onde, portanto, provém esse mundo de objetos?

A única resposta possível parece ser: do sujeito. A afirmação do ser-em-si por Sartre parecia fornecer-lhe o realismo de que ele necessitava para ser capaz de negar que sua ontologia seja idealista, mas agora parece que ele é forçado a recuar, oferecendo uma explicação inteiramente realista da realidade empírica: de certo modo, o para-si precisa "introduzir" no ser-em-si um mundo de objetos inteligivelmente diferenciado.

Ora, isto não é imediatamente desastroso. Certamente, interfere com a pretensão de Sartre de ter ido estritamente *além* do realismo e do idealismo, mas ele ainda pode sustentar ter resgatado a verdade contida em cada uma delas e ter formulado uma *combinação* entre realismo e idealismo, "escapando" à unilateralidade de cada uma e indo além da antinomia que conjuntamente elas formam. Além disso, pode parecer que é exatamente isto o que Sartre tem em mente: como vimos, no § 9, ele afirma que o nada é requerido mesmo para a formação e aplicação do conceito de uma linha espacial, sugerindo que ele concebe a realidade empírica como uma contribuição *a priori* da subjetividade; uma linha similar é tomada no que concerne à possibilidade (§ 18) e temporalidade (§ 22). Como suporte adicional para essa construção de Sartre como um tipo de idealista há a observação de que, quando Sartre se refere a evitar o realismo e sua incoerência, o que ele tem em mente é uma posição que constrói os objetos como existindo independentemente da consciência, assim *como somos conscientes deles como seres*, e nossa cognição deles como se devendo ao fato de exercerem alguma *causalidade* que é acidental à sua natureza intrínseca (cf. 151/197, 223/277, e a definição de realismo em 588/677)[97]. Isto corresponde à posição que Kant descreve como tratando os objetos da experiência como "coisas em si" e chama de "realismo transcendental". Desse modo, pode parecer razoável interpretar Sartre como rejeitando o realismo transcendental – assim como, é claro, o idealismo meramente empírico de Berkeley – e como afirmando uma combinação de idealismo *transcendental* com realismo *empírico*, tudo com base no padrão familiar de Kant.

Um motivo adicional para atribuir essa posição a Sartre é a de permitir, por assim dizer, que ele tome emprestado de Kant à vontade. Mesmo se concedermos a Sartre a estratégia das "relações ontológicas", discutida no § 8, ainda se deve resposta, pode-se sustentar, a certas questões epistemológicas tradicionais que Sartre negligenciou. Como veremos no § 20 Sartre oferece somente uma explicação (comparativamente) escassa da forma (causal, espacial etc.) da experiência. Uma interpretação transcendental idealista de Sartre afastaria esses problemas, se é o que eles são, de uma vez só, ao inserir no nível da consciência pré-reflexiva uma função de fornecimento de forma e de constituição de objetos transcendentais (cuja operação, ao mesmo tempo, possui conexão necessária com a individuação do para-si).

A interpretação kantiana de Sartre, porém, enfrenta as dificuldades que ele nega, que sua posição possa ser contada como idea-

---

97. Cf. "Intencionalidade", p. 4: "Husserl não é um realista: sua árvore em seu pedação de terra devastada não é um absoluto que, subsequentemente, entraria em comunicação conosco".

lista, propõe enunciados explicitamente anti-idealistas – "a subjetividade é incapaz de constituir o objetivo" (xxxviii/29); o para-si *"não acrescentada nada* ao ser" (209/260) – e oferece argumentos contra o sujeito kantiano do conhecimento.

Pode-se sustentar que a rejeição por Sartre do rótulo pode ser desconsiderada, e uma distinção entre diferentes sentidos de "constituição" (transcendental *vs.* empírica) pode ser aplicada interpretando sua rejeição do idealismo, ao passo que a terceira dificuldade pode ser enfrentada pela observação de que os argumentos antikantianos de Sartre são, em todo caso, de força duvidosa. Suas principais razões para rejeitar a metafísica do sujeito de Kant são que ela envolve um ego transcendental e que ela importa "categorias" e "leis" – conceitos transcendentais e princípios que especificam a forma (p. ex., causal) dos objetos da experiência – para a consciência, contradizendo o caráter necessariamente vazio da consciência (xxxi/22 e 11/46). Porém, é perfeitamente sustentável que o sujeito transcendental kantiano não é uma entidade, mas uma mera função, bem distante do ego "pessoal" que Sartre ataca em *A transcendência do ego*, e que a estrutura que Kant fornece à consciência não é de um tipo diferente das próprias "estruturas imediatas do para-si" *a priori*, de Sartre, discutidas abaixo na parte (B), que ela na verdade complementa. Essas correções à autocompreensão de Sartre, pode-se alegar, são um pequeno preço a pagar para libertar sua metafísica da contradição que, de outro modo, a ameaçaria[98].

---

98. Sartre também objeta à concepção do sujeito como soberano, permanecendo acima do mundo, extirpado do peso da realidade, que ele descobre no idealismo transcendental. É questionável, entretanto, que essa imagem seja acurada e, mesmo que seja, que o idealismo transcendental difira por isso da própria concepção de sujeito de Sartre (a mesmíssima queixa que Sartre faz contra Kant foi frequentemente feita de Sartre mesmo: cf. cap. 4, concernente a Merleau-Ponty).

O problema real, no entanto, é que a combinação particular entre realismo e idealismo formulada por Sartre não parece estável, ou pelo menos, parece muito intrigante. Sartre desejava categoricamente, ao que parece, identificar o *objeto* da consciência com o ser-em-si (cf. § 5), e asseverar nossa consciência do ser-em-si *como* indiferenciada (cf. § 6). Se for assim, é difícil compreender como o ser-em-si e o mundo diferenciado de objetos ocorrem juntos. Se estamos conscientes do ser-em-si como algo sem forma, então eles não podem vir juntos como conteúdo e forma (não pode haver consciência de um conteúdo *formado* de um fenômeno *como* não-formado ou sem forma). Tampouco podem eles se relacionar como base noumênica e aparência fenomênica: Sartre nega que o ser-em-si seja noumênico (xxxvii/29), como precisa, pois sua teoria de que as categorias metafísicas básicas são inaplicáveis ao ser-em-si significa que seu ser não pode ser intelectual. E se o ser-em-si é interpretado como *fundamento* do mundo dos objetos, distinto dele, então existe um problema epistemológico: como podemos *saber*, como insiste Sartre que sabemos, que esse fundamento possui todas as características negativas que ele lhe atribui? (Possibilidades especulativas repudiadas por Sartre – p. ex., que o que ele chama de ser-em-si é de caráter mental, talvez uma Mente Divina – se abririam então.) Parece que o quadro esboçado por Sartre é um no qual um Uno espinosano ou parmenidiano se oculta, de certa maneira ainda visível e mostrando-se por detrás de uma pálida fantasmagoria de objetos fenomênicos nele projetados. Mesmo que não houvesse inconsistência lógica nesse quadro, ainda assim ele dificilmente parece coerente[99].

---

99. O idealismo transcendental de Kant também pode ser incoerente, mas não é incoerente da mesma maneira, uma vez que ele não afirma que possuímos consciência com *base* nas sensações que fornecem a matéria do fenômeno.

Alguns críticos sugeriram que é aí que termina a metafísica de Sartre, mas se refizermos seus passos, pode-se vislumbrar uma alternativa.

O presente problema surgiu porque, no início, focamos no contraste entre ser-em-si e o mundo-objeto diferenciado e tratamos essa distinção como se fossem dois (conjuntos de) *objetos*, um opaco e sem forma, outro inteligivelmente formado, levando-nos a perguntar porque sempre experimentamos o último em lugar do primeiro. Mas é plausível que isto seja um erro. A ontologia básica de *SN*, sugeri no capítulo 2, está contida em protótipo na passagem da raiz da árvore em *A náusea*, e o que essa passagem sugere é que a distinção deve ser compreendida *em primeira instância* como uma questão de dois *modos de apreensão* da mesma (determinadamente diferenciada) coisa: Sartre não contrasta um objeto conceptualizado, dotado de propriedades determinadas, com um substrato ou material cru, sem propriedade; a passagem da raiz, *qua* nauseante e contingente, retém suas qualidades primárias e mesmo secundárias. O que torna a diferença entre uma percepção comum da raiz da árvore e sua percepção filosófica como nauseante é o contraste mais sutil entre o fato de ela ter e carecer de *inteligibilidade*: apreender o ser-em-si é apreender algum objeto como não participando de algum modo da realidade humana, como sendo destituído de significado ou significação para a consciência, como não nos dizendo respeito ou sendo "para" nós. E isto se ajusta ao enunciado de Sartre de que o ser-em-si é "indiferenciado", pois o que se pode considerar que isso significa é que, em relação a uma coisa *qua* ser-em-si, qualquer que seja a diferenciação na coisa, *ela não é nada para nós*: a coisa *pode igualmente* possuir propriedade de alguma outra maneira ou não possuir propriedade em geral.

Se isto estiver correto, o melhor modelo para compreender o contraste é fornecido pelas mudanças no plano do aspecto-percepção, ou melhor, entre estados nos quais somos incapazes de reconhecer um aspecto – a figura na pedra ou as folhas de chá – e estados nos quais podemos fazê-lo.

Não podemos nos deter aqui, porém, uma vez que o ser-em-si e a diferenciação inteligível do objeto são para Sartre não *só* modos subjetivos de nossa apreensão, mas também modos do *objeto* da consciência. O que então estamos apreendendo quando apreendemos algum objeto "sob o aspecto de" seu ser-em-si?

O ser-em-si deve ser compreendido como o modo ou maneira de ser que caracteriza a o mundo-objeto diferenciado, onde o conceito desse modo de ser não designa simplesmente as características conceptuais básicas do mundo-objeto, mas se refere ao *fundamento* [*ground*] dessas características. O *insight* de Sartre é de que se necessita de um conceito para designar aquilo em ontologia que *torna possível* ao ser assumir determinadas formas, isto é, para que os simples juízos da realidade empírica – o açúcar é branco, a caneta está na escrivaninha – sejam verdadeiros. Posto de outra forma, o ser-em-si é o fundamento da fixidez dos predicados ("sobre a escrivaninha") em relação aos sujeitos ("a caneta"): o objeto *como* ser-em-si – o ser-em-si *do* objeto – é o que permite que os objetos possuam e exibam a estrutura que corresponde a nossos juízos de que O é F; é a dimensão nas coisas que torna possível sua conformidade metafísica ao juízo sujeito-predicado. E se é isto o que o conceito de ser-em-si expressa, é fácil perceber porque Sartre tenha que negar que o ser-em-si seja estruturado, ou diferenciado, ou possua uma constituição: o que quer que o fundamento ontológico torne possível *para que haja determinação*, ele não pode ser concebido como compartilhando o caráter estruturado, diferenciado do mundo-objeto, sob risco de ser assimilado a ele (requerendo assim um fundamento ontológico próprio, e assim gerando um regresso)[100]. Assim, quando Sartre afirma que "o existente", um conteúdo do mundo-objeto diferenciado, se distingue do "ser" que é sua "fundação" (xxxviii/30), o sentido de fundação não é aqui o de um fundamento distinto: a ideia é em vez disso que o fato de o objeto possuir ser-em-si como seu modo de ser fundamenta transcendentalmente sua diferenciação determinada. (A linha de pensamento que se acabou de descrever cai por terra, note-se, se o ser determinado diferenciado for tomado como absolutamente dado e não como exigindo explanação filosófica; e podemos estar justificados em proceder dessa maneira se não soubermos e pudermos conceber *nenhum outro* modo de ser, por exemplo o não-*self*-idêntico, o modo de ser não determinado do para-si.)

Essa interpretação do ser-em-si mostra que nossa questão original concernente à fonte de mundo de objetos inteligivelmente diferenciados foi concebida de modo equivocado: o ser-em-si não é alguma "coisa" (sem forma) que poderia existir à parte do mundo-objeto diferenciado, de modo que não devemos pensar no mundo de objetos como provindo *dele*. Nossa questão original, como se pode acrescentar, também foi posta prematuramente, na medida em que Sartre ainda não pretendeu explicar sua relação com o ser-em-si. O que nos enganou foi o fato de que Sartre, ao nos levar a focar no ser-em-si, falou de "aparências" no plural (como tinha que fazer, uma vez que sua explicação ali não constitui uma rota independente de acesso ao ser-em-si). O que ele tentou até agora apreender sobre os fenômenos, contudo, é *somente* sua dimensão de ser-em-si. A introdução visava nos fornecer apenas uma compreensão da oposição fundamental entre a consciência e o ser-em-

---

100. Por conseguinte, Sartre está envolvido com o tradicional problema metafísico concernente à relação entre o Um e o Múltiplo, como aparece, por exemplo, no *Parmênides* de Platão.

-si, a *ontologia* básica de *SN*; um conjunto *adicional* de estruturas ontológicas – as estruturas imediatas do para-si – serão acrescentadas à consciência na parte II do livro. O mundo-objeto diferenciado pertencer ao mesmo nível que essas estruturas; juntos compreendem o que se pode chamar de *plena ontologia* de *SN*. O quadro ontológico completo, em consequência, terá a seguinte aparência:

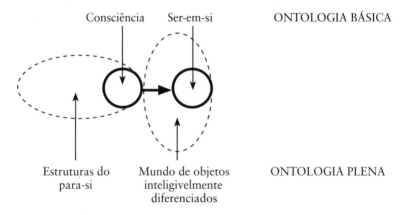

O ponto-chave em relação à nossa presente questão é que o mundo-objeto diferenciado se correlaciona *não* com a consciência, mas com as estruturas imediatas do para-si. Como Sartre o expressa: "um mundo; ou seja, a emergência do Para-si" (207/258); "conhecimento é o *mundo*" (181/230); o mundo é "um correlato do" para-si (183/232); "sem a propriedade do *self* [*selfness*], sem a pessoa, não há mundo" (104/149); o para-si, "ao negar que seja ser, faz que haja mundo" (306/368). Assim, é um erro levantar a questão do mundo-objeto inteligivelmente diferenciado no nível da consciência. O nada da consciência necessita ser "encaminhado" por meio das estruturas do para-si para que os objetos emerjam.

Até onde isso nos levou, no que concerne à relação de Sartre com o realismo e o idealismo? O problema imediato que parecia invocar uma solução idealista pode ter sido afastado – se o ser-em-si não é alguma *coisa* da qual é verdade que ela *não possui estruturas ou propriedades*, então não há por que explicar como ela tem ou parece ter estrutura e propriedades. Mas há outra maneira de colocar a questão original, que é igualmente efetiva em apoio à interpretação idealista de Sartre. Quando cambiamos aspectos e recuperamos o mundo-objeto diferenciado, a que se deve isso? Sartre não pode fornecer a resposta realista de que se deve ao fato de o mundo ser assim, independentemente de nós – uma vez que a diferenciação pressupõe o nada, e porque, como examinaremos dentro em pouco, Sartre inclui no mundo-objeto qualidades que são indexadas a projetos de um indivíduo para-si – parece assim, mais uma vez, que o mundo-objeto precisa ser devido ao sujeito. Como indica o diagrama, existe uma assimetria entre as duas partes da ontologia plena: enquanto a plena ontologia do *sujeito* é independente do ser-em-si, a plena ontologia do *objeto* – a elaboração do ser-em-si em mundo-objeto diferenciado – se estende na direção do sujeito; o mundo-objeto inteligivelmente diferenciado parece ser condicional, transcendentalmente, do para-si.

A interpretação idealista transcendental kantiana de Sartre é sustentável, mas antes de concluir a esse respeito, uma última revisão dessa dificuldade, mas – por vários conjuntos de razões – crucial questão, é necessária.

Sartre deseja combinar (1) a tese de que, *pace* o realismo, o "problema da conexão da consciência com existentes independentes dela" é "insolúvel" (xxxv/26), na medida em que o "ser transcendente não pode atuar sobre a consciência" (171/219), com (2) a tese que, *pace* o idealismo, a "subjetividade é incapaz de constituir o objetivo" (xxxviii/29) e a "consciência não poderia 'construir' o transcendente por meio da objetivação de elementos emprestados de sua subjetividade" (171/219). Além disso, como argumentei, Sartre visa (3) uma *correlação* do mundo-objeto inteligivelmente diferenciado com as estruturas fundamentais do sujeito humano. Com base na interpretação idealista transcendental kantiana, essa correlação deve ser compreendida como relação de *constituição* – o que exige que Sartre abandone ou qualifique (2). Mas antes de assentar essa interpretação devemos deixar bem claro que realmente não existe outra opção – mesmo que seja apenas porque a recusa de Sartre de endossar o idealismo sugira de modo tão forte que ele, em todo caso, considera que a correlação *pode* ser compreendida de maneira não idealista.

As seguintes possibilidades se sugerem sozinhas: que a correlação entre o mundo-objeto com a subjetividade humana (i) se deve às estruturas da subjetividade, mas é assegurada por alguns meios que não a relação da constituição do objeto; (ii) é uma instância da harmonia preestabelecida, de um tipo ou de outro; ou (iii) não precisa ser vista como "devida a" nada, pois não necessita de explicação.

A primeira possibilidade contém um eco de idealismo, mas seria compreensível se, na ausência da atividade constitutiva do objeto, Sartre a considerasse suficientemente distante de Kant e de Husserl para que o rótulo seja retirado. Exige, não obstante, uma explicação positiva da maneira pela qual o sujeito determina, sem constituí-los, seus objetos. De modo similar, a segunda possibilidade necessita de ampliação, uma vez que, se a harmonia houver sido estabelecida, algo deve tê-la estabelecido.

Ora, veremos mais tarde que existe uma sugestão definida de uma combinação das duas primeiras possibilidades na doutrina de Sartre de minha "responsabilidade pelo (meu) mundo" (cf. § 35). Pode-se interpretar isso como afirmando que a correlação é estabelecida não por Deus, mas por minha *liberdade*: o acordo entre o para-si e o mundo-objeto é estabelecida de maneira análoga àquela no qual o autor de um livro de ficção articula coerência dentro da ficção entre personagens e cena ou trama; a harmonia é estabelecida não *dentro* do mundo (ficcional) – como erroneamente supõem o idealismo e o realismo –, mas de um ponto *fora* dele, isto é, por minha subjetividade pré-mundana (em minha "escolha original do *self*", como Sartre a denomina).

Mas há também uma forte sugestão em Sartre da terceira possibilidade. Se o *explanandum* do realismo e do idealismo pode ser rejeitado, o mesmo pode ocorrer com essas posições metafísicas, e a ambição de Sartre de transcender a oposição entre realismo e idealismo seria então propriamente atendida. Se Sartre pode se dar bem com isso é uma questão delicada. Ele pode plausivelmente sustentar ter explicado, em termos que não pressupõem nem o realismo nem o idealismo, muitas coisas que essas posições são tradicionalmente invocadas para explicar. O aspecto epistemológico da correlação – a possibilidade de nosso "acesso" aos objetos, de eles estarem "em comunicação" conosco – é explicado conjuntamente pelo fato de que a transcendência é uma estrutura da consciência e que os fenômenos são unidades conceptualmente primitivas da existência real e de possibilidade de aparição. A possibilidade de haver algo como um mundo inteligivelmente diferenciado de objetos é explicada conjuntamente pelo ser-em-si, que torna determinado ser possível, e pelas estruturas do para-si, incluindo seu poder de negação, que permite o ser diferenciado. A única coisa que, pode-se sustentar, permanece inexplicada por Sartre é o *explanandum* kantiano citado antes: o fato de que nosso mundo-objeto possua um *caráter conceptual particular*, aquele de uma ordem causal necessária (particular). Talvez Sartre possa negar essa necessidade, isto é, incluir a ordem causal na "contingência" global do ser do para-si; ou talvez ele possa novamente apelar à "escolha original do *self*" como explicação. Existem indicações textuais de ambas as atitudes. O que pensamos disto – especialmente – se considerarmos que seria sensato admitir que a doutrina "responsabilidade pelo mundo" de Sartre assumisse carga metafísica tão pesada – é decisivo para sabermos se consideramos ou não, em última instância, que Sartre evita ser forçado a retroceder para o idealismo transcendental kantiano.

Lidamos com a principal fonte da confusão realismo/idealismo que Wahl afirma poder ser detectada em Sartre, mas há outro aspecto que precisa ser enfrentado, e que possui uma solução mais simples. Wahl também perguntava: "O que é primário, o em-si ou o para-si?", e alegava que a inconsistência de Sartre defendia o primado de ambos.

É bem verdade que Sartre caminha em ambas as direções, mas não está claro que haja qualquer contradição aí: a visão de Sartre é de que o para-si possui primado *metodológico* – "o *cogito* deve ser nosso ponto de partida" (73-74/116) – enquanto o em-si possui primado *ontológico* (619/713). Ao longo da introdução, os *conceitos* de ser-em-si e ser-para-si são formulados com referência recíproca e são abordados de maneira interdependente ou dialética – nenhum deles possui primado, pois a fim de explicar um dos modos de ser é preciso contrastá-lo com o outro –, mas não há dúvida no que se refere à dependência ontológica do para-si em relação ao em-si. Caso se pergunte – em particular, um hegeliano poderia apresentar essa objeção – como, dada a simetria entre os conceitos de ser-em-si e ser-para-si, podemos supor uma *a*ssimetria ontológica, e por que não deveríamos simplesmente trazer a dialética dos conceitos para a ontologia à qual se referem, então a resposta já é dada por Sartre em sua prova ontológica: a perspectiva da consciência pré-reflexiva – que *não* é uma perspectiva de dentro de qualquer *conceito* – requer essa assimetria.

Existe mais uma mudança na questão da relação de Sartre com o realismo e com o idealismo, que revela o quão interessantemente estranho e distante do senso comum é sua posição. Incluídas entre os objetos das consciências estão as *negatividades* e as qualidades das coisas (seu charme, caráter aversivo etc.) que vimos Sartre invocar a fim de explicar a emoção. Essas qualidades são "transcendentes", e assim, é de se presumir que pertençam ao mundo-objeto diferenciado, embora obviamente egocêntrico: se você não partilha de minha expectativa de encontrar Pedro no bar, então você não intuirá sua ausência da maneira que eu o faço. De modo similar, encontraremos posteriormente, na parte II, capítulo 3, que Sartre inclui sua explicação da realidade física objetiva diretamente em sua explicação do mundo como contendo tarefas particulares a serem executadas (cf. § 20-21).

Isto levanta a questão: Existe *um* mundo-objeto diferenciado, que é propriedade comum intersubjetiva? Ou *cada* para-si possui seu *próprio* mundo-objeto?

Uma sugestão óbvia seria distinguir entre diferentes níveis de realidade dentro do mundo-objeto – um nível de objetividade intersubjetiva "plena", por um lado, compreendendo *o* mundo, e um nível superveniente "quase" objetivo de qualidades egocêntricas, por outro, compreendendo *meu* "mundo" –, mas esta não é uma distinção introduzida pelo próprio Sartre, e à luz de suas outras teses, podemos compreender porque não a introduz. A visão de Sartre é de que, no caso de um bonde tomado como "precisando-ser-tomado", não há relação de causalidade eficiente entre o fato de o objeto possuir essa qualidade e qualquer estado psicológico do sujeito: "características de desejabilidade" dos objetos não podem, segundo Sartre, levar a consciência a desejar, e Sartre também rejeita a ideia de um mecanismo de projeção pelo qual os desejos causariam a aparição quase-perceptual dos objetos (cf. 604-605/695-697). No entanto, é verdadeiro para Sartre, é claro, que em algum sentido a qualidade de precisa-ser-tomado se "deve a" meu projeto de apanhar o bonde, e com base na interpretação acima sugerida, a tese de Sartre é que minha "escolha original do *self*" é o que "preestabelece" a harmonia entre meu projeto subjetivo e a qualidade transcendente do objeto (relação que, do ponto de vista intramundano, deve parecer como "mágica": como de fato Sartre a descreve).

Se isto é o que Sartre pensa, então está claro por que ele não teria interesse em avaliar a realidade de itens no mundo-objeto de acordo com sua acessibilidade intersubjetiva, e porque seria aceitável para ele que não haja identidade estrita de mundos-objetos ao largo de diferentes sujeitos. Ainda é preciso lidar com a preocupação com o solipsismo (cf. § 29), mas ela não é agravada pela erosão por Sartre da convicção do senso comum de que partilhamos um mundo em virtude de todo ser contido dentro de uma e mesma matriz empírica, uma vez que Sartre rejeita essa explicação naturalista-realista da realidade, e essa noção de partilha de mundo, em todo caso (argumentará Sartre), é incapaz de abalar o solipsismo (cf. § 27). Também deve ser enfatizado que a variação intersubjetiva de mundos-objetos admitida por Sartre não implica absolutamente nada no que concerne à sua inteligibilidade mútua – meu mundo-objeto não é *privado*, e nesse sentido estendido, *não* é apenas *meu* mundo.

§ 13 A metafilosofia de SN

A consideração do problema do realismo e do idealismo conduz diretamente a outra questão, distinta mas relacionada, que tanto cria dificuldades quanto, mais uma vez, encaminha ao centro do projeto de Sartre. Isto diz respeito à combinação de pontos de vista a partir dos quais a filosofia de Sartre parece ser construída.

Por um lado, está claro que Sartre vê a perspectiva filosófica que ele articula em *SN* como abrangendo e tornando transparente a realidade em sua totalidade[101]. É verdade que Sartre encara algumas questões como "fatos" finais, surdos, brutos, últimos, a serem aceitos sem maior explicação: por exemplo, no mais alto nível, a existência e natureza do em-si, e o advento do para-si. A esses ele chama de "contingências". Mas o caráter último dessas matérias *não* se deve, para Sartre, a qualquer falha de nossas capacidades representacionais, epistêmicas, explanatórias, conceptuais linguísticas ou outras de manter ligação com os objetos projetados de nosso conhecimento: Sartre não reconhece limites à cognição humana ou filosófica; quando alcançamos um termo em nossa tentativa de apreender filosoficamente as coisas, isto não é porque ficamos sem recursos epistêmicos e cognitivos, mas porque é aí que o fim das coisas reside na realidade. Não é, portanto, que o em-si possua uma constituição oculta que Deus ou talvez alguma ciência física futura poderia apreender, mas que nós somos incapazes de conceber: como vimos, segundo Sartre *não há nada mais* em relação ao em-si do que aquilo que é expresso em suas três

---

[101]. Merleau-Ponty enfatiza isso em *O visível e o invisível*, afirmando que *SN* tenta "pensar o ser total – o que é totalmente" e assim assume um ponto de vista "fora" do ser (p. 74); sua filosofia está "instalada na pura visão, na visão aérea do panorama" (p. 77), "pensamento de alta altitude" (p. 91). Merleau-Ponty encara isto como o *único* ponto de vista adotado em *SN*, contrariamente ao que argumento abaixo.

teses. O mesmo vale para a consciência e o vir-a-ser do para-si. Para Sartre, "tudo está aí, luminoso" à plena luz da consciência diurna (571/658)[102].

Há, além disso, razões profundas pelas quais é de grande importância para Sartre que as teses de *SN* fiquem sem qualificação. Entre outras coisas, a tese de liberdade absoluta precisa ser capaz de se defender da dúvida cética, e qualquer concessão no sentido de que sua filosofia oferece apenas uma visão limitada de nossa situação não conseguirá impedir a possibilidade de que a liberdade que ele defende para nós esteja ausente da realidade e meramente componha uma grande, sistemática ilusão humana. De modo mais geral, Sartre necessita das contingências que ele descreve para serem interpretadas como metafisicamente últimas, a fim de ser capaz de sustentar, em seu favor, a significação crucial de expor a solidão metafísica da situação humana, o escopo humanamente restrito do princípio de razão suficiente, uma apreciação clara daquilo que Sartre vê como essencial para nosso pressuposto de autorresponsabilidade. Qualquer coisa que não seja de caráter metafísico último abrirá a porta para possibilidades especulativas – que Sartre associa com teologia e com Hegel, e quer excluir a qualquer custo – com o efeito de que existe afinal uma estrutura racional na realidade em geral que transcende o ser do para-si, e que pode ser visto como fundamentando e racionalizando a existência humana, livrando-nos assim da tarefa de autodeterminação no nível mais fundamental. Isto é o bastante para explicar por que, como vimos no § 7, Sartre deve visar situar o homem em relação ao ser como um todo.

---

102. Essa ambição irrestrita de sua filosofia caminha par a par com o compromisso de Sartre com o primado da *ontologia*, tal como ele o enfatiza em sua entrevista de 1973, "An interview with Jean-Paul Sartre", p. 14, 24.

Ainda assim, é também o caso que grande parte do que Sartre diz sobre os vários fenômenos que ele discute é inteiramente da ordem da *perspectiva* – Sartre oferece explicações de como as coisas parecem e exigem ser concebidas, que dependem enfaticamente de nossa apreensão delas deste e daquele ângulo. Boa parte do trabalho de Sartre se dirige para nos colocar dentro do ângulo correto de visão filosófica e nos induzir a uma elevada consciência do *caráter perspectivista* dos fenômenos. A própria reflexão filosófica, para Sartre, não deve abandonar o ponto de vista prático em favor de uma instância contemplativa. Pode-se dizer que essa restauração e purificação da subjetividade compreendem, como notado antes, a versão sartreana da redução fenomenológica. A perspectiva em questão é a subjetiva, de primeira pessoa, prática que segundo a visão de Sartre constitui a fundação do ponto de vista humano (à guisa de ilustração, considere-se a afirmação de Sartre de que "não se trata aqui de uma liberdade que poderia ser subdeterminada e cuja escolha preexistiria. Jamais devemos apreender a nós mesmos, exceto como escolha na ação" (479/558) – que é naturalmente lido como exigindo que mudemos da tentativa de conceber a liberdade como um fato metafísico a-perspectivista para uma apreciação em perspectiva da liberdade. Numerosos exemplos desse tipo de argumentação em *SN* poderiam ser fornecidos, e numa entrevista tardia, Sartre afirmou que, em *SN*, ele "desejava definir [a consciência] tal como ela se apresenta a nós, para você, para mim")[103].

---

103. Deixando para outros a tentativa de "tentar explicar isso no interior de um sistema materialista" ("An interview with Jean-Paul Sartre" (1975), p. 40). Também: "O campo da filosofia possui seus limites estabelecidos pelo [*est borné par*] homem" ("A antropologia", p. 83).

De acordo com isso, é natural pensar que as teses de Sartre sobre os objetos de nosso conhecimento são estritamente sobre objetos *como relativos a*, ou constituídos por nossa perspectiva prática-cognitiva. O uso por Sartre da linguagem do paradoxo (§ 23) também sugere, de uma maneira diferente, que suas teses devem ser interpretadas como epistemicamente modestas: na medida em que se compreende Sartre como dizendo apenas que isto e aquilo *convida* a uma descrição contraditória, o paradoxo servindo para chamar atenção para a existência de tensão no modo como *nós pensamos* sobre as coisas, permite-se que a natureza real da coisa seja não-contraditória, e o caráter problemático das asserções contraditórias de Sartre é dissolvido.

Existe um enigma, portanto, na medida em que Sartre parece oferecer ao mesmo tempo uma *visão de lugar algum* ou concepção absoluta da realidade e uma *visão de algum lugar*, ou concepção de perspectiva. Esses dois pontos de vista não se distribuem ao longo de diferentes conjuntos de fenômenos ou relativizados em diferentes tópicos de discussão: não é que Sartre introduza uma tese de realidade plena apenas com respeito a algumas coisas, e uma tese qualificada, epistemicamente modesta, meramente de perspectiva em relação a outras coisas; de modo característico, ambos os pontos de vista se combinam dentro do âmbito de um único parágrafo ou mesmo sentença. Em termos históricos, os dois pontos de vista se alinham com tradições filosóficas bastante diferentes. A visão de perspectiva sugere uma adoção da estratégia de Kant de uma revolução copernicana no método filosófico, concepção da tarefa da filosofia como elucidação *do* ponto de vista humano, *de* e *para* o ponto de vista humano, tornando a concepção do olho de Deus nula e vazia; enquanto a visão absoluta sugere a ambição metafísica da primeira filosofia racionalista moderna ou de Hegel. Qual, então, representa a verdadeira visão metafilosófica de Sartre? Está ele do lado de Kant, em parentesco com as formas de idealismo transcendental encontradas em pós-kantianos como Fichte e Husserl, ou de Espinosa?[104] É sua metafilosofia a do idealismo transcendental, ou de algum tipo de realismo?

A resposta, conforme sugiro, é que Sartre vê os dois pontos de vista como igualmente necessários e não como *excluindo* um ao outro; mas, como na análise final, *coincidindo* – Sartre deseja sustentar precisamente que é somente por meio de (e somente assim) de adotar e intensificar o ponto de vista de perspectiva que podemos apreender a realidade de maneira "a-perspectívica". O subtítulo de *SN* "Ensaio em ontologia fenomenológica" – deve ser lido não como definindo um programa modesto, inócuo de meramente descrever como devemos supor que as coisas sejam à luz de como elas aparecem para nós, mas como expressando a convicção metafilosófica de Sartre de que quando, e somente quando, as bases das coisas são estabelecidas em seu caráter plenamente "perspectívico", pode conhecer as coisas como são em si mesmas, como seriam se fossem apreendidas "de lugar algum". Assim, quando Sartre afirma que sua intenção em *SN* é definir a consciência "tal como ela se apresenta a nós, para você, para mim", isto também significa defini-la *tal como é*. Essa interpretação imediatamente confere sentido à desaprovação por Sartre dos rótulos tradicionais seja do "idealismo", seja do "realismo", e a sua pretensão de ter dissolvido essa própria oposição. Também concorda com a maneira pela qual, na introdução, ele defende teses metafísicas subs-

---

104. Assim, Natanson: "A 'revolução copernicana' de Sartre é essencialmente a tentativa de formular no nível ontológico o que Kant tentou mostrar no nível epistemológico" (*A Critique of Jean-Paul Sartre's Ontology*, p. 93).

tanciais sem outra base senão a de como as coisas são diretamente implicadas pela natureza de nossa consciência[105].

Outra questão é saber se essa posição, tal como Sartre mesmo a elabora, ou de qualquer outra forma em que se possa concebê-la, é coerente e defensável, mas pelo menos algumas das razões de Sartre para considerá-la assim já se mostraram na introdução. Pois vimos como ele pensa que o conceito de fenômeno, que representa um primitivo conceptual, envolve um ponto de encontro entre o perspectivismo e o aperspectivismo, e de modo mais geral, como a ontologia básica apresentada na introdução, que insiste tanto no fato absoluto do ser-em-si quanto no caráter perspectivista da consciência, implica a necessidade de, de alguma maneira, aceitar a realidade de ambos – perspectivismo e aperspectivismo. Há, além disso, outro aspecto, o de que Sartre encontra no ser da consciência não um mero ponto de encontro, mas um tipo de *identidade*, uma perspectividade e uma aperspectividade. Embora seja verdade que nenhum desses argumentos é suficiente para explicar como, no nível metafilosófico, a perspectividade e a aperspectividade podem ser pensadas como coincidentes, eles pelos menos fornecem uma chave para o motivo pelo qual o pensamento de Sartre deve tomar essa direção. Posteriormente (em § 46) retornaremos à questão de saber se Sartre foi bem-sucedido em harmonizar os dois pontos de vista[106].

---

105. O mesmo tipo de realismo concernente à forma perspectivista, vale notar, também aparece, e de modo mais explícito, em Merleau-Ponty, o qual defende que a "indeterminação" ou a "ambiguidade" – propriedades que nós naturalmente relegamos à epistemologia – são inerentes *ao mundo*, não meramente à nossa apreensão ou concepção das coisas.
106. Uma questão relacionada da metafilosofia diz respeito à relação de Sartre com o "primado da razão prática". Pensa Sartre que a racionalidade das crenças sobre questões teóricas seja propriamente determinada (pelo menos em parte) por nossos interesses práticos; ou verá ele a investigação teórica como autônoma em relação à práti-

Do ponto que atingimos, há duas direções que Sartre pode tomar ao desenvolver o próximo estágio de seu argumento em *SN*. Um é mostrar como a metafísica do nada pode se desenvolver diretamente numa *teoria da liberdade*. Outro consiste em examinar as *estruturas do para-si*, que identificam a *forma* assumida pelo nada na subjetividade humana, e em mostrar como essa forma, e nossa negatividade ontológica, tornam uma à outra inteligíveis. Ambas as tarefas podem ser perseguidas independente uma da outra até certo ponto, mas eventualmente se unirão, antes de chegar ao mesmo ponto de conclusão, a saber, a identidade de nosso modo de ser com nossa liberdade – como ocorre no esquema de argumentação fornecido no capítulo anterior (p. 22-27).

O que Sartre de fato faz é fornecer uma explicação condensada da relação do nada com a liberdade no restante do capítulo que estamos discutindo (24-45/60-840, reservando a discussão completa da liberdade para a parte IV de *SN*, momento em que as estruturas do para-si já houverem sido expostas. É mais claro, porém, proceder diretamente para as estruturas do para-si, e considerar em um só lugar todo o material textual concernente a liberdade, como farei na parte (D).

---

ca? Mais uma vez, parece haver uma divisão: por um lado, Sartre pode parecer estar procedendo, em *SN*, com base numa tentativa de determinar como devemos pensar as coisas *para que* possamos nos considerar como livres; por outro lado, a estrutura de *SN*, por começar com ontologia e se deslocar lentamente para uma ética, parece implicar a autonomia da razão teórica (cf. tb. "An interview with Jean-Paul Sartre" (1975), p. 45, onde Sartre afirma que a ontologia tem autoridade em relação à prática). Mais uma vez parece que Sartre não considera que ele precisa escolher: porque ele pensa que a ontologia correta é aquela que procede da consciência, e porque a consciência já é prática e orientada para valores (cf. § 17), as razões práticas e teórica sendo fundamentalmente a mesma.

> **Questões para estudo**
>
> 1) São as teses centrais de Sartre relativas à consciência bem fundadas? Que outras visões da consciência são rejeitadas por ele, e são suas críticas a elas eficazes?
>
> 2) Como o conceito de ser-em-si de Sartre pode ser mais bem compreendido, e sua explicação da oposição fundamental que ele forma com o ser-para-si é adequadamente justificada?
>
> 3) Por que, e com que justificação, introduz Sartre o conceito de nada em sua explicação da consciência?
>
> 4) Como você avalia a pretensão de Sartre de ter fornecido uma explicação da relação entre o sujeito e o objeto que transcende a oposição entre realismo e idealismo?

(B) Estruturas fundamentais do sujeito humano

Escorada na ontologia básica esboçada na introdução e na parte I, a parte II de *SN* especifica as mais abstratas estruturas do sujeito humano. Estas incluem *selfhood* [egoidade], *temporalidade* e *transcendência*; a egoidade se correlaciona com as estruturas da *facticidade*, *valor* e *possibilidade*, ao passo que a transcendência nos conduz ao *conhecimento*. O objetivo de Sartre é mostrar que essas estruturas são necessárias para o ser consciente, embora não por conexões conceptuais. Em vez de fazer qualquer tentativa de deduzir, por exemplo, "A experiência de S é temporal" de "S possui consciência de objetos", o método propriamente *fenomenológico* de Sartre consiste em fazer de modo a que percebamos que *nossa* consciência não poderia deixar de ser temporal, orientada para valores etc., ao fornecer-nos *insight* para as maneiras pelas quais nossa consciência se conecta *internamente* com nossa temporalidade, orientação para valores etc. Isto é alcançado ao nos mostrar como o que é para nós ser consciente, e o que existe para que haja tempo, valor etc., para nós, tornem-se reciprocamente inteligíveis[107]. (Deixando em aberto, assim, se existe algum sentido pensável no qual a experiência consciente de *alguma* entidade possa não ser temporal: Sartre é indiferente a essa possibilidade, pois, se ele estiver certo, ela não pode se cruzar com *nosso* modo de ser.)

A relação entre a ontologia básica, com a qual estivemos até agora ocupados, e a ontologia plena, à qual as estruturas fundamentais do para-si pertencem, precisam ser esclarecidas: em que sentido a ontologia básica é prioritária? A ontologia plena deriva dela, como a organização de *SN* poderia nos levar a esperar?

Já vimos, no § 12, que a parte da ontologia plena que fica de fora do objeto, a saber, o mundo-objeto diferenciado, baseia-se no, mas não deriva diretamente do ser-em-si.; ele se difunde sobre o ser somente sob condição do e em relação com o para-si. E o lado subjetivo da ontologia plena, a saber, as estruturas do para-si – isto se torna imediatamente claro na parte II – não se constrói a partir do mero conceito de consciência, assim como não é dele deduzido. Em vez disso, Sartre utiliza a ontologia básica como plataforma a partir da qual se investiga o campo da realidade humana, por meio da qual emergirão relação de *explanação*: mostrar-se-á que a estrutura da mera consciência intencional se *fundamenta* em estruturas do para-si. (O termo "realidade humana" – *la réalité humaine* – é empregado por Sartre em sentido semitécnico, aproximadamente equivalente ao *Dasein* de Heidegger, para se referir tanto aos seres humanos quanto ao mundo *qua* objeto de cognição, cena de

---

107. Sobre esse construto do método transcendental de Sartre, cf. SACKS, M. "Sartre, Strawson and others". *Inquiry* 48, 2005, p. 275-299.

ação e assim por diante). O propósito de Sartre, em *SN*, ao iniciar isolando a mera consciência do fenômeno – os quais, reconhece ele, são em certo sentido "abstrações" (171/219) – consistia em purificar nossa visão filosófica: o ponto de vista da ontologia básica assegura que apreendemos corretamente nossa subjetividade. A prioridade da ontologia básica, portanto, é metodológica, e a derivação da ontologia plena, a partir dela, é uma questão epistemológica: ontologicamente, a relação da consciência com o para-si é a da parte com o todo; a consciência compreende, tal como Sartre o coloca, o "núcleo instantâneo" do para si (70/11). Ao mesmo tempo, na medida em que a parte II acompanha a expansão desse núcleo no estruturado para-si do eu, ela também elucida o conceito de consciência, o qual a introdução meramente aceitava como dado (173/221) – nós aprendemos em que a consciência e o nada que compreende o seu ser realmente consistem.

§ 14 O eu [parte II, cap. 1, seções I e IV]

As seções sobre a egoidade [*selfhood*] em *SN* modificam de duas maneiras a posição de *A transcendência do ego* (as quais resolvem as dificuldades com a metafísica anterior do eu de Sartre, notadas no cap. 2). Em primeiro lugar, Sartre *personaliza* a estrutura reflexiva do *cogito* pré-reflexivo, em outras palavras, ele a identifica *como* um eu ou, mais precisamente e em termos mais próximos de Sartre, como instância da egoidade. Em segundo lugar, como veremos no § 15, Sartre *identifica* a relação reflexiva que compreende o *cogito* pré-reflexivo com a relação reflexiva que inclui a reflexão: ambas são formas diferentes da mesma relação reflexiva.

Isto pode parecer trazer a posição de Sartre para mais perto da visão strawsoniana dos eus [*selves*] ou pessoas, próxima do senso comum. A aproximação com o senso comum, porém, está caracteristicamente longe da motivação de Sartre, e sua explicação do eu, ou egoidade, envolve uma inversão adicional e mais profunda de nossa concepção natural de personalidade.

De maneira preliminar, um importante ponto geral concernente ao método de investigação de Sartre deve ser observado. Além da explicação especulativa de Sartre sobre a origem do para-si (§ 9), *SN* adotou até agora uma abordagem *descritiva*, aventurando teses sobre o que *é* com base no *cogito* e nos fenômenos que lhe são dados. Ao longo da parte II e em muitos outros contextos posteriores, por contraste, *SN* concede primado à explanação *teleológica*, isto é, explanação em termos de fins e relação da forma "X para que Y" – na linguagem de Sartre, caracterização como um *projeto*, *un projet*. Todas as estruturas fundamentais do sujeito humano que Sartre introduz na parte II tornam essencial o uso da noção de direção para um fim. Para tomar um ponto em que sua tese é inteiramente explícita, ao concluir sua abordagem da reflexão, Sartre afirma que não se trata de uma "emergência caprichosa", mas que ela "surge na perspectiva do *para (pour)*": a reflexão possui um *significado*, que é seu "ser-para", *être-pour*, e de modo mais geral, o para-si é "o ser que em seu ser é a fundação de um *para*", "*le fondement d'un pour*" (160/207).

Vários pontos devem ser notas a esse respeito. Em primeiro lugar, Sartre não aplica a teleologia ao sujeito humano por pensar que é universalmente verdadeiro que qualquer coisa que exista possui um *telos* – o ser-em-si refuta essa suposição –, mas porque a natureza específica do para-si, como já implicado pelo próprio termo, o exige; o para-si é sempre a fundação de um *pour*. Em segundo lugar, a explanação sartreana é teleológica *sem* ser funcional. Sartre não procede como poderia proceder um naturalista, ao determinar primeiro a função do sujeito humano à luz da realidade que o cerca, e então inferindo que papéis são desempenhados por suas várias características ao facilitar o desempenho de suas funções. Para Sartre, pelo contrário, a subjetividade *não pode ter* função. Ele considera, além disso, que as estruturas teleológicas que constituem a subjetividade humana não são bem-sucedidas em realizar qualquer *telos*. O sujeito humano é *finalista* [*purposive*] sem efetivamente ter *qualquer propósito*. Em terceiro lugar, a concepção de Sartre da teleologia difere daquela do senso comum, na medida em que este último pensa nas propriedades teleológicas como ligadas a uma subestrutura mecanicamente descritíveis, cuja realidade fornece o meio dos quais dependem os processos teleológicos: a posição de Sartre (de óbvia importância para sua doutrina da liberdade) é que a realidade das várias dimensões do para-si *consiste* no fato de serem projeções para certo fim.

A teoria do eu de Sartre se desenvolve em estágios, e compreende algumas das mais difíceis e intrigantes passagens em todo *SN*.:

(1) Seção I, 74-617-618; 121-128: Sartre inicia revisitando a estrutura da consciência pré-reflexiva. Como sabemos a partir do § 3, ele sustenta ser "a lei do *cogito* pré-reflexivo" (69/110) que toda relação com um objeto retorna a si mesma: a consciência-de-O implica consciência da consciência-de-O. Isto implica que, na medida em que não sou meramente, de maneira abstrata e indeterminada, consciente de O, mas consciente de O em algum *modo* particular – consciente de O *com prazer* ou como objeto de *crença* ou *desejo* etc. – minha consciência-de-O é consciência-de-prazer, consciência-de-crença etc. E, de maneira conversa, se há consciência de crença, deve haver crença (xxviii/18). Crença e consciência de crença, portanto, são necessárias e suficientes uma para a outra. Mas esta descrição meramente lógica da relação não a explica para nós, e Sartre argumenta que encontramos aqui uma dificul-

dade que só admite uma resolução metafísica, a qual envolve a introdução da teleologia.

Nossa regra metodológica, conforme defendido nos § 3 e 10, deve ser conceber a consciência de acordo com sua própria perspectiva. Ora, a peculiaridade da estrutura compreendida pela crença e pela consciência-de-crença é que ela deve ser concebida tanto como *unitária* quanto como *dual*. Ambos os termos, é claro, devem abarcar uma totalidade – uma vez que cada um deles é necessário e suficiente para o outro – e ao mesmo tempo devem compreender uma dualidade: não pela razão de que nós, teóricos do mental, somos capazes de impor uma distinção sobre a estrutura, mas porque a consciência-de-crer *ela própria* deve se diferenciar da crença da qual ela é consciência. Sartre supõe, além disso, que não podemos resolver essa contradição afirmando que existe unidade em um sentido e dualidade em outro, o que nos permitira dizer que existe "uma unidade que contém uma dualidade", isto é, conceber a estrutura simplesmente como síntese (76/118). A base pela qual contamos a crença e a consciência-de-crença como unitárias é a mesma pela qual as contamos como duais: a aplicação de um só princípio de individuação conduz a resultados conflitantes. Como podemos tornar inteligível essa estrutura paradoxal?

Segundo Sartre, isto acontece somente ao se migrar para uma concepção da consciência em termos de fins. A consciência da crença é essencialmente uma tentativa de *refletir* a crença, não no sentido de um ato de pensamento (*réflechir*), mas no sentido de uma reflexão (*refléter*). Essa reflexão leva a cabo o projeto da consciência da qual ele é o *reflexo*. Assim, escreve Sartre: a consciência de crer "*existe para* realizar o ato da fé", no qual consiste a crença (75/117).

Isto permite que apreendamos a estrutura tanto-unitária-quanto-dual como um processo teleológico não consumado. Na complexa analogia à qual Sartre se refere, a consciência-da-crença é uma tentativa de oferecer um reflexo para a crença, por um lado, e por outro, que a própria reflexão (consciência-de-crença) não é nada à parte daquilo que reflete, com o resultado de que nenhuma imagem estável pode ser capturada – o projeto de reflexão fracassa.

Isto significa, tal como Sartre o afirma (75/117), que não podemos nem dizer que a crença *é*, ou *é crença*, nem que a consciência-de-crer *é*, ou *é consciência-de-crer*. A cópula e a relação de identidade indicam aqui, assim como em outros contextos sartreanos, posse de ser substancial, tanto no sentido forte de autossuficiência existencial quanto no sentido mais fraco de posse de algum conjunto de propriedades intrínsecas, não relacionais.

Uma vez que a crença e a consciência-da-crença não podem se identificar nem consigo mesmas nem uma com a outra, precisam ser concebidas em vez disso como *tendo que ser* a outra, em sentido similar àquele no qual podemos dizer de algo que *é suposto ser*, ou *deve ser* de tal e tal modo (Sartre utiliza com frequência a construção notada no § 6, *avoir à être*, para expressar essa ideia). Tal como ele o afirma depois, em passagem posterior mais clara, cada termo na díade do *reflexo-refletido* aponta para e "engaja seu ser no ser do outro", mas esse ser é apenas o que está faltando: o *reflexo* consiste em "*ser-para-ser-refletido (être pour se refléter)*" no *reflexionante*, mas esse fim só deveria ser obtido se o *reflexo* fosse "*algo (quelque chose)*", o que é impossível, uma vez que se o reflexo fosse *quelque chose*, então seria em si mesmo e o *cogito* seria destruído (173/221). Crença e consciência de crença compreendem assim "um jogo de espelhamento", "um duplo jogo de referência" no qual "cada um dos termos se refere ao outro e passo ao outro, e ainda assim, cada termo é diferente do outro" (75/118), ou, como também afirma ele, ao mesmo tempo que se põe *para* o outro, *torna-se* o outro (151-152/198).

A tese de Sartre profunda, mas difícil, portanto, é que o conceito ocular de perspectiva, que julgamos essencial empregar ao explicar sua concepção da consciência, é em última instância equivocada, ou em todo caso, limitada – ter ou compreender uma perspectiva no sentido da consciência não é, em última instância, apenas uma questão quase visual, perceptiva, contemplativa: está mais próxima do que é estar *sob uma obrigação*, ou *sujeito a uma demanda* (a consciência é "essa precisa obrigação de ser uma intuição reveladora de algo, isto é, de um ser transcendente", xxxvii/29; para a consciência "não existe ser, exceto por essa precisa obrigação de ser uma intuição reveladora de algo" (618/712).

(2) Seção I, 76-77/118-119: Está preparado o terreno para a introdução teórica do eu como *o que está implicado na referência mutuados* dois termos, *reflet* [reflexo] e *refletant* [aquele que reflete]. A relação entre um vaso e o espelho que o reflete é puramente externa – o espelho não reflete o vaso *como sendo* o próprio espelho. O *reflet* e o *reflétant* da consciência pré-reflexiva, por contraste, relacionam-se um com o outro *como* membros de uma única unidade, e essa unidade é indicada não como mero agregado que eles poderiam criar unindo-se entre si, mas como o (seu) *sujeito*. Esse sujeito indicado, porém, não pode ser o sujeito metafísico de propriedades, por razões que vimos na discussão de *A transcendência do ego*, no capítulo 2, e tampouco pode ser ele mesmo uma propriedade. O sujeito, em vez disso, é indicado como *relação-consigo-mesmo*, e ao símbolo linguístico apropriado dessa autorrelação, conforme nota, Sartre, é o pronome reflexivo, como em *il s'ennuie* [ele se entedia]. A relação designada pelo pronome

reflexivo é o significado – e o que lhe confere sentido – da referência mútua entre o *reflet* e o *reflétant*. Sartre chama a essa autorrelação no nível da consciência pré-reflexiva de "presença para si", *présence à soi*. O eu, ou "si mesmo", *le soi, é* presença a si, uma estrutura de "equilíbrio perpetuamente instável entre identidade como coesão absoluta sem traço de diversidade e unidade como síntese de uma multiplicidade" (77/119). Segue-se que o *si* não possui ser seja como sujeito de predicados, seja como predicado, e não pode nem ser, nem ser apreendido como "existente real".

(3) Seção I, 77-79/120-121: Assim, até aqui a teoria de Sartre pode parecer similar às assim chamadas teorias de "não pertencimento" do eu, como a de Hume, a qual nega referência ao "Eu", mas este não é o caso, pois a teoria do eu de Sartre não se esgota pelas teses predominantemente negativas que acabamos de descrever.

O *si* foi definido em termos de uma autorrelação intermediária entre a Unicidade da identidade e a "Multi-unicidade" [*Many-in-Oneness*] da unidade sintética, a chave para a qual é a distância do eu implicada pela *présence à soi*, e essa distância pode ser analisada em termos da metafísica do nada de Sartre e de sua teleologia do para-si. O que separa o eu de si mesmo, em certo sentido, é nada, *rien*. Não posso detectar ou isolar qualquer *coisa* que me ponha à parte de mim mesmo. Em contraste com distâncias espaciais, e diferenças temporais ou psicológicas, não posso sequer identificar e expressar a separação indiretamente em termos de itens positivos que permanecem separados uns dos outros. O que precisamos afirmar, portanto, sustenta Sartre, é que o *nada* constitui a separação – um nada particular, *personalizado*, o nada que *eu* sou ou, no idioma teleológico e quase deontológico de Sartre, *ter-de-ser*. Isto constitui um desenvolvimento ulterior da metafísica do nada de Sartre (§ 9-10): em nenhum outro lugar a não ser na autoconsciência, diz Sartre, podemos apreender o nada "em tal pureza" (78/120).

Contra a teoria do não pertencimento [*no-ownership theory*], portanto o lugar do eu está ontologicamente vacante. Nos termos de Sartre, Hume é levado a concluir que o eu é *nada* porque ele deixa de ver que seu ser é do tipo "obrigação" (78/121), ou, em outros termos, como ele coloca mais tarde, que o eu é "a *razão* para o movimento infinito" da referência mútua entre *reflet* e *reflétant* (103/148).

Finalmente, Sartre se refere à sua teoria do eu como história antropogenética da origem do para-si (§ 9): o *nada* que eu tenho--que-ser na forma de um *si*, é feito (*est été*) pelo "ato ontológico" original pelo qual o em-si "degenera na presença a si" (79/121).

(4) Seção V, 103-104/148-149): Antes de introduzir o próximo elemento em sua teoria, Sartre se refere a *A transcendência do ego* e reitera sua conclusão de que o ego é transcendente, não um habitante da consciência que provê subjetividade com um centro imanente (102-103/147-148). (Depois, em 162-163/209-211, Sartre reafirmará sua concepção anterior do ego; cf. § 24.)

Sartre explica então como ele modificou sua perspectiva anterior. O fato de que o *ego* não é o que personaliza a consciência não significa que não haja nada que o faça e que a consciência seja portanto "impessoal": a *présence à soi* confere personalidade, *personnalité*, à consciência, e é porque ela o faz que o ego transcendente também pode ter um caráter pessoal, isto é, que sou capaz de pensar *nesse* ego como *meu* ego. Em *SN*, Sartre, por conseguinte, separa a questão de saber se a consciência é pessoal ou impessoal da questão de saber se ela é habitada por um ego tendo uma relação de pertencimento com o estado da consciência. Em *A transcendência do ego*, essas questões foram identificadas.

Sartre acrescenta então (103-104/148-149) outra dimensão teleológica à autorrelação que a presença a si compreende, a que ele chama de *ipseidade*, *ipséity*, e descreve como "o segundo aspecto essencial da pessoa" (104/148). Anteriormente, no capítulo 1, Sartre afirmara (como veremos no § 17) que o para-si se orienta necessariamente para si *como* autocoincidente. A ipseidade consiste em minha relação com essa entidade ideal, na medida em que ela se apresenta a mim como ausente, uma "*presença-ausência*" (103/148). Daí deriva a noção de si do sujeito como sendo perpetuamente "referida a", *renvoyé*, além de sua apreensão.

Na medida em que me projeto em direção a esse Eu metafisicamente ideal, preciso fazê-lo *via* o mundo: com efeito, é devido a essa projeção que *há* um mundo, e que esse mundo é em alguma medida "meu" mundo (104/148-149). À estrutura pela qual procuro retornar a mim mesmo através do mundo, atravessando a totalidade do ser para atingir identidade comigo mesmo, Sartre chama de "circuito da ipseidade", *le circuit d'ipséité* (104/148; cf. tb. 102/146-147).

§ 15 Reflexão [parte II, cap. 2, seção III, 150-158/196-205; 208-231]

A teoria do eu que acabamos de esboçar diz respeito à consciência pré-reflexiva. O que ainda falta na teoria do eu de Sartre é uma explicação da reflexão (*réflexion*, no sentido de *refletir*), e isto é fornecido posteriormente, na seção III do capítulo sobre a temporalidade.

A existência da reflexão é de fato encontrada, mas precisamos perguntar, em primeiro lugar, porque é preciso haver semelhante estrutura, e em segundo lugar, como isso é possível (150-152/197-198). A consciência reflexiva, afinal, não está diretamente implicada pela existência da consciência pré-reflexiva, uma vez que esta última não se sujeita ao princípio *esse est percipi*. Tampouco podemos compreender a relação da reflexão com a consciência refletida, originalmente, como a de um sujeito pensante com uma representação: se fosse assim, então ambas pertenceriam a diferentes níveis de ser, e a reflexão deixaria de abarcar a autorrelação. De modo mais geral, a consciência reflexiva e pré-reflexiva exemplificam o padrão de dualidade-na-unidade que vimos no contexto do *reflet-reflétant* (§ 14): sua unidade não pode ser apreendida como composta de duas existências independentes (o que tornaria sua relação externa, e destruiria a certeza que caracteriza a intuição reflexiva da consciência de alguém), e ainda assim não pode confundir-se com uma total identificação (o que faria a reflexão resumir-se à consciência reflexiva) (151/197-198).

A fim de apreciar inteiramente a força das questões transcendentais de Sartre concernentes à reflexão precisamos reconhecer por que a concepção comum de reflexão, que nos permite supor que compreendemos o que existe e por que existe, nos termos de Sartre, é inadequada. Nossa concepção comum da reflexão é a de um *médium epistêmico*: a reflexão é *aquilo que permite* ao sujeito dos estados mentais adquirir *conhecimento* de seus estados mentais. Sartre, como vimos no § 3, rejeita a noção de que a reflexão explica a possibilidade do autoconhecimento, sustentando que a questão sobre o que torna o autoconhecimento possível conduz, em última instância, não à reflexão, mas à *consciência (de) si*. Como vimos também no § 8, ele vê as relações epistemológicas como secundárias e derivativas, do que se segue que ele proponha que o autoconhecimento não pode ser usado para explicar a reflexão sem que se assuma erroneamente o "primado do conhecimento".

No entanto, a existência da reflexão não se deve meramente a alguma causa independente, mecânica, não consciente, e se ela não é nem um produto da causalidade eficiente, nem explicada por referência a um fim epistemológico, a única possibilidade é que sua explicação resida em algum outro fim, não epistemológico.

Sartre fornece a seguinte explicação de que fim se trata em 153-154/199-200. A consciência pré-reflexiva suporta o que ele chama de "uma dispersão original" (153/199). Porque a estrutura do *reflet-reflétant* é evanescente, o para-si é obrigado a buscar seu ser em outro lugar, mas descobre que – em sua presença para o ser-em-si e no fluxo de sua temporalidade – ele "perdeu-se fora de si mesmo" (153/200). De acordo com isso, o para-si visa "recuperar ser" e, para tanto, emprega a *reflexão*: a reflexão é o meio pelo qual o para-si "tenta pôr-se dentro de seu próprio ser" (153/200) recolhendo-se numa *unidade* e *comportando-se* como totalidade. O fim do para-si na reflexão, assim, é fazer de si mesmo "um *dado*, cuja finalidade é o que existe" (153/200). Se essa tentativa fosse bem-sucedida, o para-si seria "para si mesmo como um objeto-em-si" dentro de sua própria interioridade (154/200). Na reflexão, portanto, o sujeito está tentando ser sua própria fundação – o olhar reflexivo visa criar o para-si como um objeto com o qual o próprio olhar seria idêntico. A "objetivação" e a "interiorização" de si mesmo (154/200) para que o para-si visa na reflexão, porém, não pode ser alcançada, em primeiro lugar porque a reflexão mesma não é atemporal, mas se dispersa no fluxo da temporalidade, e em segundo lugar, de maneira mais geral, porque a reflexão é ser-para-si e como tal sua própria estrutura é não idêntica ao eu (cf. a última proposição dessas ideias em 298/359-360).

Nas passagens que se seguem (155-158/201-205), Sartre analisa a distância de si mesmo que a reflexão envolve, as leis e limites do autoconhecimento e o sentido mudo no qual o refletido, *le réfléchi*, está "fora" da reflexão. No § 24, veremos como essas considerações fornecem a base para a representação (equivocada) de si mesmo como objeto "psicológico".

Nossa representação natural da reflexão, portanto, é também falha ao sugerir que ela envolve "uma adição de ser" na forma de uma faculdade extramental ou série de representações mentais: em vez disso, devemos pensar nela como "uma modificação intraestrutural" do para-si (153/199), cuja possibilidade está contida na estrutura *reflet-reflétant* da consciência pré-reflexiva. A modificação efetuada pela reflexão volta a mobilizar o nada que habita a consciência pré-reflexiva, aniquilando a unidade *reflet-reflétant* em prol de uma unidade superior (mas inacabada) (152/199). A explicação de Sartre permite que vejamos que a consciência pré-reflexiva e a reflexiva compartilham uma estrutura, implícita na primeira e explícita na segunda, e que uma única relação reflexiva, personalizada, está envolvida em ambos os tipos de consciência: ela aparece na consciência pré-reflexiva como a estrutura do *reflet-reflétant*, e na reflexão como a estrutura *réflexif-réfléchi* (153/100). O problema que encontramos em *A transcendência do ego*, a saber, que Sartre deixou sem explicar por que a reflexão deveria criar um "Eu", está assim resolvido. A consciência pré-reflexiva e a reflexiva se referem, retroativamente, a um terreno teleológico unitário, mais básico, o qual, por sua vez, realiza-se originalmente como consciência pré-reflexiva, e então, porque isto não a deixa mais perto de seu fim projetado, como consciência reflexiva. Esse terreno fornece o *explanans* da reflexividade em geral. O para-si, deste modo, é uma *unidade orgânica*, mas somente uma unidade orgânica *aspirante*, *suposta*, não um todo acabado.

§ 16 Facticidade [parte II, cap. 1, seção II]

Em um nível o termo facticidade se refere à condição do para-si de ser *situado na particularidade*: a facticidade, nesse sentido descritivo, é simplesmente o que é exemplificado pelo fato de eu ser/estar aqui nesta mesa neste bar, de eu ser um burguês francês em 1942 ou um trabalhador de Berlim em 1870, ou um garçom, e não um diplomata. Desse modo, a facticidade abarca nossa inserção física, espaçotemporal no mundo e todas as relações particulares interpessoais, sociais, culturais, institucionais, políticas e históricas nas quais cada um de nós está. Mas Sartre também tem em vista o conceito como se referindo, de maneira mais abstrata, à *necessidade* de nós sempre estarmos situados na particularidade, e de maneira explanatória, referindo-se ao *o que há* no para-si (concernente a seu ser e estrutura) que necessita desse caráter situacional particular. Este último é o que tenta Sartre explicar na seção II. É ao afirmar a facticidade, nesse sentido, que Sartre pretende expressar a verdade, o que ele supõe que o idealismo deixa de apreender, no que concerne à maneira apela qual o sujeito humano se vê existindo em um nível de particularidade (inexplicável, "injustificado"). (O conceito de situação que se acabou de empregar para explicar a facticidade aparece à frente do tempo, uma vez que, estritamente, na análise de Sartre, "situação" é o que resulta da conjunção da facticidade com a *liberdade*; assim, a seção na parte II apenas começa a discussão da facticidade, a qual é retomada e completada na parte IV; cf. § 33.)

Nós aprendemos nossa facticidade, no sentido do terreno transcendental de nossa "situacionalidade" particular, ao unir nossa contingência à sugestão antropogenética de Sartre de que o ser-para-si tem seu ser-em-si negado (§ 9). A (difícil) linha de raciocínio que Sartre apresenta para unir essas duas ideias se inicia com seu axioma (§ 3) de que o para-si apreende "a si mesmo como não sendo sua própria fundação", e portanto, como um existente contingente (79/122). Essa intuição é incorporada no *cogito* reflexivo de Descartes e dirige sua prova cosmológica da existência de Deus, mas Sartre argumenta que o ser autofundante ou necessário é uma noção contraditória (80-81/123). Se o ser necessário é impossível, ele não pode fornecer a fundação de meu ser contingente. Porém, Sartre não permite que a investigação se interrompa aqui, como poderia parecer que deveria – nossa contingência precisa ser, e pode ser de alguma maneira explicada, conforme ele pensa. Ora, o para-si apreende a si mesmo *também* como ser autonadificador, "a fundação de sua própria nadidade" (80/123), e isto nos permite dar um passo além do mero reconhecimento de nossa contingência, possibilitando que seja aplicado o esquema teleológico do "mito" da nadificação, de Sartre: "o Para-si é o Em-si que se perde como Em-si para fundamentar-se como consciência" (82/124; 131). E isto, finalmente, permite que vejamos por que, em um nível transcendental, o para-si deve sempre necessariamente estar situado na particularidade. Minha "situacionalidade" particular é sempre uma instância da contingência – pode haver razões pelas quais estou trabalhando como garçom, mas elas não recuam até o que é ser um para-si; *qua* meu ser como um para-si, meu ser-como-garçom é uma questão contingente. E essa contingência minha *é apenas* a contingência do *em-si* [*in-itself*], ontologicamente deslocada e *reexpressa* no nível do para-si, o qual ele se tornou: "o esforço de um em-si de encontrar a si mesmo" faz emergir a "necessidade factual", *le necessite de fait*, do para-si; a facticidade "é o que *resta* do em-si no para-si" (84/127).

Essa minha facticidade contingente, acrescenta Sartre, não pode jamais ser plenamente "realizada" ou aprendida "em sua nudez bruta" (83/126) – apreender minha contingência como mera obtenção de certos fatos, e nada mais, seria me constituir como bloco de em-si. Posso apreender minha facticidade "somente ao recuperá-la na subestrutura do *cogito pré-reflexivo*", pelo qual confio a ele "seu significado e sua resistência" (83/126). Não obstante, a facticidade é o que assegura que a consciência não pode "escolher suas ligações no mundo da mesma forma que as almas na *República* de Platão escolhem sua condição"; o para-si não pode determinar a si mesmo a ter, por exemplo, "nascido um burguês" (83/126).

A facticidade, note-se, é indiferente à escolha. Necessariamente, começamos a fazer escolhas sob condições, como a era histórica na qual vivemos, que não escolhemos, mas fazer escolhas não *reduz a quantidade* de nossa facticidade: os conteúdos de minhas escolhas assumem particularidades oferecidas pelo ser do mundo à minha nadidade, e desse modo, sempre pressupõem a facticidade. A contingência seria superada, e a facticidade eliminada, somente se o *ser* dos objetos de (todas) as minhas escolhas fossem minha criação. (A concepção de Sartre de "escolha original do eu", como veremos no § 34, totaliza minhas escolhas e lhes confere necessidade em relação *uma com a outra*, mas ela não afirma o *ser* de meu mundo como questão de escolha, e assim não entra em conflito com sua teoria da facticidade.)

A concepção de facticidade de Sartre, como veremos no § 31, conduz diretamente à sua explicação da corporeidade.

§ 17 Falta e valor [parte II, cap. 1, seção III]

A seção III visa explicar o valor, *la valeur*, como característica do mundo, e de estabelecer a base para a teoria motivacional à qual chegaremos no § 38.

A seção se inicia (85-89/128-133) fornecendo um aprofundamento crucial e um esclarecimento de sua metafísica do nada, na qual o nada do para-si é redeterminado como (uma) *deficiência* ou *falta de ser, (un) défaut* ou *manque d'être*.

A apresentação do argumento por Sartre sugere que ambas as direções estão envolvidas na transição do nada para a falta. Por um lado, ela deve ser compreendida como um movimento lateral, uma extrapolação do que está *implicado* por nosso ser nada, e por outro, como um movimento para baixo, para um nível explanatório mais profundo.

Sartre começa nos lembrando que o para-si permanece numa relação de dependência ontológica negativa com o em-si. O para-si "está perpetuamente determinando a si mesmo a não ser o em-si", o que significa que o para-si pode se estabelecer "somente em termos do em-si e contra o em-si" (85/128). E isto imediatamente revela, sustenta Sartre (86/128-129), que o para-si é uma falta de ser: se o para-si existe, não em virtude de se tornar não-ser no em-si, então o para-si existe (somente) na medida em que não possui, isto é, carece, do ser do em-si.

E, ao mesmo tempo, o relato teleológico dessa origem fornece outro ângulo, a partir do qual o para-si pode ser apreendido diretamente como instância da falta, e em *consequência* disso, também como nada. O relato teleológico estabelece o para-si como falta com base em que esforço do em-si não é dar nascimento ao ser-para-si *por si próprio*, mas *para se livrar da contingência*, e com isso, fundar a si mesmo (84/127). Disto se segue que o ser do para-si é constituído já na primeira instância, por meio de um fim que sua existência deixa de perceber: o para-si existe para que o ser se livre da contingência, mas seu ser é tão contingente quanto o do em-si, de modo que ele existe como o *não* cumprimento de um fim. O para-si, portanto, existe como um estado de coisas consistindo em algo ser não atingido ou faltar, isto é, ele existe como *defectivo* e, portanto, como algo que existe *negativamente*.

Isto é suficiente para introduzir a categoria do valor, em termos indefinidos. Na medida em que o para-si é uma falta, o valor positivo é estabelecido com base naquilo que falta, e o valor negativo do ser da falta. No entanto, Sartre fornece uma explicação completa (90-95/133-139) do caminho que conduz da falta do ser do para-si para sua consciência concreta de valor no mundo, ao longo do qual o conceito de para si como "Eu" ao qual nos referimos previamente, em § 14, é introduzido e revela sua importância.

Se o ser-para-si é falta, o que exatamente é o que falta (*le manqué*)? Em um sentido, é claro, é simplesmente o cumprimento do fim original do em-si, a saber, "serem-si livre de contingência e autofundante". Mas uma vez o ser-para-si tendo passado a existir, determinando e fundando a si mesmo de maneira autônoma e em acordo com a natureza negativa com a qual ela se descobre, o objetivo da falta é reformulado e deve ser novamente especificado: aquilo de que o para-si carece, argumenta Sartre, é a si mesmo *como* ser-em-si, "ele próprio no modo de identidade", autocoincidente, *le soi comme être'-en-soi* (88-9132). Sartre se refere a isto (como vimos no § 14) como "Si", *Soi* (100/145).

Esse "objeto" deve ser redescrito de maneira mais refinada: o que o para-si deseja não é que ele deva "perder-se no em-si da identidade" – essa consciência deve ser nadificada –, mas que seja preservado *como* para-si na condição do ser-em-si, em outros termos, que "seja esse si como ser substancial" (90/133). O que seria exigido, então, a fim de que o para-si continue a levar o projeto original do em-si do qual ele é o pretenso veículo, é "a impossível síntese entre o para-si e o em-si" (90/133). Nosso conceito comum, pré-filosófico de semelhante totalidade, uma que "combina em si as incompatíveis características do em-si e do para-si", observa Sartre, é *Deus*, um ser que funda a si mesmo e combina absoluta autoidentidade com autoconsciência.

Pode parecer natural negar ao para-si-como-Si qualquer *status* ontológico, precisamente porque ele é não realizado e não realizável, e Sartre se refere a ele como um "sentido", *un sens* (87/130) – é o "sentido do fato faltante da fundação" (89/132), o próprio sentido *da* consciência, mais do que um sentido conferido *pela* consciência (91/134). Pode-se supor que isto a tornaria categoricamente não ontológica, mas Sartre insiste que não se pode escapar ao compromisso ontológico (90-91/134). Uma forte razão para isso é que, a menos que o para-si-como-Si possua ser de algum tipo, ele não pode ser visto como algo *transcendente* para o que o para-si se dirige, e deve em vez disso ser visto como "mera ideia", contrariando o programa de Sartre de explanação filosófica no nível da estrutura ontológica, em lugar da representação subjetiva. Conceber a falta em termos de uma relação intológica pela qual o para-si se projeta para o si mesmo-como-si – nenhum termo da relação sendo capaz de existir sem o outro, e nenhum deles possuindo prioridade sobre o outro (91/134) – permite a Sartre sustentar que descobrimos aqui "a origem da transcendência" em geral (89/132).

O *status* ontológico do para-si-como-Si fornece a base para a explicação de Sartre do valor e de nossa consciência dele. Se o para-si-como-Si possui ser, não é nem ser-em-si nem ser-para-si, e portanto, pertence à ontologia plena, mas não pode ser comparado nem às entidades que compõe o mundo-objeto diferenciado, nem aos "degradados" pseudosseres que compõem o que Sartre chama de "psíquico" (cf. § 24). O único e peculiar modo de ser do para-si-como-Si corresponde exatamente – como mostra Sartre em detalhe – àquele do valor (92-95/136-139). Por valor Sartre não compreende nada especificamente moral, mas simplesmente qualquer coisa que exerça um poder normativo sobre o sujeito, os correlatos de seus projetos. A tese de Sartre aqui, além disso, diz respeito não ao valor como objeto da consciência *tética* – os valores que admitimos, sustentamos, pretendemos conhecer etc., o que pressupõe reflexão (95/138-139) –, mas ao valor como dimensão *não* tética, *pré*-reflexiva de nosso ser-no-mundo. Nesse ser primordial o valor "assombra" o para-si, "é consubstancial com ele" sem ser posto por ele e estar "fora do alcance" (94-95/138-139). Como Sartre o afirma posteriormente, o valor é "um ser-fantasma que ronda e penetra cada vez mais o para-si" (203/254).

Outro caminho, independente e corroborativo, para a conclusão de que o para-si é falta, segundo Sartre, é fornecido pelos fenômenos do desejo e do sofrimento, análises dos quais são intercaladas na seção III (em 87-88 q. 130-131 e 90-92 q. 134-136, respectivamente; cf. § 24).

A teoria do desejo de Sartre mostra de maneira especialmente clara como seu idioma ontológico contradiz a arraigada tendência do pensamento comum e do pensamento filosófico a psicologizar, de maneira redutiva, características da subjetividade humana. Segundo Sartre, é falso que carecemos *apenas na medida em que* desejamos sem satisfação, cuja implicação seria que nossa carência se *reduz a* nosso desejar. Em vez disso, nós apenas desejamos, em geral, porque nós *existimos* como instâncias do fato de alguém estar "faltando" [*missing*], num sentido comparável àquele no qual a lua crescente existe como carecendo de um quarto. De modo similar, e ainda mais amplamente, a teoria da falta de Sartre permite que a transcendência seja aprendida como uma estrutura ontológica *objetiva* do para-si: como Sartre o apresenta, o para-si "está indissoluvelmente ligado ao ser-em-si, não como um pensamento a seu objeto [...[, mas como uma falta em relação ao que define sua falta" (89/133). Isto, note-se, ressalta a realidade da transcendência asseverada na prova ontológica de Sartre (§ 5): não é meramente que nós *vemos* a nós mesmos como transcendendo em direção aos objetos; nosso "aspirar ao ser" é um evento que pertence à realidade e não meramente à nossa subjetividade. A afirmação de Sartre do caráter objetivo das estruturas do para-si ilustra sua identificação dos pontos de vista de perspectiva e absolutos discutidos no § 13: em nossa existência como uma falta de ser que aspira ao ser, a maneira pela qual as coisas se encontram na visão interna do sujeito humano, e a maneira pela qual elas se encontram na visão de parte alguma [*view from nowhere*], coincidem.

Embora Schopenhauer não seja nomeado, é claro que nas passagens sobre o desejo e o sofrimento Sartre está conscientemente retrabalhando a tese daquele sobre a necessidade e ubiquidade do sofrimento humano, numa forma que retira os elementos empiristas da posição de Schopenhauer, e sobre uma base que se pode considerar mais rigorosa. O sentido no qual o ser-para-si *como tal* é sofrimento, segundo a explicação de Sartre, é bastante independente de qualquer introspecção de uma qualidade hedonista negativa presente em nossa experiência e, em vez disso, liga-se *a priori* com o que significa estar consciente de um mundo. (Sartre se refere nesse contexto à "consciência infeliz", *la conscience malhereuse*, da *Fenomenologia do espírito* de Hegel, 90/124, a qual ele reinterpretou como não racionalista. Os termos de Schopenhauer, como uma condição inescapável, mais do que como condição dialeticamente superável.)

No § 38, seguiremos as implicações da teoria do para-si-como-Si de Sartre, e no § 44 discutiremos brevemente as condições para o valor ético. (*SN* não dedica uma seção separada para o valor estético, embora contenha muitas observações sobre questões estéticas: de particular relevância é a explicação de Sartre em 194-195/244-245 sobre a beleza como "uma realização ideal do para-si" ou "realização imaginária de mim mesmo como uma totalidade em-si e para-si".)

§ 18 Possibilidade [parte I, cap. 1, seção IV]

A discussão de Sartre sobre a possibilidade corre de maneira estreitamente paralela a seu tratamento da negação. Possibilidades, tanto no reino humano quanto no do fato empírico extra-humano, são fornecidas a nós como realidades transcendentes concretas, e a consciência destas é pressuposta pelo conceito abstrato de possibilidade e pela forma correspondente de juízo modal. Análises da possibilidade reduzidas ao aspecto subjetivo ou epistêmico – as de Leibniz e Espinosa – são de qualquer modo excluídas, pois elas são ou circulares ou deixam de distinguir possibilidades de outros estados de coisas, não modais. Por outro lado, segundo argumenta Sartre, a possibilidade não pode ser concebida como tendo sua fonte no ser-em-si atual. Análises realistas da possibilidade em termos das potencialidades aristotélicas, portanto, devem ser rejeitadas.

Por eliminação, portanto, a possibilidade deve ser novamente buscada em características *a priori* da subjetividade humana. A metafísica de Sartre mostra que a possibilidade é inteligível da seguinte maneira. Em primeiro lugar, a possibilidade pressupõe a nadificação, como notado no § 9, e seu surgimento no mundo se torna mais inteligível, segundo Sartre, em termos da estrutura do para-si como falta. Como vimos no § 17, o para-si é uma falta de autocoincidência à qual corresponde o para-si-como-Si, e a projeção do para-si de si mesmo em direção a essa quase-entidade na forma de desejos por objetos do mundo, afirma Sartre, é o que faz que "o Possível" surja no mundo (100-102/145-147). A estrutura da possibilidade, desse modo, deriva de minha autorrelação, a elação interna de mim mesmo-como-falta para mim mesmo-como-repleto: "O possível é o *algo* de que o Para-si carece *para* ser si mesmo" (102/147). (A ontologia de possíveis de Sartre, por sua vez, contribui para sua teoria da ação e da liberdade: cf. § 32.)

§ 19 Conhecimento [parte II, cap. 3, seções I e V]

O tratamento de Sartre à questão do conhecimento, no capítulo 3 da parte II, é em importante sentido não epistemológico. A questão que ele enfrenta não é de *saber* se temos conhecimento, *pace* o cético, nem a das condições sob as quais é *racional* formar crenças com qualquer grau de confiança epistêmica, a tarefa de uma teoria da crença racional. Em vez disso, ele está preocupado com *o que é* o conhecimento. A relação de conhecimento é considerada por Sartre uma abstração de nosso interesse normativo na formação da crença, e o resultado é uma *metafísica da cognição*, como distinta, no sentido usual do termo, de uma teoria do conhecimento. Tal como ele o apresenta, "o conhecimento é reabsorvido no ser" (216/268), e "o problema *ontológico* do conhecimento é resolvido pela afirmação do primado ontológico do em-si sobre o para-si" (619/713).

Pelo fato de a concepção de consciência de Sartre, o que já foi explicado, ser a de uma relação não mediada e internamente sem estrutura com um objeto transcendente, a qual é além disso consciente de si mesma como tal, não há nada mais que precise ser feito, ou dito, segundo o entendimento de Sartre, no que concerne à possibilidade básica do conhecimento. A cognição não envolve um processo de dois estágios de, por exemplo, primeiro sentir e depois ter de trazer os conceitos sob os dados dos sentidos, ou tornar esses dados claros e distintos, ou conferir-lhes unidade apropriada; assim, não há nada em Sartre que corresponda à abstração empirista, à teoria racionalista da inspeção de ideias ou à síntese kantiana. O que Sartre acrescenta e fornece em seu tratamento do conhecimento é uma explicação do motivo pelo qual deve ser verdadeiro, em primeiro lugar, que haja essa consciência transcendente, e em que ela consiste, em termos gerais. (Note-se que, por Sartre rejeitar a análise causal da intencionalidade, está excluído para ele que o conhecimento seja meramente uma relação empírica com uma camada normativa distinta.)

Transcendência como estrutura da consciência é explicada por Sartre como uma estrutura do para-si: a consciência intende um objeto *porque* a teleologia do para-si exige sua transcendência, um dos aspectos da qual é o *conhecimento* do objeto. O conhecimento é "intuição", "a presença da consciência para a coisa" (172/221), e essa presença imediata – a qual, explica Sartre, deve ser compreendida negativamente: a consciência designa a si mesma como *não* sendo esse objeto (cf. § 10) – é requerida pelo fato de o para-si ter de produzir a si mesmo originalmente "no fundamento de uma relação com o em-si" (172/220), isto é, para constituir a "si mesmo como *não* sendo a coisa" (174/222).

O conhecimento, portanto, para a concepção de Sartre, não constitui uma relação suplementar entre seres preexistentes, nem tampouco uma atividade, atributo ou função, mas um "modo de ser" do sujeito (174/222), idêntico com a emergência do para-si e, como tal, "um evento absoluto e primitivo" (216/268).

Isto leva Sartre, como ele reconhece, a concordar com o idealismo sob dois aspectos: o ser o para-si é de fato coextensivo com o conhecimento (216/268), e o conhecimento sofre o impacto da *afirmação* – o ser-conhecido e intencionalmente afirmado do em-si como "mundo" é "o contrário da negação interna" da consciência; tudo se passa como se o ser-em-si houvesse negado a si mesmo e originado o para-si apenas para que pudesse receber a afirmação (216-217/269). O que separa Sartre do idealismo absoluto sobre o qual sua posição aqui se aproxima tanto é, em primeiro lugar, sua insistência em que o processo teleológico testemunhado "existe somente *para* o Para-si" e "desaparece com ele" (217/269); e em segundo lugar, sua tese realista, anticonstitutiva de que o nada é adicionado ao ser por meio de seu ser-conhecido "exceto pelo próprio fato de que *há* Em-si" (217/269), razão pela qual o sujeito humano experimenta a si mesmo como "pesado" e "investido" com ser "de todo lado" (217-218/269-270) em um sentido no qual, acredita Sartre, o idealismo é incapaz de explicar.

§ *20 Realidade empírica [parte II, cap. 3, seções I-IV]*

Com base em sua explicação da cognição e em estreita conexão com ela, nas seções intermediárias do capítulo sobre a transcendência, Sartre fornece uma explicação do mundo-objeto inteligivelmente diferenciado, "a *coisa no mundo*" (198/248). Isto abrange: (1) espacialidade (184-185/233-234, 211-213/262-265); (2) determinação empírica, ou seja, uma coisa empírica ser si mesma e não outra coisa; e ser assim e não de outra maneira (seção II); (3) as características qualitativas e quantitativas da realidade empírica (seção III); (4) sua estrutura temporal, isto é, a temporalidade descoberta *"sobre"* o ser (204/255) por meio da consciência pré-reflexiva, a que Sartre chama de "tempo universal" ou "tempo do mundo", como oposto à temporalidade reflexivamente descerrada do para-si (seção IV); e (5) o próprio *status* "do mundo" como unidade ou totalidade (180-183/228-232). Também incluídas na discussão de Sartre estão a distinção entre o abstrato e o concreto (188-189/238-239), a permanência (193-194/243-244, 204-206/255-257): a abstração e a formação empírica do conceito (193-194/243-244), a potencialidade e a probabilidade (196-197/246-247), o princípio de causalidade (207-208/259) e o movimento (209-214/260-265).

A noção central empregada ao longo das análises de Sartre é a de negação – em termos gerais, a determinação empírica é uma instância da negação "externa" (§ 8) – e uma vez que a negação é a prerrogativa do para-si, é aí que a interdependência entre o mundo e o para-si – sua complementaridade e posições correlatas na ontologia plena (§ 12) – emerge explicitamente.

A explicação fornecida por Sartre é transcendental no sentido de que a realidade empírica, com respeito a suas características formais, é relacionada, de maneira retroativa, a condições ontológicas *a priori*, a saber, as estruturas e modo de ser do para-si. Como notado antes, Sartre não se preocupa em demonstrar a necessidade dessas características no sentido forte de mostrar a *impossibilidade* conceptual de quaisquer alternativas – a impossibilidade, por exemplo, de consciência não espacial do em-si, ou da experiência que não se conforma ao princípio da causalidade. O que suas análises mostram, em vez disso, é a maneira pela qual as características formas da realidade empírica e as estruturas do para-si se interligam, e como o último torna a primeira inteligível, e isto apoia pelo menos algumas pretensões fracas no que concerne às necessárias condições da experiência: na medida em que Sartre mostra, por exemplo, como a espacialização do em-si é o que *para nós* desempenha o papel de permitir que o ser-para-si se torne co-presente com o ser-em-si, e como o princípio de causalidade reflete a estrutura temporal do para-si, pode-se afirmar que Sartre estabelece a necessidade, ainda que em algum sentido fraco, do espaço e da causalidade para a realidade empírica.

§ 21 Instrumentalidade [parte II, cap. 3, seção III]

A explicação fornecida até agora no capítulo 3 pode sugerir, ou ser consistente com o "primado" do "*representativo*", ou seja, a visão segundo a qual a consciência contemplativa desinteressada do mundo é a condição primordial do para-si (198/248). Sartre nos recorda porque isto deve ser rejeitado: o mundo aparece "dentro do circuito da egoidade [*selfness*]" (198/248) – o percebido "é como um conduto no circuito da egoidade" (192/242) – e com esse circuito o para-si constitui a si mesmo como *falta*, e assim, como *praticamente* orientado.

Isto possui implicações diretas para o modo como o mundo é configurado. A relação do para-si com a falta não pode ser uma relação com um objeto *dado* – por assim dizer, a falta seria então uma relação *externa*, isto é, não o próprio falt*ar* do para-si. Sartre admite que um tipo privilegiado de reflexão (pura) (cf. § 43) pode apreender diretamente o ser-para-si como falta, mas para a consciência *pré-reflexiva*, isto é, a consciência do mundo, a falta pode aparecer "somente na projeção", como estrutura transcendente. Isto explica a identificação empírica de faltas determinadas *particulares*, em outros termos, a população do mundo com *tarefas*, "vazios a serem preenchidos" pelo para-si (199/249-250).

As coisas, portanto, de maneira equiprimordial com o fato de serem objetos do conhecimento, são também *instrumentos* ou utensílios (200/250-251). A explicação kantiana de Sartre da realidade empírica, assim, integra-se com uma explicação heideggeriana do mundo como uma matriz instrumental – ambas as quais Sartre pode pretender ter provido de uma nova (e *unificada*) fundação.

§ 22 *Temporalidade [parte II, cap. 2, seções I-II]*

A discussão da temporalidade por Sartre é bastante detalhada, mas culmina numa tese que pode ser resumida como segue: O tempo deve ser compreendido em termos da temporalidade ("original"), uma estrutura do para-si, e a temporalidade original, por sua vez, deve ser compreendida em termos da reflexividade do para-si, especificamente, sua "temporalização" do si mesmo. Os seguintes pontos são básicos para sua discussão desse tópico:

1) Realismo, argumenta Sartre (107/155, 124/168), conduz à conclusão de que o tempo não existe, uma vez que ele mostra que o passado não existe mais e o futuro ainda não, enquanto a realidade do presente incorrerá no paradoxo da divisão em infinitesimais.

As restrições que Sartre inflige ao realismo são questionáveis, mas seu argumento mais sutil e mais efetivo na justificação de sua rejeição do realismo sobre o tempo é que (de acordo com a regra básica do método de Sartre) uma concepção inteligível do tempo, e de que nenhum dos materiais disponíveis para o realismo é adequado a esse propósito. Nossa consciência do tempo não deve se restringir à observação de sua passagem contínua – como alguém observa o movimento de um relógio de pulso ou o avançao de uma barra de progressão. O tempo não é um *objeto* da consciência: a consciência está no tempo e o tempo na consciência. Além disso, necessariamente temos consciência do tempo como *articulado* em três dimensões – lá atrás está o passado, aqui o presente, e à frente reside o futuro – e um caráter *dinâmico*: o tempo *passa*, o presente se torna passado etc. Semelhante consciência não pode se tornar inteligível com base nas "representações" atualmente contidas no sujeito – imagens da memória, imagens de estados de coisas futuras etc. – uma vez que uma consciência do tempo antecedente seria exigida para que o sujeito apreendesse essas representações mentais como tendo referência pretérita ou futura (108-109 q151-152, 124-125/169). A consciência do passado e do futuro, portanto, são relações de ser, não de representação (146/192).

2) Derivar o tempo do para-si deixa várias opções em aberto, uma das quais é o tratamento do tempo como condição transcendental do conhecimento objetivo. De maneira consistente com sua posição geral face ao idealismo kantiano, e sua concepção teleológica do ser-para-si, Sartre busca uma base *não* epistemológica para a temporalidade.

3) Sartre sustenta que uma teoria do tempo deve responder à questão de *por que* existe o tempo, de *por que* o tempo possui três dimensões e não outras, e *por que* o tempo consiste num processo de se tornar passado, uma "passagem para o passado" (120/164, 142/188, 144/190). A visão comum, do senso comum do tempo como um meio fluido, invisível, linear ao longo do qual as coisas no mundo passam ou dentro do qual são arrastadas, meramente o toma como um dado, e não é capaz de responder a essas questões. Para que o tempo seja concebido em termos da estrutura "passado-presente-futuro" evidentemente ele não pode ser visto como mero agregado de três elementos independentes. Disto se segue que precisamos "abordá-la como uma totalidade que domina suas estruturas secundárias e lhes confere seu significado" (107/150).

Tendo esclarecido as restrições de Sartre sobre uma teoria do tempo – que ele deve derivar o tempo do para-si, mas não reduzi-lo a uma condição para o conhecimento, e deve explicar porque o tempo existe em geral e o faz de maneira tridimensional – é compreensível que Sartre localize o tempo numa estrutura dinâmica, voltada a fim do para-si, derivando de seu caráter básico como nadificação do em-si. Ele fornece uma explicação não do que consiste para o indivíduo ser consciente de uma sequência objetiva (digamos, uma navio descendo a correnteza), mas do que consiste para um *sujeito relacionar-se* com seu próprio passado, presente e futuro, isto é, para que eu me relacione com algo como pertencendo a *meu* Passado, Presente ou Futuro. As observações precedentes permitem que compreendamos porque isto não significa nem que Sartre esteja descrevendo a "psicologia" do tempo, em vez de pôr uma questão filosófica sobre o que é o tempo, nem que ele tenha "subjetivizado" o tempo, à maneira de Berkeley – certamente, Sartre segue o princípio idealista de que o *fundamento* último do tempo deve se localizar no sujeito, mas está fora de questão, para ele, que o tempo se reduza aos *conteúdos* da subjetividade.

O texto das seções I e II possui uma organização complexa (a seção II do capítulo se ocupa com a construção da temporalidade não original, "psíquica", discutida abaixo no § 24). Após rápido esboço de sua posição no parágrafo de abertura (107/150), a seção I fornece uma descrição fenomenológica, "pré-ontológica" das três dimensões temporais, por sua vez designadas para fornecer uma "clarificação preliminar" e "provisória" do tempo (107/150). O sentido no qual essa seção é fenomenológica, mais do que ontológica, é fraco, porém, uma vez que inclui uma conjunto de conclusões *negativas* no que concerne à ontologia do tempo, com base em sua incompatibilidade com a fenomenologia, e descrições do significado de cada uma das dimensões temporais em termos do que já sabemos sobre a ontologia do para-si:

(1) 112-120/156-164: O significado do passado reside na maneira pela qual um ser que *possui* um passado à maneira do para-si se relaciona com ele como algo pelo qual é responsável e que ele baseia no presente, e que "tem de ser" (114/158) – mas cujo "ser *não é mais* para si", uma vez que não mais existe como *reflet-reflétant*, e assim, conta como "para-si *que se torna* em-si"; o passado é "o que sou sem ser capaz de vivê-lo" (119/163). A relação com o passado, desse modo, exemplifica a fórmula de Sartre da predicação contraditória do para-si: o que eu *fui* é o que tenho de ser para não-ser-isso [not-be-it], e ter não-ser-isso a fim de ser (117/161).

(2) 120-123/165-168: O presente traz o significado mais simples da "presença do Para-si ao ser-em-si" (121/164), um vínculo interno com *todo* ser-em-si, o qual não pode ser analisado em termos do ser de um "instante presente", e que possui o significado de *fuga* diante do ser, uma "fuga para fora do ser co-presente e do ser que ele foi" em direção ao futuro (123/168).

(3) 127-129/172-174: O futuro, como se segue, possui inicialmente o significado de ser o "fora" do presente-e-passado em direção ao qual o para-si foge, e assim do ser "para além do ser" (126/170). Mas, a fim de prover o sentido no qual esse "fora" é além disso *aguardado*, *antecipado* e *irrealizado* – isto é, não simplesmente relacionado como uma "sucessão homogênea e cronologicamente organizada de momentos a vir" (129/174) – o pleno significado do futuro deve ser, conforme argumenta Sartre, o de futuro *para-si*, isto é, de mim mesmo *como serei*. Porém, esse eu futuro não pode, mais uma vez, simplesmente ser um eu de mesmo caráter ontológico que eu sou no modo de meu passado (se estivesse, portanto, "olhando para o futuro" seria indiscernível de olhar para o passado). E assim, afirma Sartre, o futuro deve ser compreendido em termos de sua teoria teleológica do para-si-

-como-Si e "o Possível" (§ 17-18): o futuro é "o ponto ideal" da autocoincidência, no qual o Si "surgirá como a existência em-si do para-si-mesmo" (128/172). Daí o sentido no qual o Futuro está sempre *ainda* a acontecer, inacabado, uma "contínua possibilitação de possíveis" (129/174).

A seção II, oficialmente se movendo da fenomenologia para a ontologia, preocupa-se, em sua primeira subseção, sobre "temporalidade estática" (130-142/175-188), em refutar explicações, sejam realistas, sejam idealistas, do tempo como uma *ordem* formal; e em sua segunda subseção, sobre "temporalidade dinâmica" (142-149/188-196), em ampliar a ontologia das três dimensões temporais de maneira tal a (a) *explicar* os significados do passado, presente e futuro descritos na seção I, e (b) resolver *problemas* suscitados por essas descrições. As passagens em 136-137/181-183 e 147-149/193-196 fornecem o crucial da concepção de temporalidade de Sartre. Aqui, Sartre caracteriza o tempo como "um ato unificador" que possui "a estrutura da egoidade", "a infraestrutura de um ser que tem de ser seu próprio ser" (136/181-182), e o qual "temporaliza a si mesmo" como uma "totalidade incompleta" (149/196). Sartre aplica essa estrutura às três dimensões temporais – ao passado em 137-141/183-187, ao futuro em 141-142/187-188 e ao presente em 142/188 – mostrando que a temporalidade pode ser apreendida como uma "metamorfose" unitária do ser. De particular importância nesse contexto é sua explicação de por que, uma vez que reconhecemos a identidade do tempo com o para-si, as questões transcendentais de por que existe tempo, por que ele possui as dimensões que possui e por que o tempo passa são respondidas: cf. 147-149/193-196.

Sartre pode ser descrito como procurando identificar a "história" que constitui o tempo. Narrativas, como comumente as concebemos, dizem respeito à forma dos eventos *dentro* do tempo, mas a noção de Sartre é que o tempo é definido por uma forma narrativa (ou teleológica) fundamental, que é responsável por ele possuir a forma "passado-presente-futuro".

Um termo emprestado por Heidegger é utilizado por Sartre no capítulo sobre a temporalidade: "ekstasis". significando a condição de permanecer fora de si mesmo (ou, em alguns contextos em *SN*, a tentativa de alcançar essa condição). A temporalidade é a primeira dos três *ekstases* que constituem o para-si, a segunda sendo a reflexão, e a terceira o ser-para-outros (cf. o resumo de Sartre em 298/359). Passado, presente e futuro compreendem as três *ekstases temporais* (137/183).

A importante ideia que acompanha a terminologia do *ekstasis* – o qual, de resto, é meramente um sinônimo para não-autocoincidência – diz respeito à teleologia do para-si. Como vimos, Sartre descreve o telos do para-si como a autocoincidência ou autoidentidade de um Si. Mas suas explicações desse movimento, é sempre preciso lembrar, pressupõem um movimento *anterior* de "fuga" do ser que compreende a teleologia mais básica do para-si e que produz uma tendência inicial para a *desintegração* do para-si – uma multiplicação de partes, afastando-se da unidade em direção à dissociação mútua (mas a qual, como tudo o que diz respeito à teleologia do para-si, não é e não pode ser completa).

Note-se que no final do capítulo 2, Sartre ainda não lidou com a temporalidade "objetiva": esse "tempo universal" ou "tempo do mundo" – o qual é distinto (mas não independente) tanto da temporalidade original quanto de sua "degradada" versão "psíquica" (§ 24) – nós nos referimos a ela no § 20 como pertencendo à teoria da realidade empírica de Sartre.

§ 23 Predicação contraditória do para-si

Como vimos, Sartre emprega muita predicação contraditória para o para-si. A reflexão tanto *é* como *não é* o refletido. O para-si tanto *é* como *não é* seu passado e seu futuro, e tanto *é* como *não é* o ser contingente que compõe sua facticidade. O ser da consciência "não coincide consigo mesmo" e carece de autoidentidade do em--si (74/116), implicando que o para si tanto *é* como *não é* si mesmo. A predicação contraditória voltará a ocorrer no contexto do corpo: eu tanto *sou* como *não sou* meu corpo (§ 31). Nos termos mais gerais, Sartre descreve o ser-para-si como "ser que é o que não é e que não é o que é" (58/97). (Sartre vê o "é" da identidade e o "é" da predicação como vinculados, se não conversíveis entre si, de modo que o que chama de sua tese da predicação contraditória pode igualmente ser chamado de sua tese da não-auto-identidade.)

Essa prática não ajudou Sartre a ser levado a sério por filósofos fora da tradição pós-kantiana, na qual semelhantes formas de expressão são mais comuns, sobretudo por parte de Hegel. Vimos, porém, que as predicações contraditórias do para-si, de Sartre, não são vazias e sem sentido à maneira das predicações contraditórias do em-si: obtêm seu sentido a partir das *teorias* de Sartre das estruturas do para-si, que explicam o sentido no qual a reflexão *é* e o sentido em que ela *não* é o refletido, no qual eu *sou* e *não* sou meu passado, e assim por diante.

Uma importante questão permanece, no entanto. Quando se toma em conta uma explicação apropriada das teorias correlacionadas com as predicações contraditórias de Sartre será que a contradição, no sentido estrito, *desaparece*? Em outros termos, a metafísica de Sartre pode ser reexpressa de uma maneira que *elimine* a contradição de sua explicação do que é real? Embora as metafísicas de Sartre evidentemente precisem ser construídas como sendo *elas mesmas* consistentes, logo, livres de contradição, uma questão adicional é saber se essas metafísicas *incluem o enunciado* de que existe um tipo de ser ao qual a *contradição é inerente* (cuja estrutura é *contraditória*). Se esta for de fato a tese de Sartre, então suas elucidações teóricas não eliminam a contradição ao nos dizer como parafrasear de outra forma as predicações contraditórias ligadas ao para-si, em vez de as *pressuporem* e *especificarem*. Se for assim, então dizer, por exemplo, que o para-si é e não é seu passado é expressar uma das maneiras pelas quais o para-si *existe de maneira contraditória*, e quando relativizamos os predicados contraditórios do para-si dizendo que, *sob um aspecto* (*qua* minha facticidade), eu não sou meu passado, a contraditoriedade ainda é necessária para apreender a *relação* de exclusão mútua entre os dois predicados relativizados.

Se Sartre de fato afirma o caráter contraditório do para-si, então esta é uma tese que é distinta e vai além de sua doutrina da multiplicidade de modos do ser, sua metafísica do nada, e de sua tese de que o sujeito humano carece da forma sujeito-predicado: dizer que nós existimos em um único modo, que nosso ser é o do nada, e que nós não somos sujeitos metafísicos de propriedades, não é dizer que as contradições são verdadeiras em relação a nós.

É difícil chegar a uma conclusão a esse respeito. Em apoio à visão de que Sartre é sério no que concerne à realidade da contradição pode-se defender que Sartre molda a contraditoriedade do para-si sobre a ideia de uma contradição que se obtém no em-si. É verdade que a razão pela qual eu tanto sou como não sou meu passado não pode ser extraído por consideração do passado de uma raiz de árvore: "é e não é F" não pode ser verdadeiro de uma raiz da maneira pela qual pode ser verdadeira em relação a mim, entre outras coisas porque, na visão de Sartre, nenhum predicado que seja verdadeiro em relação a mim pode ser verdadeiro de um pedaço de em-si e vice-versa. Mas no nível do significado Sartre pode muito bem estar nos dizendo para compreender o que significa existir no modo do ser-para-si tendo por referência o que seria uma contradição ser verdadeira no em-si, assim como, como vimos nos § 9-10, o conceito de nada de Sartre é semanticamente dependente de nossa apreensão do ser do em-si.

Em segundo lugar, pode-se argumentar que, se o modo de ser do para-si não envolvia contradição, então ele não seria *problemático* da maneira pela qual Sartre insiste repetidamente que é: sem contradição, nosso modo de ser – nosso "tendo-que-ser" nosso ser – pode-se sustentar, não apresenta profunda dificuldade *metafísica*. Sob esse ponto de vista, a contradição é o que torna a existência humana um problema necessitando de solução e fornece o motor motivacional para o para-si.

Devemos, aqui como sempre, estar cientes de subrepresentar a estranheza das concepções de Sartre, mas motivos outros além de timidez filosófica podem nos levar a pensar que se pode fazer justiça ao caráter problemático de nosso modo de ser sem infringir o princípio de não-contradição. O uso da fórmula "é e não é" pode ser visto como sua maneira de destacar os paralelos entre as várias estruturas do para-si, seu partilhamento de certo *forma* que torna o para-si heterogêneo com o em-si, mas que não precisa ser identificado com a obtenção de uma contradição. A predicação contraditória como recurso conceptual traz consigo, além disso, a vantagem heurística de que registra o caráter problemático de *qualquer* predicação do para-si, e assim, lembra-nos que o sujeito humano não é um sujeito de propriedades. Pode-se mesmo especular se a contradição consegue capturar o caráter problemático, internamente dinâmico do modo de ser do para-si: se uma contradição é determinadamente verdadeira em relação a mim, não é isto um tipo de estabilização conceptual final, permitindo meu repouso? Pode-se defender fortemente, portanto, que se deixe a contradição fora do quadro interpretativo final.

Vale notar o quão estreitamente essa questão se conecta a duas questões metafísicas a respeito das quais nossa visão pode fazer diferença em relação ao que pensamos sobre a contradição sartreana. A primeira diz respeito à relação de Sartre com Hegel. Como notado antes, a predicação contraditória possui um lugar firme e defensável na lógica de Hegel, e se pode pensar que Sartre subscreva tanto ao que diz Hegel sem com isso se comprometer com qualquer objetável (na visão de Sartre) metafísica hegeliana substantiva, então o uso de Sartre da contradição poderia ser compreendido e defendido com bases hegelianas. Há espaço para duvidar que os termos e condições do aparato dialético hegeliano sejam metafisicamente neutros, mas um exame dessa questão nos levaria muito longe.

A segunda é a questão metafilosófica discutida no § 13. Uma maneira natural de retirar a predicação contraditória do para-si é uma explicação meramente de *como devemos pensar*, isto é, como identificando meramente maneiras pelas quais nós *concebemos* e *experimentamos* a nós mesmos (fáctica ou transcendentalmente etc.). Essas concepções ou modos de apresentação podem se superpor de maneira incoerente uma sobre a outra, ou podemos alternar entre elas de tal modo que às vezes pareça para mim que uma é verdadeira (que eu sou meu passado) e outras vezes que a outra o é (que eu não sou meu passado). Sartre, é claro, não está se posicionando de maneira neutra sobre essas concepções e se limitando a observar nossos padrões de pensamento: ele está afirmando sua *necessidade* interdependente, e assim, também *endossando-as*, isto é, afirmando que, *em relação aos fenômenos* de nossa experiência própria e à nossa *capacidade* de autocompreensão, as concepções contraditórias precisam ser aceitas, por essa medida, como verdadeiras. Porém, na leitura exclusivamente perspectiva ou copernicana do projeto filosófico de Sartre, isto não o compromete a localizar essas contradições dentro da realidade: sua tese final, podemos afirmar, é somente que *não podemos conceber ou experimentar* a nós mesmos sem contradição, em outros termos, que a subjetividade humana não pode se tornar teoricamente clara; na realidade, como revelado à "visão de parte alguma", possua ou não o sujeito humano estrutura contraditória, isto não é preocupação de Sartre, e não é nem afirmado nem negado por ele.

§ 24 Psicologia, "fatos psicológicos" e a Psyque [parte II, cap. 2, seção III, 158-170/205-218; 208-231]

A tese de *A transcendência do ego* de que existem duas maneiras antitéticas de abordar o que podemos chamar, de maneira neutra, de "mental" – uma que o assimila aos objetos do mundo, e outra que a apreende mediante a subjetividade e como subjetividade – e de que a primeira consiste numa concepção equivocada, embora fundada numa operação que a consciência natural opera sobre si mesma, é mantida em *SN*, como vimos. Essa tese é tema recorrente nas análises de Sartre, e algumas passagens em particular podem ser destacadas como excelentes exemplos e elementos-chave de sua crítica do que ele chama de "psicológico" ou "psíquico", como contraposta à concepção fenomenológica do mental.

1) Como vimos no § 14, Sartre sustenta que a consciência pré-reflexiva enquanto tal envolve instabilidade teleológica. Quando a estrutura do *reflet-reflétant* é testemunhada no caso do pra-

zer (xxx-xxxi/20-21), obtemos o resultado que o prazer, e nossa consciência do prazer, formam "um ser indivisível, indissolúvel" (xxxi/21), excluindo a possibilidade de separação, mas nenhum dos termos reduzindo o outro. Para que o prazer exista – para que eu sinta prazer – é necessário que eu participe do (mais precisamente: *seja*) movimento de referência mútua dos dois momentos dessa totalidade. Essa peculiaridade do modo de ser do prazer – refletida na maneira pela qual nem posso me abster do prazer, como se estivesse diante de um objeto externo, nem estritamente entregar-me a ele – exclui que o prazer seja concebido como um fato possuindo qualquer semelhança com o fato de um objeto possuir uma qualidade ou possuir conteúdo.

2) No caso da crença, a lei do *cogito* pré-reflexivo fornece o mesmo tipo de resultado, mas com mais complexas implicações (cf. 68-70/109-111 e 74-75/117-118). Crença que p implica consciência-de-acreditar-que-p, e estar consciente de que eu acredito que p é *saber* que acredito que p. Neste ponto, porém, a crença-que-p se converte num suposto *fato* da consciência, uma "determinação subjetiva" de minha mente, separada de seu "correlativo externo", isto é, do próprio p (69/110). E com isso eu me alieno de minha crença, na medida em que ela permanece em *questão* para mim: "Assim, a consciência não tética (de) acreditar é destrutiva da crença. Mas ao mesmo tempo a própria lei do *cogito* pré-reflexivo implica que o ser de acreditar deve ser a consciência de acreditar" (69/110).

Essa característica da crença – sua instabilidade ou caráter "perturbado" (75/117), a necessidade e dificuldade de *manutenção* da minha crença de maneira não causal que nenhum estado de coisas do mundo poderia exigir de mim – não se mostra no caso de crença empíricas tão comuns ("intuitivamente fundadas", na linguagem de Sartre) como o gato está no tapete; mas, segundo

Sartre, é essencial para a possibilidade da má-fé ou autoengano (cf. § 37) e responsável pela maneira pela qual nossas vidas doxásticas [*doxastic lives*] não têm um curso fácil.

3) Também o desejo, sustenta Sartre, exibe uma estrutura profunda que a psicologia do senso comum não reconhece e que a concepção psicológica do mental não é capaz de acomodar (cf. 87-88/130-131, 101-102/145-146, 198-199/248-249, e a discussão sobre o desejo sexual em 382-398/451-468). *Contra* as concepções do desejo seja como força, seja como resposta racional a um juízo sobre a desejabilidade de um objeto, Sartre vê o desejo como tal – mesmo em suas formas pré-reflexivas mais "rudimentares", por exemplo, sede ou desejo sexual – como condicionado e tornado possível pela estrutura da falta metafísica, como notado no § 17 (cf. 101-102/145-146). A falta se torna efetiva do ponto de vista motivacional, afirma Sartre, por meio da negação de si mesmo do para-si: o para si nega a si mesmo *como* falta, a fim de *ser* aquilo-de-que-ele-carece, resultando no "estabelecimento empírico de faltas particulares como faltas *suportadas* ou *sofridas*" e fornecendo "o fundamento da afetividade em geral" (199/249).

As faltas empíricas são reinterpretadas nos termos da psicologia como "*impulsos*", "*apetites*" ou "forças" (199/249). O que mostra que esses enunciados psicológicos são meros "ídolos" ou "fantasmas" (199/249), argumenta Sartre, é a complexidade do objetivo no desejo: ter sede, é claro, é querer beber, mas o objetivo do desejo não é simplesmente o objeto, uma bebida, nem é meramente que o consumo desse objeto seja a causa do desaparecimento do desejo. Em vez disso, a sede procurar *unir-se* com a consciência-de-beber: "O que o desejo deseja ser é um vazio preenchido" que "molda sua repleção como um molde dá forma ao bronze que foi posto dentro dele" (101/146). Nesse sentido, observa Sartre, pertence à teleologia do desejo *perpetuar-se*, não se suprimir ("um homem se agarra ferozmente a seus desejos", 101/146). A riqueza e complexidade do que significa para um sujeito humano desejar, e para seu desejo "ser satisfeito", requer, na visão de Sartre, uma explicação metafísica da qual se segue que a sede "como um fenômeno orgânico, como uma necessidade "psicológica" de água, não existe" (87/130). No § 41 veremos em maior detalhe o que isto envolve.

Uma investigação completa dos tópicos da filosofia da mente tal como abordados por Sartre seria bastante extensa. No capítulo precedente mencionamos os primeiros desenvolvimentos de Sartre sobre a imaginação e a emoção. Como veremos no § 37, Sartre também mobiliza um questionamento crítico ao conceito de caráter, ou em todo caso, a seu suposto emprego explanatório empírico. No capítulo sobre o corpo, Sartre discute extensamente a concepção psicológica da experiência sensorial e o conceito de sensação (310-320/372-383). No que concerne à ação e sua explicação, veremos (§ 32) que ele sustenta, na quarta parte, no contexto de sua teoria da liberdade, que a determinação causal psicológica é estritamente inconcebível, e mais tarde isto é seguido por uma crítica da tentativa de explicar os indivíduos em termos de leis psicológicas (§ 34).

É notável, portanto, e importante para a força de sua argumentação, que Sartre se dê ao trabalho de argumentar em duas direções – tanto no sentido descente, da metafísica para os conceitos comuns do mental, quanto no sentido ascendente, de uma crítica destes para sua metafísica – e ambas as direções precisam ser levadas em conta para avaliar sua posição.

Observa-se com frequência que elementos da visão de Sartre sobre o mental concordam flagrantemente com muitas das observações de Wittgenstein concernentes às peculiaridades lógicas ou à "gramática" distintiva dos conceitos mentais. Mas, ao prosseguir nessa comparação, não se deve perder de vista a diferença de que, na visão de Sartre, os fundamentos da gramática precisam ser redescobertos *nos fenômenos*, e que ele considera que somente um sistema metafísico fornece a terapia que Wittgenstein julga que filosoficamente necessitamos. Em parte isto é porque Sartre considera nossa necessidade de transformação filosófica muito maior do que Wittgenstein supõe que ela seja, mas também porque, segundo o primeiro, os fenômenos mentais só fazem sentido se seu sujeito for apreendido como possuindo a estranha forma metafísica da não-auto-identidade que a parte II tentará expor, e essa forma, por sua vez, só faz sentido, ainda segundo ele, com base em sua metafísica do nada.

O que as análises de Sartre sobre o prazer, a crença e o desejo evidenciam é o caráter complexo, elusivo do aspecto de seres "meus" [*mineness*] dos estados mentais, o qual, segundo ele, a concepção psicológica quer negligencia, quer ativamente despoja do mental para que o sujeito humano possa ser visto como apresentando *explananda* do mesmo tipo que aqueles apresentados por objetos empíricos não humanos; ela concebe o sujeito humano com base no modelo sujeito-predicado, e de maneira correlata, considera verdades sobre o mental como enunciados de fato relacionados aos estados de coisas, os quais se obtêm no mesmo sentido que – e compartilham o modo de ser dos – os estados de coisas não conscientes. O caráter de "meu" do mental se torna, de acordo com isso, uma característica secundária, suplementar, não essencial.

O argumento de Sartre, portanto, é que não meramente essa psicologia comum e científica assume uma visão excessivamente simples do mental, o que poderia ser corrigido por uma maior sofisticação teórica: é que *não há algo* como um "fato psicológico" ou "estado psicológico"[108]. O que há, em vez disso, compreendendo o objeto da psicologia científica, é o campo dos fenômenos *virtuais* que Sartre chama de "o psíquico".

O psíquico recebe seu tratamento mais completo na parte II, capítulo 2, seção III, no contexto da teoria da temporalidade de Sartre, pelo motivo de que é a combinação entre a estrutura de reflexão e a temporalidade que, segundo sua explicação, torna possível a apreensão do si pelo para-si como um existente psíquico.

Sartre fornece uma explicação complexa e detalhada de como o psíquico se constitui: (1) 150-154/197-201: Como vimos no § 15, a reflexão surge com o objetivo de completar uma "objetivação" e uma "interiorização" de si mesmo, a qual contudo não pode ser atingida, uma vez que a reflexão é ser-para-si e sua estrutura é não-idêntica-com-o-si. (2) 159ss./205ss.: O que resulta do fracasso da reflexão em realizar seu telos, em vez disso, é a apreensão do refletido [*reflected-on*] da consciência como uma sucessão objetiva de fatos psíquicos, fixados numa duração que é objeto da consciência tética, chamada por Sartre de "temporalidade psíquica" ou "duração psíquica" e distinguida da temporalidade original da consciência pré-reflexiva, não tética. A reflexão dota o refletido das características do em-si do passado do para-si, como se pusesse a consciência no pretérito (119/163). O erro da psicologia pode ser descrito como o de atribuir ao mental em geral o modo de ser do pretérito. (3) 160-161/207-208: Finalmente, a reflexão corta o vínculo – aprofunda o nada que os separa – entre a reflexão e o refletido, permitindo que o último desça ao nível do ser-em-si.

---

108. Cf. a enfática rejeição da psicologia por Sartre, em "An interview with Jean-Paul Sartre" (1975), p. 8 e 38: "A psicologia não existe"; "Não acredito na existência da psicologia. Eu não fiz psicologia e não acredito que ela exista".

Mais precisamente, isto é o que resulta do tipo de reflexão a que Sartre chama de "impura", "acessória" (cúmplice, *complice*) (155/201) ou "constituinte" (*constituante*) (159/206), à qual ele contrasta a "reflexão pura" (cf. § 43). A "representação degradada" da consciência refletida que resulta da reflexão impura é marcada por um grau de externalidade tal que sua presença à minha consciência envolve um grau de separação de mim mesmo e é próxima a uma "*visitation*" [*visita*] (158/205). Quando o psíquico foi unificado com base no modelo de uma substância com propriedades, de modo que exibe "a unidade coesa de um organismo" (165/213), temos a entidade a que Sartre – em *A transcendência do ego* – chamava de ego, mas que agora ele chama de "a Psique". Sartre recapitula sua análise anterior a respeito em estados, qualidades e atos (162-163/209-211). A Psique apresenta-se indiferentemente de qualquer perspectiva temporal (165/212-213) e convida à "química" mental de Proust (169/217).

Embora não idêntico ao ekstático para-si, Sartre admite que a Psique não pode ser considerada uma ilusão, entre outras coiss porque possui "realidade intersubjetiva": fatos psicológicos fornecem a base para relações concretas entre pessoas e o objetivo de certos atos; meus planos levam em conta o *ressentimento de Pierre por mim*, faço tudo o que posso para *fazer que Anne me ame* etc. (158-259/205-206). Sartre descreve o modo de existência da Psique como "virtual", mas não abstrato (161-163/208-211), e como oscilando ambiguamente entre a mera "idealidade" e o artificial ser de algo "*feito-para-ser*" ["*made-to-be*"] – embora em um sentido um "mundo fantasma", a Psique também constitui uma "*situação real*" do para-si (170/218).

§ 25 A crítica a Freud [parte I, cap. 2, seção I]

A concepção geral do sujeito humano desenvolvida na parte II pode ser destacada retrocedendo-se à discussão de Freud por Sartre na parte I (50-54/88-93).

A crítica de Sartre a Freud é merecidamente bem conhecida. Por meio de um argumento incisivo e sucinto, Sartre afirma dispor de uma teoria psicanalítica. Embora haja muito a dizer em defesa de Freud, não se pode duvidar que Sartre identifica uma característica conceptual da explicação psicanalítica que é genuinamente problemática.

O argumento de Sartre, brevemente, é que a metapsicologia de Freud – seja de *Cs.*, *Pcs.* ou *Ics* [*Consciência, Pré-consciência e Inconsciência*], ou de ego e id – introduz uma divisão radical da mente em partes distintas, que são concebidas como relacionadas uma à outra de maneira semelhante à qual pessoas se relacionam: "Freud cortou a massa psíquica em duas" (50/89), e a psicanálise "coloca-me na mesma relação comigo mesmo que o Outro está em relação a mim", pois ela "introduz em minha subjetividade a mais profunda estrutura de intersubjetividade" (51/90). Sartre nos fornece como ilustração o caso de um analisando que, em termos psicanalíticos, manifesta resistência à uma interpretação do analista a fim de manter a repressão de algum conteúdo mental instintualmente carregado, produtor de ansiedade (51-52/90-91). Com base nessa leitura – que é correta na medida em que Freud pensa que a mente possui partes, e que elas não estão necessariamente integradas e se envolvem em interação dinâmica não transparente –, Sartre argumenta que a explicação freudiana reflete uma confusão conceptual e produz uma mera pseudoexplicação. O ponto crucial do argumento é que qualquer teoria que postula partes distintas da mente para explicar falhas do autoconhecimento assume logicamente a existência de um tipo de "*homunculus*" – um homenzinho, enterrado no aparato psíquico, identificado na versão da teoria psicanalítica considerada por Sartre com o que Freud chama de "mecanismo de censura" – e que, para que esse *homunculus* realize o trabalho explanatório requerido, precisa ser dotado de uma capacidade de racionalidade, o que torna a explicação, afirma Sartre, seja vã, seja incoerente – o postulado homúnculo racional possui todos os atributos da pessoa como um todo e meramente *é* o sujeito consciente sob certa descrição.

Concretamente: O mecanismo de censura, em sua coordenação orquestrada das duas funções de resistência e repressão, requer racionalidade, e, portanto, autoconsciência. Uma vez que se trata de agir em favor da mente consciente da pessoa – ele faz o que faz em prol da paz de espírito do analisando – e uma vez que requer acesso à totalidade seus estados mentais – precisa saber o que está ameaçado, e que caminhos de abordagem constituem uma ameaça, a fim de saber aquilo contra o que é preciso se defender e que medidas de defesa empregar – o censor efetivamente reduplica a pessoa: embora nominalmente seja uma mera parte de uma pessoa, na verdade é indistinguível dela como um todo.

Se, por outro lado, se insiste que o censo carece de racionalidade e é um *mecanismo* genuíno, então a divisão da mente por Freud enfrenta o insuperável problema "de explicar a unidade do fenômeno total (repressão do impulso que se disfarça e "passa" para a forma simbólica), e a fim de "estabelecer conexões compreensíveis" entre suas diferentes partes, Freud será "obrigado a envolver em todo lugar uma unidade mágica vinculando fenômenos distantes diante de obstáculos" (53/93)[109].

---

109. Cf. a discussão crítica anterior da psicanálise, por Sartre, em *Sketch for a theory of emotions*, p. 48-55.

A noção de inconsciente, de Freud, conclui Sartre, repouso sobre um mero artifício verbal, e a postulada divisão metapsicológica da mente não é senão uma tela imposta por uma "mitologia materialista" (*chosiste*) (52/91), por trás da qual reside a pessoa em sua completa unidade e com plena responsabilidade por suas autorrelações duplicadas e todo o comportamento que daí decorre. No que respeita à questão com a qual ficamos – de como podemos esperar explicara a irracionalidade e falhas de autoconhecimento – a resposta de Sartre, em suma, é que falhas de autoconhecimento não são jamais reais no sentido de que poderiam nos forçar a aderir a concepção partitiva do sujeito: são sempre produtos de escolha, aparências reflexivas que o sujeito livremente cria. E no que respeita ao problema filosófico que se pode pensar que isto suscite – o clássico, muito discutido paradoxo de mentir para si mesmo – é isto que a teoria de má-fé, de Sartre (cf. § 37) tentará abordar, tomando o lugar da psicanálise ao desvendar as fontes motivacionais da irracionalidade de uma maneira que preserva a unidade do si [*self*] e a responsabilidade pessoal incondicional (cf. tb., em conexão com isto, a última discussão, em 472-476/550-555 da teoria psicanalítica de Adler).

Sartre tentou aqui uma crítica interna a Freud. Seu sucesso, note-se, não é requerido para o argumento geral de *SN*: estritamente, para ele, as teorias de Freud caem por terra diretamente, uma vez que, como mostrou a introdução, a própria ideia de estados mentais inconscientes é ininteligível. Sartre está disposto a empregar esta objeção bem mais tradicional[110], mas tem razões para se apoiar em Freud em *SN* e para conceder à psicanálise um pouco mais de fôlego. Apesar de tudo, Sartre está enormemente

---

110. Cf. "Consciousness of self and knowledge of self", p. 138-140.

impressionado pelo poder explanatório da psicanálise: ele aprova a tentativa de Freud de uma psicologia profunda, a prática psicanalítica da interpretação dos fenômenos psicológicos e o chamado psicanalítico para empreender a tarefa (ética) de conhecer a si mesmo. Sartre considera, no entanto, que essas realizações são propriamente independentes tanto da concepção partitiva da mente e da metapsicologia naturalista de Freud. O propósito adicional de sua crítica a Freud, por consequência, é duplo: (1) Enfrentar diretamente o desafio da psicologia naturalista em uma de suas mais impressionantes formas explanatórias, e ao enfrentar esse desafio mediante a exibição de um paradoxo lógico, minar ainda mais as credenciais do naturalismo filosófico: a incoerência da topografia objectificada do si [self] de Freud – sua concepção da psique como um agregado de conteúdos mentais, em cujas profundezas um em-si instintivo se traduz em consciência intencional – supostamente mostra mais uma vez a incongruência entre o modo de ser do para-si e a metafísica da forma sujeito-predicado. A teoria de Freud, reconhece Sartre, em grande medida tem continuidade com modos do senso comum de conceber o mental – amplifica e aumenta explicitamente o peso explanatório de noções psicológicas ordinárias, como as de que somos "movidos" pelas emoções, "incapazes de reconhecer" nossos próprios motivos, preferir manter certas questões "fora da mente", e assim por diante – e assim, desacreditando a teoria psicanalítica, Sartre está também destacando elementos proto-naturalistas da consciência ordinária que precisam ser descartados. (2) Preparar caminho para a própria teoria de Sartre da má-fé e sua "psicanálise existencial", na qual o modo psicanalítico de eplicação será novamente ligado à metafísica do para-si. Mais sobre isso será dito nos § 37 e 40.

> Questões para estudo
>
> 1) Com base em que Sartre desenvolve sua teoria das estruturas do para-si, e como sua teoria se relaciona com sua teoria da consciência?
>
> 2) O que é o si [self], segundo Sartre?
>
> 3) Em que consiste a realidade do tempo, de acordo com a explicação de Sartre?
>
> 4) Como compreender a tese de Sartre de que o para-si "é o que não é" e "não é o que é"?
>
> 5) Sartre refuta Freud? De maneira mais geral, possui Sartre uma argumentação efetiva contra a psicologia científica?

(C) Relação com o outro

Por qualquer medida e por mais que se pense na visão pessimista de Sartre no que concerne às relações humanas, o tratamento da relação do para-si com os Outros, na parte III de *SN* é uma obra-prima, com pouquíssimas outras abordagens do tópico na tradição pós-kantiana podendo se comparar a ela.

Sartre inicia com o problema epistemológico da consciência intersubjetiva, o "problema das outras mentes", e dedica bastante espaço a isso. Em termos da ordem usual de abordagem de Sartre, trata-se de uma exceção – como vimos, sua estratégia típica é varrer e dissolver (resolver) problemas epistemológicos *en passant*, ao longo da explicação de estruturas ontológicas. Existe uma razão estrutural para isso. *SN* procede da perspectiva da primeira pessoa, mas a intersubjetividade parece evocar alguma espécie de relaxamento, se não inteiro abandono da conexão de primeira pessoa da reflexão filosófica. Além disso, quando Sartre forneceu sua explicação das estruturas ontológicas do para-si, na parte II, nenhum vestígio do Outro foi descoberto nas estruturas meramente formais da egoidade, facticidade, transcendência, temporalidade e assim por diante. Todos os recursos de Sartre para enfrentar o problema das outras mentes parecem assim ter sido utilizados. A ameaça do solipsismo paira à solta para qualquer um tão firmemente enredado na metodologia cartesiana como parece estar Sartre, e em consequência é imperativo que ele estabeleça a possibilidade da consciência de Outros de *dentro* da perspectiva de primeira pessoa. O próprio enunciado dessa tarefa envolve a profundidade do problema, mas sua dificuldade é ainda mais agravada pelo fato de que Sartre propõe um padrão extremamente alto de adequação para uma explicação do conhecimento de Outros: nenhuma explicação que deixe de explicar como a imbricação mútua do si e do Outro característica da vida intersubjetiva é possível, pode ter qualquer pretensão à nossa atenção, segundo Sartre. Essa rica e exigente concepção do objetivo de uma teoria da intersubjetividade se conecta estreitamente com o fato de que Sartre, seguindo Hegel, está interessado no problema epistemológico do Outro não de maneira isolada, mas como parte de um problema geral concernente à relação *metafísica* do si [*self*] com o Outro. Embora o quebra-cabeças epistemológico seja intensivamente discutido, é em certo sentido mero prelúdio: no alto da agenda de Sartre reside uma demonstração do necessário fracasso, em sentido metafísico, das relações humanas, e da inevitabilidade do conflito intersubjetivo.

§ 26 O problema: ser-para-outros [parte III, cap. 1, seção I]

O capítulo 1 da parte III, "A existência dos outros", contém a abordagem de Sartre do aspecto epistemológico da relação do si [*self*] com o Outro (*Autrui*). A própria solução de Sartre para o problema das outras mentes emerge de uma crítica detalhada de outras soluções, e consiste num argumento por eliminação: ele tenta mostrar que sua explicação deve ser aceita, pois todas as demais explicações fracassam, e porque ela é a única coerente com a metafísica de *SN* (a qual é por isso provida de suporte adicional).

A tarefa inicial consiste em definir o problema em termos apropriados. Sartre introduz o problema das outras mentes na seção I em referência à experiência da vergonha: efetuo um gesto vulgar e, notando que fui avistado, sinto-me envergonhado (221/276).

A análise mostra que a vergonha constitui uma autoconsciência intencional, não posicional, pré-reflexiva, a qual pressupõe, é claro, a existência do Outro. Em sua forma original e primitiva, é *de* alguém *diante* do Outro, e envolve a consciência de mim mesmo como um *objeto* fornecido à consciência do Outro, o qual, por isso, *media* minha relação comigo mesmo. O "aspecto de *meu* ser" descoberto mediante a vergonha (221/275) pertence a uma dimensão do para-si ainda não estudada em *SN*, a saber, o seu *ser-para-outros*, être-pour-l'*autre*. Obviamente, existe uma vasta multiplicidade de propriedades que o para-si pode ter apenas em virtude das relações com os Outros – somente pela mediação de Outros eu posso ser confiável ou não, amigável ou frio etc. Essa dimensão intersubjetivamente constituída do para-si possui a peculiaridade ontológica de que é *do* para-si (o ato vergonhoso é *meu*), mas não *para* o para-si (minha vergonha não é para mim; mas, pelo contrário, *para o Outro*).

A reflexão, conforme argumenta Sartre não pode fornecer a chave para essa consciência. Embora certamente seja possível para mim, em geral, refletir sobre como apareço para os Outros, e por semelhante reflexão induzir a vergonha, no simples caso que ele descreve nenhuma reflexão intervém, e nenhum ato de minha reflexão poderia fazer-me *presente* ao Outro da maneira pela qual experimento estar com vergonha (cf. § 15). Na verdade, "a presença de outro em minha consciência" é "incompatível com a atitude reflexiva" (221-222/276): assim que eu tiver readquirido suficiente autodomínio para refletir sobre meu gesto – o qual, afinal, talvez não fosse tão vulgar – o Outro em sua imediatez foi expelido de minha consciência. O ser-para-outros, portanto, representa uma estrutura distinta e não derivável da reflexão.

Além disso, Sartre enfatiza a ausência de qualquer hiato entre meu eu [*self*] e o objeto que eu sou para o Outro em um caso como a vergonha (que é representativa da estrutura básica da vida cotidiana com Outros). Não é como se houvesse duas coisas separadas das quais sou consciente de maneira independente, por um lado, de mim mesmo como sou para mim, e por outro, uma "imagem" ou representação de mim mesmo na consciência do Outro, que eu preciso conectar uma com a outra para que surja a vergonha: a autoconsciência envergonhada que tenho na presença do Outro não depende de qualquer "operação psíquica concreta" (222/276) de correlação de juízo ou de inferência de mim mesmo com a representação mental de outro. Em vez disso, existe uma consciência *reflexiva* direta e genuína de mim mesmo *através* do Outro, que é o motivo pelo qual sou "tocado como por um pontapé" e experimento minha vergonha como "um tremor imediato que me percorre da cabeça até o pé" (222/276).

Isto imediatamente levanta a questão: como é possível que o Outro esteja envolvido em minha consciência de tal modo a constituir uma experiência como a vergonha, e dotar-me de uma ordem inteiramente nova de ser?

§ 27 Realismo, idealismo e o problema do solipsismo [parte III, cap. 1, seção II]

Ao iniciar com uma autoexperiência envolvendo o outro, como a vergonha, em lugar de uma atribuição direta de um estado mental a outra pessoa, como "João está com dor", Sartre adotou uma abordagem indireta ao problema das outras mentes. Porém, o problema surge da mesma forma: se a vergonha é possível, então precisa ser possível para mim ter consciência, logo, conhecimento, do Outro. Na seção II, "O obstáculo do solipsismo", Sartre procura mostrar que o realismo e o idealismo tornam o conhecimento do Outro estritamente impossível.

(1) Realismo (223-225/277-279): O realismo está obrigado por sua própria definição (§ 12) a sustentar que a consciência dos Outros é produzida pela ação de um mundo ontologicamente independente de minha consciência. Isto, como pensa Sartre, torna o problema de outras mentes insolúvel. As razões são conhecidas da discussão do argumento da analogia: na melhor das hipóteses, o realista pode mostrar que outras mentes são uma boa hipótese, mas essa ideia deixa de acomodar nosso reconhecimento imediato dos Outros tais como presentes a nós, sem mencionar que validam a certeza no que concerne à existência do Outro, que a análise da vergonha evidenciou (cf. tb. 250-251/307-308).

O problema de fundo é que o realista está tentando fazer a consciência de Outros proceder por via corporal, sendo que o corpo tal como o realista o concebe é apenas um objeto físico entre outros, que não tem *intrinsecamente* a ver com a consciência mais do que qualquer outra parte do em-si – como nota Sartre, mesmo se o corpo do Outro está internamente vinculado a uma substância pensante, sua relação com*igo* [*me*] é meramente externa (223/277).

Mesmo que se pudesse mostrar que outras mentes constituem uma conjectura razoável, tudo o que se seguiria é que existem elétrons; não chegaríamos à ideia de que o Outro está *presente* em seu corpo, e é isto – a diferença entre intuir uma pedra ou uma árvore, e intuir "o *corpo do Outro*" (224/278) – que precisa ser explicado.

O caráter meramente provável do conhecimento com o qual o realismo nos deixa não pode ser enquadrado com nossa certeza intuitiva da existência de Outros. O realismo, sugere Sartre, resolve-se assim por meio de "uma curiosa reversão" ao idealismo, quando se confronta com o problema do Outro: o realista não tem escolha a não ser conceder que, no caso do Outro, o *esse* do objeto é seu *percipi* (224/279).

(2) Idealismo (225-230/279-285): Sartre explora com algum detalhe como Kant se posiciona em relação ao problema da cognição intersubjetiva (a qual, na verdade, ele negligenciou), e considera se o Outro poderia ser tratado quer como categoria constitutiva da experiência, como a causalidade, quer como conceito regulatório (226-228/280-283). De qualquer modo, como ele mostra, a situação do idealismo é essencialmente de uma completa falta de esperança em relação a isso, assim como a do realismo. Para o idealismo, "o Outro se torna uma pura representação" (224-279), e mesmo se idealismo puder fornecer fundamentos racionais para que eu desenvolva essa representação – como facilitar a unificação de minha experiência em sistemas coerentes de representação, predição de minhas representações futuras, e assim por diante – ele falhará, no limite, em admitir a possibilidade de uma "relação real" com o Outro: o Outro precisa ser concebido pelo idealismo como real e como sujeito, mas este não é jamais dado na intuição e é sempre pensado como objeto (229/283-284). Se o Outro depende de mim para meu ser, como o idealismo exige de todos os objetos

da consciência, então Eu e o Outro somos tipos metafisicamente diferentes de coisa – eu sou uma consciência em constituição, e todo chamado Outro é um objeto constituído por minha consciência. O que é o mesmo que afirmar que eu sou o único verdadeiro sujeito ou mente, isto é, afirmar o solipsismo.

Assim como o realismo se dissolveu no idealismo, a ameaça de solipsismo "explode" o idealismo, o qual é forçado seja a fazer um apelo desesperado ao "senso comum", seja, de maneira alternativa, a resolver-se no realismo metafísico, ao postular sem garantia uma multiplicidade de sistemas de representações, tomando como modelo a monadologia de Leibniz (229-230/284-285). De qualquer modo, o idealismo se rende ao dogmatismo.

(3) Deus (230-232/285-288): no rescaldo das tentativas realistas e idealistas de explicar o Outro, Sartre identifica seu pressuposto comum: ambos supõem que a relação com o Outro é uma negação externa, isto é, que existe um elemento primordial dado que me separa do Outro, o qual não deriva sua origem nem de mim nem do Outro. Para o realista, esse elemento é da mesma ordem que o espaço que separa os corpos; para o idealista, é o caráter discreto dos diferentes sistemas de representação. Para ambas as explicações, é possível que o Outro me afete somente "por aparecer como objeto para meu conhecimento", logo, reduzindo o Outro, para mim, a "uma imagem" (231/287). O que superaria essa externalidade, nota Sartre, é a introdução de Deus no quadro – Deus, ao criar tanto a mim como ao Outro, estabeleceria nossa relação ontológica interna – embora isto, nota Sartre, ou suscita um novo dilema (como se relaciona Deus comigo, uma vez tendo sido eu criado?), ou nos abandona ao espinozismo (o Outro e eu somos ambos nadificados por nossa fusão na substância divina).

A seção II é chamada de "O obstáculo do solipsismo" porque, na visão de Sartre, realismo e idealismo *conclusivamente* naufragam no problema do solipsismo. Pode parecer que, se tanto o realismo quanto o idealismo nos deixam enredados com o solipsismo, o cético está correto e é impossível conhecer outras mentes. Isto *se* seguiria se o realismo e o idealismo fossem as únicas opções, mas vimos que Sartre acredita que, em geral, sua oposição pode ser transcendida.

§ 28 Crítica de Sartre a seus predecessores *[parte III, cap. 1, seção III, 233-250/288-307; 302-326]*

Seguindo o padrão estabelecido na introdução, Sartre explora um terceiro caminho, entre e além do realismo e do idealismo. O fracasso de ambos mostra que minha "relação original com o Outro" deve ser vista como uma *negação interna*: "a distinção original entre o Outro e eu mesmo" deve ser "tal que me determine por meio do Outro e determine o Outro por meu intermédio" (232/288). Em outros termos, a "conexão transcendente com o Outro" deve ser compreendida como "constitutiva de cada consciência em seu próprio surgimento" (233/288).

Sartre dá o devido crédito a Husserl, Hegel e Heidegger por terem tentado compreender a conexão entre o si e o Outro dessa maneira, e a esse respeito está seguindo os passos de seus predecessores. No entanto, afirmar que o Outro é "constitutivo de minha consciência" é apenas dizer que *espécie* de solução é requerida, e na seção II ele rejeita as soluções específicas dos três filósofos.

(1) Husserl (233-255/288-291): Sartre admite que a solução de Husserl é diferente do idealismo kantiano e constitui uma melhoria em relação a ele. Husserl visa mostrar que "uma referência ao Outro é a condição indispensável para a constituição do mun-

do", pois "o Outro está sempre ali como uma camada de significados constitutivos que pertencem ao próprio objeto que eu considero" – com efeito, para Husserl, "o Outro é a verdadeira garantia da objetividade do objeto" (233/288). Se o Outro for pressuposto e implicado na constituição de um mundo, então eu preciso possuir consciência intersubjetiva antes de qualquer encontro com um Outro particular concreto, e independente dele.

Não obstante, há um problema grave com a explicação de Husserl, similar ao que Sartre já localizara no idealismo kantiano, devido à retenção por parte de Husserl do sujeito transcendental. O argumento de Sartre é que, mesmo se a explicação de Husserl sobre o Outro como condição de objetividade for admitida, isto ainda não significa que o solipsismo tenha sido superado. Dois problemas permanecem no caminho de Husserl. O primeiro diz respeito ao *status* do Outro, que ele mostrou ter sido pressuposto. O sujeito transcendental, em Husserl, como em Kant, está "além da experiência" e é "radicalmente distinto do" si [*self*] empírico (234/289). Disto se segue, argumenta Sartre, que o Outro *enquanto* pressuposto é um mero "meaning (*signification*)", um tipo de "ausência", uma "categoria suplementar" e não um "ser real" (234-235/289-290).

Em segundo lugar, o idealismo de Husserl, segundo a leitura de Sartre, toma o conhecimento como fornecendo a medida do ser, e uma vez que permanece o caso, conforme a explicação de Husserl, que não posso conhecer o Outro *como* ele conhece a si mesmo, a saber, de dentro ou na interioridade, segue-se que não posso conhecer o Outro *simpliciter* [pura e simplesmente]: qualquer coisa que eu conceba como o Outro e considere que conheço a respeito dele deve ser, mais uma vez, uma mera "significação" correlata à *minha* consciência, deixando-me encalhado no solipsismo (cf. tb. os últimos comentários sobre Husserl em 271-273/330-334, onde Sartre nega que o Outro possa ser submetido à redução fenomenológica).

(2) Hegel (235-244/291-301): Sartre elogia Hegel por ter realizado "imenso progresso" sobre Husserl (238/293). O que Sartre tem em mente é a famosa dialética do senhor-escravo, ou dialética do desejo e do reconhecimento, no capítulo IV da *Fenomenologia do espírito*. Isto assume a forma de uma história – uma sequência conceptual em forma narrativa – na qual o sujeito autoconsciente, movido por um desejo de reconhecimento como ser livre e independente, envolve-se numa luta com o Outro que resulta na dominação de um sujeito pelo outro. A relação senhor-escravo que se forma a partir daí dá lugar, eventualmente, segundo Hegel, a uma relação de reciprocidade – Hegel supõe que o conflito intersubjetivo é necessariamente superado, pelo menos no nível metafísico fundamental, e que o que toma seu lugar é a vida social baseada no respeito mútuo, regulado por princípios de direito.

Sartre aproveita a ocasião para deslanchar um altamente geral, concentrado ataque à filosofia de Hegel, que se estende a seus princípios básicos, e não pode ser explorado aqui. Na medida em que a crítica de Hegel por Sartre se conecta especificamente com o problema da cognição intersubjetiva, as principais objeções são, primeiro, que o idealismo de Hegel, ao transformar a consciência do Outro (assim como a autoconsciência) numa relação de conhecimento (238-239/294-295) reduz o si [*self*] e o Outro a *objetos*, e mesmo com base nisso não consegue mostrar que o fim epistemológico do conhecimento mútuo, requerido para o reconhecimento hegeliano, pode se realizar (240-243/296-299; cf. § 39). Em segundo lugar, o próprio método de Hegel, argumenta Sartre, envolve uma identificação inicial equivocada do problema que permanece à espera de solução: a considerar a multiplicidade das autoconsciências, Hegel adota uma visão de Deus, um ponto de vista "totalitário", deixando de fora desse quadro sua própria autoconsciência, o que significa que "ele não levanta a questão da relação entre sua própria consciência e a do Outro" e assim que falhou em enfrentar o verdadeiro problema (243-244/299-300).

(3) Heidegger (244-250/301-307): o erro comum de Husserl e Hegel é que eles continuam a ver a relação entre o si [self] e o Outro, mesmo que a concebam corretamente como interna, como "realizada mediante o conhecimento" (233/288). Heidegger leva adiante a "brilhante intuição" de Hegel de que eu "dependo do Outro em meu ser" (237/293), ao mesmo tempo em que finalmente liberta essa relação ontológica do pressuposto do primado do conhecimento.

Em *Ser e tempo*, Heidegger sustenta que o mundo do *Dasein* é um "mundo-com", *Mitwelt*, e que o *Dasein* possui o "ser-com", *Mitsein* ou *Mitdasein*, como um de seus modos fundamentais; somos um *com* o outro num sentido no qual não somos com pedras ou martelos. Este é um exemplo adicional da estratégia de Heidegger de minar os problemas epistemológicos retornando às estruturas existenciais do *Dasein*, e Sartre concorda que isto permite que "o problema do Outro" seja visto como "um falso problema" (245/301).

A primeira objeção de Sartre a Heidegger é que ele descaracteriza a relação ontológica entre o si [self] e o Outro, como Hegel erroneamente representando o modo fundamental da existência intersubjetiva como não conflitiva (245-247/301-304). Heidegger toma um *tipo* particular de relação ôntica – a relação do ser *com* outro – e projeta esta no nível primordial, *ontológico* da relação entre o si e o Outro. Sartre rejeita isto como arbitrário, uma vez que o ser *com* outro é somente uma das muitas relações possíveis: também existe, por exemplo, ser *contra* o Outro, ser *para* o Outro, o Outro sendo *para* mim e assim por diante; nenhuma justificativa foi fornecida para lidar com esses modos assimétricos ou conflituosos de se relacionar com o Outro como algo menos primordial do que ser *com*. A imagem de Heidegger da intersubjetividade humana, sugere Sartre, é de uma "*tripulação*" muda, de pessoas como unidas numa "interdependência *oblíqua*" de mera "coexistência" em "solidariedade ontológica" (245-246/302-303) (Sartre fornece sua própria análise da consciência-da-primeira-pessoa-plural bem mais tarde, no cap. 3 da parte III: cf. § 39).

Em segundo lugar, e mais importante Sartre objeta que – mesmo se renunciarmos à primeira objeção – Heidegger não tem direito a encarar o problema de minha relação ôntica do ser-com qualquer *Dasein particular* como resolvido pela relação ontológica do "ser-com-outros" em *geral* (247-250/304-307). Uma vez que a possibilidade de ser-com-Pedro não pode estar contida na noção geral de ser-com-outros, "a relação do *Mit-Sein* não nos ajuda absolutamente em nada para resolver o problema concreto, psicológico, do reconhecimento do Outro" (248/305).

Assim, surge um argumento geral contra a filosofia de Heidegger como um todo. A tese de Sartre é de que Heidegger, *em geral*, não tem direito a encarar o ôntico como derivável do ontológico, e de que a distinção de Heidegger entre relações ontológicas e ônticas, assim como ocorre no idealismo kantiano e husserliano, resulta em "dois níveis incomunicáveis e dois problemas que requerem soluções separadas" (248/305). Esse problema geral da filosofia de Heidegger "explode", diz Sartre, no contexto do si [*self*] e do Outro (248/305). Sartre utilizou assim a inabilidade de uma posição filosófica em resolver o problema específico das outras mentes como maneira de expor sua debilidade de fundo.

§ 29 A teoria do Outro de Sartre [parte III, cap. 1, seção III, 250-252/307-310; 319-326 e seção IV]

Em *A transcendência do ego*, Sartre efetuou uma tentativa original de refutar o solipsismo, argumentando que sua recolocação do "Eu" no mundo e fora da consciência não me torna menos acessível à intuição cognitiva dos Outros do que sou às minhas próprias tentativas de autoconhecimento[111].

Embora a nova metafísica do si [*self*] em *A transcendência do ego* de fato supere algumas importantes barreiras ao conhecimento dos Outros – uma vez que ela dispõe da ideia de que o que Sartre chama de meus "estados" e "qualidades" estão encerradas no interior de minha subjetividade –, ela encontra a séria limitação de que o campo transcendental da consciência *ele próprio* é ficar fora do alcance do Outro. Impessoal ela pode ser, mas a consciência transcendental é ainda assim individuada. O resultado é que o solipsismo foi refinado, não refutado, uma vez que minha situação é agora que somente uma das várias unidades psíquicas dos estados, qualidades e atos que conheço no mundo – a saber, minha *própria* unidade psíquica – pode ser conhecida como sendo a produção de uma consciência transcendental. Além disso, Sartre parece forçar o ceticismo relativo a outras mentes a se converter em solipsismo transcendental: se, como ele diz, uma "consciência não pode conceber nenhuma outra consciência além da sua própria"[112], então a hipótese de que *essa* consciência, aquela que designo como *minha*, pode não ser a única consciência, não pode nem sequer ser formulada. A re-personalização do campo da consciência em *SN* (§ 14) não muda a situação, e em 235/290-291 Sartre reconhece o fracasso de sua proposta anterior.

---

111. *The transcendence of the Ego*, p. 43-45, 50.
112. Ibid., p. 45.

A nova solução de Sartre é delineada nas páginas de conclusão da seção III (250-252/307-310) e então exposta de diferentes ângulos na seção IV. Ela se torna visível quando suas redescrições analíticas da fenomenologia da consciência intersubjetiva são seguidas até um ponto em que nossa compreensão da fenomenologia se intersecta com a apreciação abstrata, metafísica do problema do Outro que adquirimos a partir da crítica das tentativas anteriores de solução.

A fim de nos fornecer um enfoque para a fenomenologia relevante, Sartre descreve dois cenários contrastantes nos quais tenho consciência do Outro. No primeiro, que é característico do modo como o Outro me aparece ordinariamente, torno-me consciente de uma figura diante de mim no parque como outro sujeito (254-256/311-313). Isto efetua uma transformação limitada do mundo: o gramado assume nova orientação para um ponto remoto com o qual não sou idêntico, e existe um "deslizamento fixo" para longe de mim à medida que o mundo se "esvazia" para fora de minha apreensão. Essa "descentralização do mundo" (253/313) mina minha própria centralização dele, mas é detida assim que contenho o Outro dentro de sua determinação empírica – eu fixo o Outro como "esse homem a certa distância de mim naquele banco lendo esse jornal etc." Com isso, o Outro é consolidado para mim como "estrutura parcial do mundo", isto é, como *objeto* (256/313) (Sartre refina sua explicação dessa forma de consciência do Outro no capítulo sobre o corpo: cf. § 31).

O segundo cenário retorna ao exemplo da vergonha (259-260/317). Movido por ciúme ou curiosidade, espreito por um buraco de fechadura e coloco meu ouvido junto à porta – o mundo se organiza em torno de meu objetivo de descobrir o que está sendo dito dentro do cômodo. Passos no corredor me informam que fui visto, e sou subitamente "afetado em meu ser (*atteint dans mon être*)": minha própria estrutura sofre "modificações essenciais", pois agora possuo consciência pré-reflexiva de mim mesmo *como objeto do olhar do Outro* (260/318).

O cenário de vergonha/buraco de fechadura, embora apareça mais tarde no texto de Sartre, possui prioridade: segundo ele, é porque e *somente* porque possuo consciência do Outro exemplificado nesse cenário que posso ter a forma de consciência exemplificada no cenário do parque. No parque, estou consciente do "Outro-como-objeto", no caso do buraco de fechadura, do "Outro-como-sujeito", e é somente porque a consciência do Outro-como-sujeito (*conscience-sujet*, do *autrui-sujet*) é possível que a consciência do Outro-como-objeto (*conscience-objet*, do *autrui-objet*) é possível. A consciência do Outro-como-objeto é uma forma metafisicamente e epistemologicamente secundária de consciência do Outro, "o resultado da conversão e da degradação dessa relação original" com o Outro-como-sujeito (257/315), em grosseiro paralelo com a relação entre o psíquico e a consciência.

Não teremos dificuldade em concordar que em contextos como o caso do buraco da fechadura atingimos máxima certeza da existência do Outro. Porém, qual, precisamente, é a solução ao problema da intersubjetividade que o exemplo da vergonha/buraco de fechadura nos permite apreender? Em última instância, é simplesmente esta: "certa consciência particular – por exemplo, "consciência da vergonha" – testemunha indubitavelmente o *cogito* tanto de si mesmo quanto da existência do Outro (273/332); sou capaz de "algo como um *cogito* concernente" ao outro (251/308); "o *cogito* um pouco expandido (*un peu élargi*). [...] me revela como um fato a existência do Outro" (282/342); "o *cogito* da existência do Outro se funde com (*se confond avec*) meu próprio *cogito*"

(251/308); a consciência do Outro, assim, "compartilha a apoditicidade do próprio *cogito*, ou seja, sua indubitabilidade" (250/307).

Sartre, porém, não está supondo que eu migre para o Outro, nem que ocorra uma transferência telepática da consciência e do "Eu" do Outro para minha própria consciência. A fim de apreender como se supõe que sua solução possa funcionar, os seguintes pontos são fundamentais:

1) A consciência intersubjetiva consiste primordialmente numa relação *imediata sujeito-sujeito*: "Se é possível que o Outro nos seja dado, é por meio de uma apreensão direta" (250/307); "o Outro precisa ser dado a mim diretamente como sujeito, embora em conexão comigo" (253/311); "O Outro está presente a mim sem qualquer intermediário, como uma transcendência *que não é minha*" (270/329); "Eu experimento a inapreensível subjetividade do Outro diretamente com meu ser" (270/329); as "consciências experimentam uma à outra sem intermediário" (301/362); o Outro "é dado não como ser de meu universo, mas como puro sujeito" (270/329).

2) Do que se segue que a relação sujeito-sujeito é *extramundana*: "não é no mundo que o Outro é primeiramente buscado, mas no lado da consciência" (273/332); quando o Outro "olha para mim, ele não separado de mim por distância alguma, por nenhum objeto do mundo, mas pelo único fato de sua natureza como Outro" (270/328). Isto se segue da descrição da consciência do Outro como similar ao *cogito*, e o contraste do caso do parque, onde olho "através do mundo" para o Outro, com o caso da vergonha/ buraco de fechadura, no qual o Outro aparece em meu interior, produz o argumento. A suposição natural, realista de que o mundo de objetos deve fornecer o veículo epistemológico da cognição intersubjetiva reflete uma concepção equivocada do para-si como intramundano no mesmo sentido que um tinteiro.

3) A consciência do Outro é alcançada mediante a *transformação ontológica de minha própria consciência*. Isto não é uma metáfora, e não é redutível a qualquer aspecto epistemológico, isto é, a qualquer fórmula preocupada meramente com como eu *penso sobre* minha consciência. A transformação específica efetuada pelo Outro consiste na formação, fora de minha consciência, de algo com características de ser-em-si, com base no modelo da formação do psíquico "degradado" efetuada por minha própria impura reflexão (§ 24), mas com a diferença de que aqui os itens ontológicos recém formados possuem uma dimensão *não revelada* e, *em princípio, inacessível* (eles são para mim "incognoscíveis como tais", *inconnaissable čomme tel*, 263/321). Em 260-268/318-327, Sartre explica em detalhe em que consiste isto: o Outro me forneceu uma "*natureza*" (263/321), a qual eu sou "não no modo do 'era' ou do 'tendo-de-ser', mas *em si mesmo*" (262/320); o olhar do Outro fixa e me aliena de minhas possibilidades (263-267/321-322), coloca-me no espaço e me insere no "tempo universal" (266-267/324-326). Meu ser, agora, tal como Sartre o apresenta, está "escrito na e pela liberdade do Outro" (262/320). As recém-criadas propriedades do sujeito humano em seu ser-para-outros, como outros itens na ontologia sartreana, subsistem no hiato que separa o ser-em-si do ser-para-si, e não são concebidas como preexistentes, mesmo numa forma latente, à relação intersubjetiva (222/276): a "descoberta" (221/275) do novo domínio ontológico aberto pela intersubjetividade é uma *construção* pré-reflexiva não arbitrária, a qual traz consigo um novo conjunto de possibilidades, de certa forma no sentido em que se pode falar de inventar um novo jogo a jogar (posteriormente, Sartre explica a necessária conexão da relação do Outro com a afetividade: 288ss./348ss.).

4) A relação obtida primordialmente entre os para-si individuais, como notado, constitui uma relação *ontológica negativa e*

interna, contraposta a uma relação de conhecimento – Sartre fala de ser "afetado pelo" surgimento do Outro (231/286), e do aparecimento do Outro como "minando" minha centralização do mundo (255/313). Na explicação plena, intrincada da relação ontológica que ele fornece mais tarde, na seção IV (282-297/342-358), o ser-para-outros é descrito como uma "rejeição do Outro" (283/343) e como "uma negação efetuada por mim a mim mesmo" (283/343): o Outro é um "si [*self*] rejeitado", um "Não-Mim-não-objeto" que me apreende conceptualmente e, portanto, em forma alienada, mas não posso deixar de assumir responsabilidade pelo "Mim alienado" que o outro me devolve sem engendrar "o colapso de Mim mesmo" (284-285/344-346). O vínculo entre o si [*self*] e o Outro, que de um ângulo possui a simplicidade do *cogito*, portanto, possui na visão completa uma complexidade dialética.

As relações ontológicas dinâmicas analisadas por Sartre, é claro, podem ser epistemicamente registradas pelo para-si – a transparência da consciência assegura que sempre que seja ontologicamente transformada é enquanto consciente de si sofrendo sua transformação, e portanto, numa posição de tornar-se um item de conhecimento – mas elas não são em si mesmas eventos epistêmicos. Em consequência, para Sartre é errado afirmar, no nível da explanação filosófica, que sinto vergonha (no cenário da vergonha/buraco-de-fechadura) *pelo que sei (penso, acredito etc.) do que o Outro pensa de mim*, isto é, em interpretar "o efeito que outro tem sobre mim" como um efeito que é alcançado mediante meu *conhecimento* do Outro. Somos facilmente enganados a pensar que a significação do olhar do Outro é epistêmica, mas Sartre não concebe a visão como uma faculdade epistêmica, e a vergonha que sinto não se deve ao fato de eu *saber* ou acreditar que o Outro *sabe* ou acredita que estou espiando. O significado do olhar do Outro, em vez disso, é o de uma ação. Desse modo, Sartre reverte a ordem de explicação do senso comum: para ele, não é porque adquirimos conhecimento dos Outros que somos ("psicologicamente") afetados por eles; é porque somos ontologicamente afetados pelos Outros (e não apenas "psicologicamente") que temos conhecimento deles. Que eu *possua* conhecimento do Outro, portanto, não é negado por Sartre, mas é incluído na configuração total – conhecimento é o *correlato* do efeito ontológico do outro sobre mim, não a causa desse efeito.

O ponto é crucial para a concepção sartreana da profundidade da penetração do Outro: se o impacto do Outro sobre mim não é filtrado por minha cognição, e está à disposição da liberdade do Outro, então a intersubjetividade estabelece um limite absoluto para minha liberdade (cf. § 33).

5) Segue-se que *não é o corpo* que fornece a chave para o conhecimento dos Outros. O corpo, como o mundo dos objetos em geral, não tem papel epistêmico na explicação de Sartre (223-224/277-329, 230-231/286, 339-340/405-406): não é nem o que esconde uma mente de outra – "o corpo não é aquilo que primeiro manifesta o Outro para mim" (339/405). A explicação positiva do corpo por parte de Sartre será brevemente examinada.

§ 30 Solução de Sartre avaliada

Recapitulemos a solução de Sartre: tanto o realismo como o idealismo tenta explicar o Outro em termos de uma *seta unidirecional* que vai, no caso do realismo, do Outro para mim, e no caso do idealismo, de mim para o Outro. Ambos falham, de modo que a solução deve residir em conceber a relação de si [*self*] com o Outro em algum conjunto de termos que já os co-estabeleça desde o início. As tentativas de Husserl e de Hegel de fazer isto são malsucedidas, porém, devido a seu co-estabelecimento do si [*self*] e do Outro em termos de conhecimento. A relação do si [*self*] com o Outro, portanto, deve ser uma relação de ser, significando que a consciência dos outros não pode ser explicada fornecendo *razões* para acreditar na existência dos Outros. Em vez disso, e coerentemente, nós nos voltamos para a *necessidade factual* do Outro que a análise de Sartre mostrou estar presente em nossa fenomenologia, em conjunto com sua explicação *metafísica* do modo como semelhante consciência é possível.

O problema da aparente incognoscibilidade do Outro, somos levados a compreender, é em última instância ilusório. Visto corretamente, meu ser-para-outros nem cria uma necessidade nem fornece escopo para uma "nova *prova*" da existência do Outro (250-251/307-308). A impressão que temos de um hiato não transponível entre o si [*self*] e o Outro, resultando em ceticismo sobre outras mentes, resulta de confundir o que é de fato uma relação ontológica negativa com a ausência de uma relação epistemológica; e isto é consequência do erro mais geral de identificar consciência com conhecimento, e de supor que a relação do si [*self*] com o Outro é mundana.

A questão de saber se a explicação de Sartre mostra que precisa *realmente haver* um Outro, ou apenas que minha experiência me compele a *tomar como certo* que existe um Outro, tem sua aplicação recusada – no quadro teórico de Sartre, levantar essa questão, pôr em dúvida a existência do Outro é negar o *ser* da própria consciência pré-reflexiva da pessoa: "Eu experimento a subjetividade inapreensível do Outro diretamente e com meu ser" (245/301). A genialidade da solução de Sartre reside na maneira pela qual ela preserva e explora a intuição filosófica sobre a qual repousa o cartesianismo, a fim de mostrar, por meio de um sutil ajuste, a possibilidade de que a "absoluta imanência" nos lance na "transcendência absoluta" (251/309).

A estratégia, portanto, é a mesma que aquela empregada na prova ontológica fornecida na introdução (§ 5). O que protelou tanto sua execução foram duas coisas. Primeiro, a complexidade conceptual imensamente maior do Outro, comparada com um meto objeto físico, tornou necessário que Sartre nos esclarecesse sobre *o que* exatamente está em questão – era necessário mostrar que uma justificação discursiva de nossas meras crenças concernentes a outros não seria de nenhuma ajuda, isto é, deixariam o genuíno solipsismo intocado. Sartre tem que nos levar a reconhecer que "em minhas mais íntimas profundezas não preciso encontrar *razões para acreditar* que o Outro existe, mas encontrar o Outro mesmo como sendo não eu" (251/309). Em segundo lugar, enquanto a consciência perceptual ordinária, em certo grau, explica sua própria possibilidade – o que significa que a prova ontológica poderia ser aceita por nós como correta, mesmo sem visão [*insight*] na estrutura de transcendência do para-si – o senso comum carece dos recursos conceptuais para apreender o "*cogito* da existência do Outro" que fundamenta a cognição intersubjetiva. Daí a necessidade de importar o aparato metafísico não naturalista de *SN* – os conceitos de negação interna e assim por diante – a fim de nos assegurar que a cognição intersubjetiva não é mágica ou, mais exatamente, mostrar-nos que, embora *seja* mágico do ponto de vista do senso comum, esse ponto de vista é filosoficamente limitado.

Restam questões, no entanto, concernentes à explicação de Sartre. Uma delas diz respeito à determinação empírica do Outro e à possibilidade de erro – por exemplo, descubro que estava equivocado em pensar que ouvi passos; ou, imagino se estou sendo observado daquela casa na colina; ou, estou momentaneamente enganado por um modelo de cera etc. Consideração dessa questão exige que se atente à discussão de Sartre em 275-282/334-342, onde se estabelece uma distinção entre a indubitabilidade da existência do Outro-como-sujeito, e o caráter meramente provável de todos os objetos no mundo, incluindo o concreto Outro-como-objeto.

Uma questão adicional, que a se poderia esperar que a teoria de Sartre respondesse, diz respeito à multiplicidade de para-sis. Por que *existem* Outros? Por que existem *muitos* para-si? E que *necessidade*, se é que há, da existência do Outro?

A primeira parte da resposta de Sartre a essa questão fornece parte das respostas. A existência dos Outros é simplesmente uma "necessidade contingente" ou "necessidade factual" (250/307, 282/342). De maneira geral, a ontologia fenomenológica conduz a descobertas ontológicas que possuem aspectos tanto de contingência quanto de necessidade: todo ser é contingente, na medida em que carece de autonecessitação interna (nenhum deles é *ens causa sui*), mas algum ser adquire necessidade em algumas de suas relações com outro ser (p. ex., o ser-em-si é necessário em relação ao ser-para-si). Afirmar que a existência de Outros é uma "necessidade contingente", assim, é afirmar que a existência de Outros em geral é um "fato bruto" de altíssimo nível, do mesmo tipo que a investigação de Sartre, em outros momentos, colocou em evidência.

Em um ponto pode parecer que Sartre fornece uma resposta diferente, na medida em que em 283-285/343-346 ele descreve um processo de "rejeição" do Outro, e em consequência, de "reforço" da egoidade [*selfness*], o que pode sugerir que os para-si são mutualmente individualizantes e corresponsáveis por sua existência recíproca. Esta, no entanto, seria uma visão bastante hegeliana, e Sartre claramente nega que o ser-para-outros seja uma estrutura ontológica do para-si enquanto tal: "Não podemos pensar em derivar o ser-para-outros de um ser-para-si, nem, pelo contrário [...], em derivar o ser-para-si do ser-para-outros" (282/342). O "reforço da egoidade [*selfness*]", portanto, pertence a um estágio posterior na dialética do si [*self*] e do Outro, para a qual a existência do Outro já é pressuposta. Retornaremos a isso no § 39.

A segunda parte da resposta de Sartre pode ser encontrada na discussão "metafísica" da intersubjetividade, em 297-302/358-364, que fecha o capítulo 1. Aqui, ele observa que nosso ser-para--outros pode ser concebido como o terceiro dos *ekstases* do para-si (298/359), e pensado como uma "cissiparidade reflexiva levada um passo adiante" (299/360): quando me torno um objeto para o Outro é *como se* o esforço de minha reflexão de "objetivar a mim mesmo" (§ 16) tivesse sido finalmente recompensado. Isto permitiria que a consciência do Outro fosse vista como uma extensão adicional da não-auto-coincidência [*non-self-coincidence*] do para-si, e assim, explicada em termos de sua teleologia intrínseca. Contudo, Sartre tem reservas sobre essa explicação, tomada como explanação metafísica da existência de uma multiplicidade de Outros, a qual abordaremos no § 46.

O último argumento a ser posto é este. Por um lado, a teoria do Outro de Sartre parece ser tanto *a posteriori* quanto rigorosamente de perspectiva: seu ponto crucial é minha apreciação da invasão do Outro, mediante o olhar de minha subjetividade, e isto é algo que eu simplesmente *descubro que ocorreu*. De outro ângulo, porém, Sartre parece ter se dotado, ao expor sua teoria, de um ponto de vista trans-individual em relação ao qual a existência de uma multiplicidade de para-si inter-penetrantes é efetivamente *a priori* – afinal, assume-se na explicação de Sartre que o Outro que dirige seu olhar para mim *já* me apreendeu como ser-para-si. Portanto, igualmente no contexto da subjetividade encontramos no pensamento de Sartre a duplicação de seus pontos de vista de perspectiva e não-perspectiva notados no § 13[113].

§ 31 O corpo [parte III, cap. 2]

Em nenhum outro lugar a oposição de Sartre ao naturalismo e à atitude revisionista em relação ao pensamento comum aparece mais claramente do que em sua discussão do corpo e o tratamento da "relação mente-corpo". O senso comum de nossa época naturalista é que o corpo humano é a fundação e a realidade subjacente da mente, que o corpo concebido como um organismo animal vem e primeiro lugar na ordem das coisas e, por meio da atividade cerebral – assim, tendo como pressuposto a história evolucionária que tornou esse notável órgão possível – suscita a atividade mental, talvez até mesmo – dependendo de o quão longe esse quadro é conduzido na direção de um materialismo de pleno direito – não se limitando a apoiar, mas efetivamente constituindo a mente, de tal modo que esta possa ser compreendida em termos de um conjunto especial de propriedades ou descrições de eventos cerebrais, e assim, como idêntica ao corpo (a uma parte dele).

Como parte de sua rejeição desse quadro, Sartre nega a prioridade do corpo em sua concepção objetiva, científica – a qual, em seus termos, é uma concepção do corpo como ser-em-si. Em seu lugar, ele oferece, no capítulo 3 da parte III, uma explicação que trata o corpo em termos de três momentos, postos na seguinte ordem:

(1) Seção I: o corpo como *para-si* ou *para-mim* (*le corps comme être-pour-soi, mon corps pour-moi*) é o corpo como eu originalmente o "existo".

---

113. Para uma discussão completa do material em § 29-30, cf. GARDNER, S. "Sartre, intersubjectivity, and German idealism". *Journal of the History of Philosophy* 43, 2005, p. 325-351.

Neste modo, o corpo é "aquilo pelo qual as coisas me são reveladas" (304/366), "a individuação de meu engajamento no mundo" (310/372), "o centro de referência" indicado pelos "objetos instrumentais do mundo" (339/405), e se correlaciona diretamente com a orientação espacial das coisas no mundo (306-308/368-370).

No nível da explanação, Sartre refere a corporeidade à sua teoria da facticidade (§ 16): o corpo-como-para-si é minha facticidade, "*a forma contingente que é assumida pela necessidade de minha contingência*" (309/371), implicando que a necessidade que eu incorporei é apenas a necessidade que eu exista de forma contingente[114].

Segue-se que minha relação com meu corpo-como-para-si reproduz o caráter geral da facticidade. Isto significa que, por um lado, eu sou "inteiramente corpo" num sentido que não deixa espaço para pensar que o ser do para-si seja meramente "*unido* a um corpo" (305/368), e que o corpo "não é nada mais do que o para-si" (309/371). Porém, ao mesmo tempo, a distância a que eu me mantenho de minha facticidade em geral, a saber, de *sê-lo* por força de ter de *assumi-lo*, reaparece em minha relação com meu corpo: meu corpo é o que eu "nadifico" e "supero", e assim, não posso conhecer como dado, mas preciso "reaprendê-lo" em meu surgimento (309/372). A "própria natureza do para-si" como "escape nadificante do ser" "exige que ele seja corpo" (309/272), e essa necessidade teleológica (como oposta à conceptual) – a exigência posta pelo para-si – interpõe uma distância de meu corpo que é incompatível com a mera identidade. Essa complexa estrutura é mais desenvolvida na discussão em 328-330/393-395 do que

---

114. A explicação sobre a necessidade do corpo, em *SN*, contrasta com seu *status* semiacidental em *The transcendence of the Ego*, p. 40-41, onde se teoriza sobre o corpo apenas como um "símbolo visível e tangível para o Eu".

significa *ter consciência do* próprio corpo e o sentido em que o corpo é um *ponto de vista* (é aqui que Sartre se refere a meu corpo como algo que a consciência precisa dizer que "existe", num sentido transitivo: 329/394).

A seção I tenta mostrar em detalhe como essa concepção do corpo pode se aplicar para produzir explicações do conhecimento dos sentidos (310-320/372-383), da ação física (320-325/383-389) e da dor da afetividade física (330-335/395-404).

(2) Seção II: meu corpo como *o-corpo-para-o-Outro* (*le corps--pour-autrui*) possui o caráter de um objeto, "uma coisa entre outras" (304-305/366-367).

A fim de mostrar o que está envolvido quando meu corpo é produzido para mim nessa forma, Sartre retorna à discussão de minha consciência do Outro, e caracteriza em detalhe o corpo do Outro (340-349/406-415). Isto, afirma Sartre, aparece para mim originalmente, na ocasião em que tornou o Outro um objeto, uma "transcendência-transcendida", como pertencendo à ordem dos *instrumentos*, algo que posso "utilizar" ou que me "resiste", e que é "lateralmente indicado pelas coisas-instrumentais de meu universo" (340-341/406-407). Essa tênue apreensão do corpo do Outro, compatível com a ausência corporal do Outro (como quando examino a escrivaninha na qual você escreve), é transformada quando o Outro se torna presente "em carne e sangue", ponto em que a facticidade do Outro, a contingência do ser do Outro se torna explícita (342/408-409). O corpo do Outro tal como presente a mim é necessariamente "*um corpo em situação*" que é "*significativo*" no sentido de se exaurir em movimentos de transcendência (você levanta sua mão para nadar etc.) e irredutível a qualquer doma de componentes orgânicos (344-246/408-413). O corpo do Outro, assim, é "dado a nós imediatamente como o que o Outro é" (347/414).

Essa explicação do corpo *do* Outro para mim, ao mesmo tempo, diz Sartre, é uma explicação de *meu* corpo para-o-Outro, uma vez que "as estruturas do meu ser-para-o-Outro são idênticas àquelas do ser-para-mim do Outro" (339/405).

(3) Seção III: meu corpo, na medida em que eu "existo para mim mesmo como corpo conhecido pelo Outro" (351/419), é necessário para completar a explicação.

O impacto da objetivação do Outro de mim não se restringe à minha consciência como transcendência (minha vergonha e espiar através do buraco de fechadura): a transformação ontológica de mim pelo Outro-como sujeito também me penetra "em minha própria facticidade" (351/418). Assim, para continuar com o exemplo da vergonha, eu "me sinto corando", quando o olhar do outro está escrito em minha consciência de meu corpo (353/420).

O corpo nesse terceiro, alienado modo, é assim produto do fato de eu internalizar ou incorporar (2) em (1). Sartre explica que a formação de meu corpo existido-por-mim-como-conhecido-pelo-Outro pressupõe comunicação linguística com o Outro (354/421-422) e que isso marca o ponto em que posso, por exemplo, julgar uma dor como estando "em meu estômago" no sentido de qualquer localização anatômica (355-359/423-427).

Pode-se supor que Sartre pretenda que esse conjunto ordenado de distinções mapeie uma progressão meramente conceptual, fornecendo uma explicação de como evoluímos a partir de uma concepção psicologicamente e epistemicamente primitiva (infantil) de nossos corpos para uma concepção mais completa que torna nossos corpos acessíveis à ciência natural e nos permite formar pensamentos tão complexos como estou agora sofrendo uma dor em uma costela da vértebra condral quebrada. Se fosse assim, Sartre não teria nenhum problema enquanto tal com a visão naturalista do senso comum, que poderia incorporar a explicação do filósofo como um capítulo na psicologia cognitiva desenvolvimentista. Sartre tem inteira certeza, porém, que sua explicação mapeia níveis relações ontológicas – a "ordem de nossas reflexões [...] se conforma à ordem do ser" (305/367); o corpo-para-mim e o corpo-para--o-Outro compreendem "duas ordens de realidade essencialmente diferentes", "são radicalmente distintas" (304/366)[115]. Nossa visão comum, nota Sartre, é que o corpo-para-o-outro é o corpo real, isto é, que Outros nos veem *como somos* (353-354/421), mas toda a aposta de sua explicação é mostrar que não é ontologicamente primária.

Causa preocupação, às vezes, que Sartre – devido à sua metafísica dualista geral, e à análise da corporeidade até agora vista – que ele possa estar comprometido com o tipo de dualismo corpomente notoriamente problemático que virtualmente toda filosofia contemporânea da mente se propõe a evitar.

Sem equívoco, Sartre nega que o para-si seja idêntico ao corpo no sentido compreendido pelo fisicalismo. Porém, de modo igualmente claro, ele rejeita o dualismo de Descartes e de todas suas formas tradicionais: a inextensão, explica Sartre, não é uma cognição de qualquer propriedade ou estrutura intrínseca do para-si, mas uma consideração proléptica do para-si em termos das determinações do em-si – o para-si *enquanto tal* é *"aespacial"*, "nem extenso,

---

[115]. A explicação de Sartre, portanto, não se reduz à visão de que o corpo deve ser identificado sem reservas com um elemento da ordem objetiva, a qual é meramente *conhecida* de duas diferentes formas (cf. EVANS, G. *The Varieties of Reference*. Oxford: Oxford University Press, 1982, p. 266ss.).

nem inextenso" (179/228). A inaplicabilidade categórica de noções espaciais ao para-si se deve, em última instância, a seu modo de ser não substancial – o qual é especificamente de tal modo que o para--si pode *ser* o corpo somente no modo de ter-de-sê-lo [*having-to--be-it*]. Assim, onde o dualismo metafísico clássico tenta expressar a heterogeneidade do mental e do físico em termos de diferenças de tipos de substância ou propriedades essenciais, e o antifisicalismo moderno apela a distinções de formas de explanação para fazer a mesma coisa, Sartre faz retroceder a heterogeneidade mental-físico para uma diferença de modo de existência. Isto, segundo sustenta ele, promete permitir que a não fisicalidade do sujeito humano seja apreendida como fundamentalmente unificada com sua liberdade, aspecto prático, temporalidade, reflexividade e assim por diante.

Há um sentido no qual Sartre concorda com o fisicalismo em sua oposição ao dualismo, a saber, ao rejeitar a tese de Descartes de que a mente pode existir de maneira separada do corpo (306/368). Para Sartre, porém, essa "identidade" – o fato de o sujeito ser "inteiramente corpo" – permanece na noção inteiramente não fisicalista de "ter-de-ser", e o corpo em questão, mais uma vez, não é o organismo da anatomia e da fisiologia, mas o corpo do para-si.

Significa isto que Sartre fez tudo o que precisa ser feito para enfrentar o desafio de explicar como "se relacionam mente e corpo"? Os enigmas da interação substancial – como podem dois tipos heterogêneos de matéria interagir? – ou de surgimento – como pode uma corrente mental com todos os seus atributos singulares emergir da matéria cerebral? – não mais podem ser formulados, segundo Sartre. E se é posta para Sartre a questão: como é que o corpo, em um de seus três modos, pode se correlacionar com o corpo em seus outros modos – por exemplo, aquilo que o cirurgião ortopedista relata como o "conserto" de minha costela corresponde ao fato de eu ter cessado de sentir essa dor – a menos que esses modos sejam realmente apenas diferentes maneiras de experimentar e pensar em uma entidade idêntica, situada num único nível ontológico. A resposta de Sartre será supor que essa explicação precisa assumir essa forma é simplesmente fazer uma petição de princípio no que concerne à sua posição metafísica geral. O problema mente-corpo – como esse *locus* de pensamento, sensação etc. se relaciona com esse sistema orgânico que respira, metaboliza etc.? – é resolvido, segundo ele sustenta, ao se apreender as distinções de nível ontológico correspondentes aos três modos de existência corporal (303-304/365-366).

A situação aqui, portanto, é a mesma no que concerne à explicação de Sartre das outras mentes, onde seria igualmente inapropriado objetar que ele deixou sem explicar como é que somos capazes de realizar um tipo de *cogito* no que diz respeito ao Outro. Mais uma vez, o retrato oferecido por Sartre apela a relações que, pela perspectiva comum, contam como mágicas, e novamente a defesa de Sartre reside em indicar que a "mágica" já está efetivamente ali na estrutura de nossa experiência, não pode ser compreendida pelo senso comum sem que a subjetividade seja hipostasiada, mas se torna inteligível nos termos metafísicos oferecidos em *SN*.

A preocupação no que concerne à proximidade de Descartes é deslocada, portanto, na medida em que, do ponto de vista que objeta ao dualismo mente-corpo de Descartes que ele é incapaz de tornar inteligíveis as relações causais empíricas entre o mental e o físico, e que ele contradiz, de maneira inaceitável, a unidade da lei natural, a metafísica da relação mente/corpo de Sartre parecerá muito mais objetável, uma vez que pressupõe uma metafísica geral que contradiz os pressupostos básicos do fisicalismo.

> **Questões para estudo**
>
> 1) Avalie a tese de Sartre de que tanto o realismo quanto o idealismo, e todos os seus predecessores, falham em fornecer uma concepção adequada da relação do si [*self*] com o Outro.
>
> 2) Fornece Sartre uma solução ao tradicional problema das outras mentes?
>
> 3) É a explicação de Sartre do corpo e de sua relação com a consciência consistente e convincente?

(D) Liberdade, motivação e ética

Sartre não emprega a distinção, importante para muitos pós-kantianos, entre filosofia teórica e prática, pelo motivo, como vimos, que ele considera que as várias questões concernentes a ação [*agency*] e razão prática que outros filósofos colocam sob o título de "filosofia prática" já se revelam no nível da ontologia, e nessa medida, ele rejeita essa distinção. Não obstante, é útil distinguir em *SN* entre os temas mais estreitamente relacionados a questões epistemológicas e metafísicas – os tópicos até agora discutidos – e aqueles que dizem respeito mais imediatamente à ação e à questão de como devo agir, ou mais amplamente, sobre a atitude a ser tomada em relação a nossas vidas. Aqui, na parte (D), discute estas últimas, as quais em termos textuais envolvem principalmente a parte IV, mas também algumas seções anteriores de *SN*.

§ 32 A teoria da liberdade [parte I, cap. 1, seção V, 24-45/60-84; 64-91 e parte IV, cap. 1, seção I]

Para Sartre, como notamos antes:

[...] aquilo que chamamos liberdade não pode se diferençar do ser da "realidade humana". O homem não é *primeiro* para ser livre *depois*: não há diferença entre o ser do homem e ser "ser livre". (25/61; 68; cf. tb. 486/566).

De acordo com isso, Sartre rejeita qualquer concepção de liberdade como "uma faculdade da alma humana a ser concebida e descrita de maneira isolada", "uma *propriedade* que, entre outras, pertence à essência do ser humano" (25/61; cf. tb. 439/514), e o conceito de vontade, como a única faculdade que traz a propriedade da liberdade, o que não possui lugar na explicação de Sartre.

A exposição inicia da teoria da liberdade, em 24-45/60-84; 64-91 da parte I, capítulo 1, seção V, "A origem do nada", constrói um caminho para a liberdade a partir do nada, implicação que, embora não seja conceptualmente imediata, não é difícil de apreender, em suas linhas gerais: a negatividade do para-si implica que, em relação a qualquer existente, o sujeito humano "não está sujeito a ele", não pode sofrer sua ação, pode "colocar-se fora do circuito em relação a" ele, e assim, pode "modificá-lo" (24/61)[116].

Este rápido esboço, segundo reconhece Sartre, provê a liberdade apenas como "uma palavra" (25/61), e faz-se necessária uma explicação mais detalhada para esclarecê-la e fornecer-lhe substância.

Sartre começa com o argumento de que podemos ser livres em relação às coisas do *mundo* apenas se nossa *auto*relação contiver liberdade: "a realidade humana pode se separar do mundo

---

[116]. A concepção de Sartre da negatividade como a essência (em certo sentido) da liberdade é reexposta em seu ensaio posterior, mais complexo, "Liberdade cartesiana" (1945), o qual procura resgatar das concepções de Descartes sobre a liberdade divina a fórmula correta para a liberdade humana, a saber, a "negatividade como produtiva" (p. 180).

[...] apenas se sua própria natureza for do desinteresse [*self-detachment*]" (25/61). Sartre compreende isto em termos irrestritos e incondicionais – o para-si precisa ser capaz não somente de opor uma parte de seu ser contra a outra, como de se separar de *tudo* o que é. A fim de mostrar que isto é possível, é necessário refutar a própria ideia de determinação causal psicológica (e com isso, qualquer explicação compatibilista que identifique liberdade com uma espécie de causação psicológica).

O argumento de Sartre compreende, em primeiro lugar (26-27/62-64), um apelo a sua análise anterior em *O imaginário*, na qual ele mostra diretamente, com referência à consciência imaginativa, a capacidade do para-si de nadificar reflexivamente (tese que também será sustentada em sua explicação da má-fé: cf. § 37). Uma imagem mental de Pedro envolve múltiplas nadificações: do mundo (que *não é* o *locus* da imagem), de Pedro (que *não está ali*), e da própria imagem (a qual *não é* uma percepção). A existência de *negatidades* tanto subjetivas quanto do mundo, portanto, implicam que existe uma capacidade de desinteresse [*self-detachment*] pelo menos em *algumas*, por exemplo, imaginárias, formas de consciência.

Em segundo lugar (27-28/64-65), Sartre amplia o escopo de ser argumento, ao fornecer uma análise da ação ou razão prática, a qual importa sua análise da temporalidade como estrutura da para-si. Seu argumento, em suma, é que qualquer descrição de uma sequência causal psicológica supostamente determinista – por exemplo, motivação M → intenção I → ação A – omite o que está implicado pela articulação subjetiva dessa estrutura temporal: em cada ponto há uma "clivagem entre o passado psíquico imediato e o presente", que "é precisamente nada" (27/64), e é necessário "que o ser consciente se constitua em relação a seu passado como separado de seu passado por um nada" (28/65). A consciência anterior está *"ali"* com sua modificação da "passadidade" ["pastness"], e assim, "posto para fora do jogo, do circuito, posto entre parênteses" (28/65). *Contra* a tese do determinismo psicológico, a relação entre a consciência do passado e do presente é uma "relação de interpretação", o que significa que é sempre e necessariamente uma questão para mim se devo me relacionar com meu passado psíquico (28/65).

Na verdade, tampouco sua extensão temporal é uma condição estrita para a liberdade: segundo a análise de Sartre, numa passagem crucial em 34/71-72, a mesma liberdade constituidora da clivagem é encontrada na estrutura sincrônica de motivação. O que significa para mim "ter" um motivo M – isto se segue da explicação de Sartre da consciência sem conteúdo – está ali para ser a consciência pré-reflexiva *de* M: os motivos não estão assim *na* consciência, mas *para* ela; M é *meu*, e não parte de uma realidade espacial externa, mas meu *como* "um correlato da consciência", instância da "transcendência na imanência" psíquica discutida no § 24, e a nadificação implicada pelo fato de ser uma transcendência implica que os motivos "podem surgir somente como aparência", e logo, são consideradas em si mesmas "inefetivas" (34/71-72). As estruturas da temporalidade e da consciência pré-reflexiva (as quais, é claro, no quadro teórico mais amplo de Sartre, implicam-se mutuamente), portanto, são ambas individualmente suficientes para a liberdade.

Note-se que não se pode objetar que, embora Sartre possa ter mostrado que a negação é requerida para a causalidade psicológica, ele falhou em mostrar que exercícios do poder de negação são causalmente incondicionados, isto é, que ele "não excluiu a possibilidade de um determinismo de nadificações" (27/64). A metafísica do nada de Sartre mostrou que a negatividade não pode ser um *efeito* do *ser*, do que se segue que "todo processo nadificador deve derivar apenas de si mesmo" (27/64). Daí a importância da rejeição da teoria do julgamento da negação discutida no § 9, a qual é compatível com um determinismo dos juízos negativos.

Em terceiro lugar, Sartre observa que é uma implicação de sua explicação (devido à sua tese da autoconsciência pré-reflexiva) que nós possuímos *consciência* da liberdade que ele descreveu, e é possível sustentar que isso constitui um desafio, uma vez que nossa consciência cotidiana de nós mesmos como agentes obviamente não reproduz a fenomenologia fraturada sugerida por Sartre, e que se pode defender que é acompanhada por uma crença positiva no determinismo psicológico.

A réplica de Sartre consiste em oferecer análises detalhadas das condições, às quais ele chama de "angústia" ["*anguish*"], nas quais a experiência da liberdade é aguda e explícita. Ele fornece à guisa de ilustração o caso da vertigem na beira de um precipício, onde sou presa não do medo de cair, mas do horror à possibilidade de me jogar dali de cima (29-32/66-69), e o de um jogador que se torna consciente da possibilidade de abandonar sua decisão anterior de deixar de jogar (32-33/69-71). Nesses cenários, sou confrontado com o que Sartre chama de meus "possíveis" – não estados possíveis do *mundo*, mas do *ser* possível que eu determino *por mim mesmo* e ao qual me relaciono ontologicamente (30-31/67-68); cf. o § 18) de alguém que retoma a vida de jogador etc.

O propósito dos estudos de caso de Sartre é pôr uma lente de aumento na estrutura fundamental da consciência prática. Embora em certo sentido excepcionais, obviamente não são intrinsecamente diferentes da consciência prática comum: o que os torna distintos é apenas que essa reflexão tematizou a estrutura da razão prática de maneira a exibir seus pontos de clivagem; eu que experimento a vertigem estou *consciente* de que meu horror "*não é determinante* em relação à minha possível conduta" (31/68); o jogador está *consciente* da relação de seu passado psíquico com seu presente *como* problemático etc.

A angústia, como insiste Sartre, não é "uma *prova* da liberdade humana": ela se limita, mas isso é importante, a estabelecer a possibilidade de "uma consciência específica da liberdade", como requer a explicação de Sartre (33/71).

Isto permite que se veja que a *aparência* de causalidade psicológica na consciência natural se deve a uma estrutura particular, a qual é ontologicamente *secundária*. No "mundo do imediato" que é dado à consciência não-reflexiva, nós aparecemos "em situação", isto é, em um mundo "povoado com demandas", e engajado em projetos (39/76). Nas situações mais comuns da vida nossa consciência está "*em ação*", o que significa que nós apreendemos nossas possibilidades somente na medida em que as *realizamos* ativamente – "os atos me revelam minhas possibilidades no próprio instante em que são realizados" (35-36/73-74). Essa estrutura, é claro, não abole a liberdade, uma vez que a possibilidade de nos abstermos de todas essas atividades permanece intacta (36-37/74), mas impede a apreensão reflexiva da liberdade na qual consiste a angústia.

A explicação de Sartre do motivo pelo qual a angústia não é nossa condição ordinária, mesmo que seja consciência do que é metafisicamente mais fundamental, estende-se para uma explicação de nossa "fuga da angústia" e daí, à sua teoria da má-fé (cf. § 37).

A fuga à qual se refere Sartre não é a conhecida tentativa empírica de suprimir ou reprimir um estado emocional, mas a tentativa do para-si de reconfigurar toda sua estrutura. Sartre sustenta que ela envolve determinismo psicológico no nível da reflexão, não como tese filosófica, mas na forma de uma "fé" primitiva construída em torno da metafísica sujeito-predicado do sujeito humano, criticada em *A transcendência do Ego*: "isto assevera que há dentro de nós forças antagônicas cujo tipo de existência é comparável ao das coisas", que há "uma *natureza* que produz nossos atos", a qual estabelece os vínculos entre nosso passado e futuro (40/78), e mesmo que existe na profundeza de cada um de nós um verdadeiro si [*self*], *un Moi profond*, o qual está na origem de nossos atos (42/80).

Precisamos agora nos voltar para a difícil questão de como, em termos positivamente conceptuais, deve se expressar a concepção de liberdade de Sartre.

Como vimos, Sartre se refere à liberdade como envolvendo alguma forçosa ruptura com o mundo – uma "ruptura permanente em determinismo" (33/70), o sujeito "se dissociando das séries causais" (23/59) – e isto pode nos levar a pensar que Sartre ocupa o lugar no debate sobre o livre-arbítrio tradicionalmente rotulado de "libertarianismo indeterminista incompatibilista": segundo o qual a liberdade é o conceito de um evento que é (empiricamente) causalmente indeterminado, e assim, incompatível com a determinação causal (empírica), e ainda assim efetivamente realizada na ação humana.

Isto é altamente enganador, porém, pois implica que Sartre *aceita*, metodológica e metafisicamente, a prioridade e a realidade da ordem causal natural, o que o comprometeria em conceber a liberdade como um *hiato* causal na ordem natural, a partir da qual o agente livre se afasta e/ou no qual intervém. Mas esta não poderia ser a visão de Sartre, uma vez que ele rejeita *ab initio* a ideia de que pertencemos à natural ou a qualquer outra ordem causal do ser – ele até mesmo nega que *exista*, antes e independente de nosso ser-como-liberdade, qualquer ordem unitária que inclua tanto a nós como ao ser-em-si. Nossa "ruptura" com o ser, portanto, refere-se à tese metafísica de Sartre de que o nada é nadificação *do* ser (§ 9), não a rupturas causais com a ordem natural. A concepção de liberdade de Sartre pressupõe a ininteligibilidade do determinismo psicológico, mas não envolve *nenhuma* tese concernente seja à determinação, seja à indeterminação. Quando Sartre fala de "ruptura" e "dissociação" é a fim de comunicar o que a liberdade é *do ponto de vista* e na linguagem daqueles que procedem a partir do (falso, para Sartre) pressuposto de que a ação humana *prima facie* pode ser subsumida no interior de uma matriz causal determinista universal. Mesmo na formulação tradicional da liberdade como envolvendo a verdade de "ela poderia ter agido diferente", portanto, é inadequada como exemplo da liberdade sartreana: em seus termos, ela meramente *restabelece* a liberdade do agente, sem *analisar* sua atribuição.

Quando Sartre passa a enfrentar a questão de "o que é esse *nada (rien)* que fornece uma fundação para a liberdade" (34/71), ele primeiramente observa que, em certo sentido, sua posição implica que não há nada (nenhuma estrutura positiva) a ser descrito, e então, de maneira crucial, ele introduz a noção que fornece o fim de sua análise da liberdade? "esse nada foi *feito-para-ser (est été)* pelo ser humano em sua relação consigo mesmo" (34/71), acrescentando que essa autorrelação possui o caráter de uma *obrigação* – "uma obrigação constantemente renovada de refazer o Si [*self*]" (35/72) ("Por definição, o para-si existe com a obrigação de assumir seu ser", *existe sous l'obligation d'assumer son être*, 118/162).

225

Essa difícil noção de obrigação, que encontramos no § 14, representa um limite transcendental para nossa compreensão do para-si (e, na leitura não perspectivista de *SN*, o fundamento final do próprio ser do para-si).

O pensamento de Sartre é que nós chegamos a um ponto no qual reconhecemos uma *necessidade* que pode ser parcialmente caracterizada, mas que resiste a uma análise completa. Não é, é claro, uma necessidade física, mas tampouco é uma necessidade racional enquanto tal: ele utiliza o termo "obrigação" como a mais próxima comparação disponível a fim de produzir a sombra de normatividade que essa necessidade põe, mas sua tese não é que nós *julgamos* à luz de qualquer *princípio* moral ou outro de que temos que dar ser a nós mesmos, que é *certo* para nós fazê-lo. Assim, ele fornece um "ponto de indiferença" entre as dimensões teórica e prática do para-si: nosso ter-de-dar-ser-a--nós-mesmos é o que subjaz tanto a nossa transcendência *cognitiva* quanto à nossa *ação*. Pelo fato de essa necessidade nos constituir no nível mais fundamental não podemos nos afastar dele da maneira requerida para nossa concordância com ela para que seja submetida a nossa escolha; daí a tese frequentemente repetida de Sartre de que estamos *condenados* à liberdade ("não somos livres para deixarmos de ser livres", 439/515).

É porque somos nada e falta (§ 17) que somos obrigados a nos (re)fazer, mas esse ser-falta não é uma causa metafísica *distinta* da experiência da obrigação. Nós não descobrimos primeiro sermos nada, e com base nisso *julgamos* que precisamos adquirir ser. A falta é apenas uma maneira diferente de expressar a visão em nosso ser-como-obrigação: nós *carecemos* de ser, enquanto oposto a meramente nos descobrirmos compostos de nada, somente na medida em que já nos relacionamos conosco mesmos como obrigados-a-dar-ser-a-nós-mesmos.

A imagem do para-si como "descompressão do ser" que Sartre utiliza com tanta frequência para caracterizar o para-si (p. ex., xli/32) suporta o caráter ontológico da obrigação, mas o ponto a ser esclarecido, que nenhuma analogia física pode transmitir, é que a *obrigação* do para-si é parte da ontologia: a ideia estranha, não pertencente ao senso comum de Sartre (que possui importante precedente histórico em Fichte) é que um "deve" ou "ter-de", um fato ou estrutura que só pode ser descrito numa linguagem prática, imperativa, pertence ao estofo da realidade (ponto que retrocede a uma observação anterior, no § 14, de que a teleologia constitui para Sartre a realidade do para-si).

Quando Sartre retorna para efetuar um ataque frontal à questão da liberdade, na parte IV, capítulo 1, seção I, as ideais acima esboçadas são grandemente ampliadas. Em particular:

(1) 433-438/508-513, 445-450/522-527: A explicação da ação ou da razão prática é desenvolvida, com ilustrações históricas (433-435/508-510), em termos de uma distinção de *móbiles*, "motivos", que são projeções subjetivas de fins ("o conjunto dos desejos, emoções e paixões que me pressionam a realizar certo ato", 446/522-523), e *motivos* [*motifs*], traduzido por Barnes como "causas" para indicar sua externalidade ao sujeito (um *motif* é "objetivo", um "estado de coisas contemporâneas tal como se revelam à nossa consciência", 447/524), mas definido por Sartre como "a *razão* para o ato; ou seja, o conjunto de considerações racionais que o justificam" (445-446/522).

A dificuldade, insiste Sartre, é apreender como *motifs* e *móbiles* se unem sem incorrer num incoerente dualismo (447/523-524). Sua única solução, argumenta, é ver que eles são "correlatos" exatamente da mesma maneira que a consciência-do-objeto tética [*thetic object-counsciousness*] se correlaciona com a autoconsciência não tética: a apreensão pelo para-si do *motif* objetivo é simplesmente o outro lado de sua "consciência não tética de si como projeto em direção a um fim", isto é, de seu *móbile*, e *vice-versa* (499/525). Disto se segue uma unidade "indissolúvel" que nos refere ao surgimento do para-si no mundo e à sua projeção de si em direção a suas possibilidades; daí, mais uma vez, a ininteligibilidade do determinismo (cuja ilusão Sartre volta a explicar como resultado da conversão do *móbile* em objeto de conhecimento empírico, 449-450/526: o *móbile* é "passadificado" (*passéifié*) e fixado em si-mesmo", 450/526).

(2) 444-445/521: A análise da emoção do primeiro *Esboço* de Sartre é recuperada, com ênfase no ponto de que a decisão a adotar uma estratégia seja mágica, seja racional diante da dificuldade não pode ser determinada pelo mundo, e deve pertencer ao projeto do para-si: "Meu medo é livre e manifesta minha liberdade. [...] Em relação à liberdade não existe fenômeno psíquico privilegiado" (445/521).

(3) 450-452/527-529: A operação da vontade, no sentido de empreender um curso de ação com voluntarismo deliberativo, é rejeitada como condição necessária da liberdade: "a vontade não é uma manifestação privilegiada da liberdade" (452/529)[117]. Porque a liberdade já está expressa na configuração de elementos situacionais e subjetivos – e em valores atribuídos a eles – anterior à minha atividade de "pesá-los" na deliberação, Sartre sustenta que voluntarismo e espontaneidade involuntária são apenas dois caminhos ou *métodos* diferentes de perseguir meus fins, entre os quais escolho livremente (uma discussão mais detalhada, que inclui uma explicação da acrasia, é encontrada em 472-476/550-555).

---

117. A dissociação entre liberdade e vontade ocorre em A transcendência do ego, p. 47-48; O imaginário, p. 153-154; e Diários de uma guerra estranha, p. 33-36.

Os únicos termos da psicologia comum referentes aos antecedentes psicológicos da ação que Sartre está preparado a admitir como condições necessárias da liberdade são a *intenção* e a *escolha*. Seu papel constitutivo conjunto na liberdade é explicado em 476-478/555-557: a intenção escolhe e põe o fim, e escolhe a si mesma, "por meio de um só surgimento unitário" (478/557). Quando utiliza esses termos, Sartre é claro não está pensado neles como tipos especiais de estados psicológicos, cuja existência pode ser empiricamente detectada e que forneceriam um marcador para a liberdade. Para ele, a liberdade não é algo para cuja presença ou ausência *poderia* haver critérios (assim como, argumentou, a consciência dos Outros deve estar *além dos critérios* para ser possível).

(4) 441-444/517-521: Em um nível mais alto de generalidade, Sartre toma como alvo a pronunciada tendência do pensamento comum a distribuir liberdade e determinação ao longo de diferentes *partes* do si [*self*], e assim a compreender a ação livre como pressupondo uma dominação de partes psicológicas determinadas pelas partes psicológicas livres (domínio das paixões pela razão etc.).

Além do problema imediato de que nós assim concebemos, aparentemente, um ser tanto livre quanto determinado, e contradizemos diretamente a unidade do para-si (à maneira de Freud: cf. § 25), o problema de relacionar entre si a "liberdade incondicionada com processos determinados da vida psíquica" de maneira inteligível (441/517), afirma Sartre, não possui solução, pois não se pode explicar como uma espontaneidade livre poderia adquirir a requerida apreensão direta sobre uma fato psíquico constituído de forma determinística, assim como não poderia sobre um ser--em-si externo. Disto se segue que "duas soluções e somente duas são possíveis: ou o homem é inteiramente determinado [...] ou ele é inteiramente livre" (442-518).

(5) 453-454/530-531, 464/542: A tradicional condição "poderia ter agido de outro modo" posta sobre a liberdade é refinada por Sartre em termos do projeto original do sujeito, de mais alto nível, o qual fornece unidade inteligível a minhas ações (cf. § 34). É falso que eu poderia ter agido de outro modo sem alguma mudança em meu projeto original; mas é verdadeiro que eu poderia ter mudado meu projeto original; e assim, verdadeiro condicionalmente – mas com base em uma condição que não implica diminuição ou qualificação de minha liberdade – que eu poderia ter agido de outro modo. O debate sobre saber se, no nível de uma escolha empírica, um agente poderia ter agido de outro modo, assim, "baseia-se em premissas incorretas" (454/530). A condição "poderia ter agido de outro modo", portanto, permanece uma implicação conceptual secundária, não uma análise de caráter essencial da liberdade.

Antes de prosseguirmos para avaliar a explicação da liberdade de Sartre, componentes adicionais da teoria, provendo-a de importantes extensões, precisam ser acrescentados.

§ 33 Liberdade: facticidade e situação [parte IV, cap. 1, seção II]

A tese de Sartre de que a "liberdade absoluta" é "o próprio ser da pessoa" (581/670) pode nos levar a retratar o sujeito sartreano como desfrutando de total soberania, contemplando um mundo transparente e senhor de seu próprio domínio. Essa concepção hiperbólica foi atribuída a ele e recebeu violentas críticas, mas a discussão da liberdade e da facticidade – na seção II, "Liberdade e facticidade: a situação" – deixa suficientemente claro que da teoria da liberdade de Sartre não se segue semelhante elevação megalomaníaca do si [self].

O texto da seção II se divide em quatro partes: (1) 481-484/ 561-564: uma explicação de como a teoria da liberdade contradiz crenças do "senso comum" concernentes à liberdade e porque estas não fornecem fundamentos efetivos de objeção à teoria.

(2) 484-489/564-571: extensão da teoria da liberdade mostrando sua relação com o dado fático, no qual o conceito de "situação" é introduzido. (3) 489-548/570-633: extensa e detalhada explicação das estruturas fundamentais da facticidade, a saber, meu "lugar", meu passado, minha posição como determinado pelos Outros, minha relação fundamental com o Outro e minha morte. (4) 548-553/ 633-638: resumo do que constitui nosso "ser-em-situação".

Embora todo esse material seja de grande interesse e importância (em particular, a explicação da morte, 531-548/615-633, como crítica à noção de Heidegger de "ser-para-a-morte"), é a discussão em (1) e (2) que é absolutamente crucial para a teoria da liberdade.

Como vimos no § 16, a explicação da facticidade por Sartre mostra porque não *acontece* de ser meramente o caso que o para-si, quando inicia a tarefa de conferir significados e determinar situações, vê-se a si próprio com ser que não é de sua escolha: é metafisicamente *necessário* que o para-si *não* deve escolher sua "posição" (83/126). Ora, a questão para Sartre é simplesmente: se for assim, porque não se segue que minha liberdade possui *limites* e é *condicionada*, num sentido que contradiz, e mostra o equívoco da afirmação de Sartre, implicada por sua tese da identidade entre minha liberdade e meu ser, do caráter *incondicionado*, e portanto *ilimitado*, da liberdade humana?

Sartre concorda que eu não posso "escolher ser alto ou baixo", que "eu nasci um trabalhador, um francês" ou qualquer outra coisa, que o mundo oferece resistência a meus projetos (existe um "coeficiente de adversidade das coisas": eu não posso superar toda dificuldade, que pode ser impossível para mim escapar "à sorte de minha classe, de minha nação, de minha família", que um prisioneiro nem sempre está "livre para sair da prisão" (481/561, 483/563). Porém, a questão é como tudo isso deve ser conceptualizado. O senso comum vê esses fatos como limites à minha liberdade, e o faz com consistência, uma vez que concebe a liberdade em termos de *poder*, concepção, todavia, que foi objeto de críticas por parte de Sartre. A primeira coisa a mostrar, portanto, é que a liberdade *ontológica* teorizada por Sartre não corresponde e não visa corresponder à liberdade da qual falamos comumente quando nos referimos à liberdade de uma pessoa como limitada por suas capacidades e faculdades ou como sendo capaz de aumentar e diminuir: é preciso estabelecer uma distinção entre "liberdade de ação" e a "liberdade propriamente dita" (482/562), o conceito "empírico e popular" de liberdade e o conceito "técnico e filosófico" de liberdade (483/563). A onipresença da liberdade ontológica, por conseguinte, não implica o absurdo de que somos livres para viajar para a lua assim como somos para estalar nossos dedos.

Mas separar a liberdade ontológica da empírica, como reconhece Sartre, não é suficiente para resolver o problema (484/564). Sua teoria da liberdade, afinal, afirma "algo como um condicionamento ontológico da liberdade", na medida em que afirma que a liberdade exige um *dado* (478/558), e que portanto parece afirmar "um tipo de prioridade ontológica do em-si sobre o para-si" (484/564) – o que parece nos fazer voltar à descrição da liberdade como possuindo, em certa *medida*, limitada pelos fatos sobre como as coisas são, tais como "podemos ser livres somente em relação ao estado de coisas e à despeito desse estado de coisas" (486/566). Se assim fosse, a liberdade seria condicionada pelas coisas.

A questão decisiva, como emerge da discussão extraordinariamente sutil de Sartre, é saber se há ou não algo *no dado* que seja tanto (i) independente de minha liberdade *quanto* (ii) determinante de minhas escolhas. E isto é exatamente o que Sartre tem condições de negar a partir da metafísica de *SN*: o dado aparece somente devido a uma *nadificação* e em relação a algum *fim* meu livremente escolhido. Embora seja verdade que "um inomeável e impensável *residuum*" pertence ao dado *como ser-em-si* (482/562), esse resíduo não pertence à minha *situação* e "de modo algum faz parte da constituição da liberdade" (487/567). A facticidade, como Sartre expõe na parte II, não pode ser "apreendida em sua nudez bruta, uma vez que tudo o que encontraremos dela já está coberto e livremente constituído": a resistência que ela apresenta não é estritamente uma "*resistance* de fato" (83/125-126), e o "dado não é nada mais do que o em-si nadificado pelo para-si", não um "*datum* puro" (487/567-568). Seria absolutamente inútil, diz Sartre, "procurar definir ou descrever o 'quid' dessa facticidade '*antes*' que a liberdade se volte para ele a fim de apreendê-lo como uma deficiência determinada" (494/575).

O conceito de "situação" de Sartre (formalmente definido em 487/568; cf. tb. 259-260/317), de acordo com isso, não é o de uma *condição* da liberdade – em vez disso, minha situação é uma *expressão* e *realização* de minha *in*condicionada liberdade.

Segue-se também que questões sobre qual parte de minha situação é facticidade e qual parte é minha liberdade são mal-formuladas: a análise de minha situação não descasca camadas de suaves significados subjetivos ineficazes [*does not peel away layers of soft inefficacious subjective meanings*] para revelar uma dura objetividade determinada. Pelo contrário, como veremos no § 34, ela eleva para a subjetividade, em direção ao "projeto original" do para si, logo, "é impossível determinar em cada caso particular o que provém da liberdade e o que provém do ser bruto do para-si"

(488/568). Liberdade e facticidade não podem competir, uma vez que a "*liberdade é a apreensão de minha facticidade*" (494/575).

A defesa por Sartre de sua tese do caráter incondicionado da liberdade implica que a liberdade não é limitada da maneira que se pensa usualmente, mas não, note-se, que a liberdade *não* possui limites: na verdade, explica ele, existe um "*real*" e "verdadeiro" limite à minha liberdade, fornecido pela transcendência de mim pelo Outro, "o próprio fato de que o Outro me apreende como o "Outro-como-objeto" (524-525/607-608; cf. tb. 262/320). Em virtude de sua distribuição pela intersubjetividade, a liberdade, portanto, é *auto*limitante.

Tampouco se segue da exposição de Sartre que o conceito comum de liberdade não tenha validade. A distinção que é necessária é entre a liberdade ontológica, que *SN* procura explicar, e a liberdade como algo *realizado*. Tendo isolado a liberdade que torna possível a ação, a responsabilidade e a existência humanas, outro conceito de liberdade – correspondendo mais estreitamente ao que comumente se entende quando se fala da liberdade como algo desejável, que pode ser perdida ou conquistada, aumentada ou diminuída etc. – pode ser formulado. Porém, essa concepção da liberdade como positivamente realizada ou expressa, e de haver certas condições sob as quais semelhante realização ou expressão é possível, e outras sob as quais não é, é de maneira bastante evidente uma questão à parte, exigindo uma exposição à parte, da liberdade ontológica: exigirá uma exposição da liberdade ontológica como *executada* de maneira variável aos produtos, resultados, condições ou conteúdos das ações; e porque, segundo Sartre, isto nos conduz ao domínio da ética, ele não a examina em *SN* (com o infeliz resultado, contudo, que sua concepção de liberdade é equivocadamente compreendida como *identificando* liberdade-como--realizada com a liberdade ontológica).

Que nossas situações se compõem, são fraturadas e entrecruzadas por uma multiplicidade de estruturas objetivas – cultura, tradição, linguagem, classe, raça, gênero e assim por diante – não é de modo algum negado por Sartre. Tampouco é negado que essas estruturas, os produtos de um desenvolvimento histórico que se desenrolou sem qualquer direção providencial, podem não se prestarem a serem apreendidas, seja praticamente, seja cognitivamente, pelos indivíduos. Se a rede de estruturas sociais e históricas que o indivíduo encontra pode ser apreendida de uma maneira que lhe assegure a capacidade de reconfigurá-la de acordo com seus próprios fins (liberdade empírica, capacidade prática), como contraposto a meramente se colocar sobre ela ou contra ela (liberdade ontológica) é outra questão, pertencente à filosofia da história e à teoria política e social, que *SN* não examina, embora o texto forneça indicações suficientes de que a visão de Sartre não é ingênua a respeito.

Afirmou-se, como veremos no próximo capítulo, que Sartre revê sua compreensão da liberdade em seus escritos pós-*SN*, e que sua preocupação posterior em compreender a lógica da liberdade em situações concretas exige que a explicação da liberdade de *SN* seja reformulada. Entretanto, é duvidoso que a exposição da liberdade em *SN* seja inconsistente com as descrições mais nuançadas da liberdade encontradas em seus escritos posteriores, sua visão de que nosso *ser social e histórico* envolve uma união entre liberdade e necessidade. O que Sartre não pode admitir é apenas – e é isto que o coloca em disputa com pensadores estruturalistas e pós-estruturalistas franceses, mais tarde – que a liberdade não tenha prioridade e que a relação entre subjetividade e estrutura objetiva é absolutamente simétrica, isto é, uma relação de interação entre iguais do ponto de vista ontológico (a menos, é claro, que a subjetividade seja mero "efeito" dessas estruturas).

§ 34 O projeto original e a escolha de mim mesmo [parte IV, cap. 1, seção I, 457-467/534-546 e 479-481/559-560, e parte IV, cap. 2, seção I, 557-564/643-651]

Pode-se sugerir que, embora a exposição da liberdade de Sartre sirva para lucidar o ponto de vista prático da primeira pessoa, a perspectiva de agentes conscientes de si mesmos como tendo escolhas a fazer, existe também a necessidade de uma explicação psicológica do ponto de vista não prático da terceira pessoa. Nesse contexto, teremos nós que reintroduzir a concepção psicológica do mental (§ 24), repudiada por Sartre? Se for assim, a perspectiva da liberdade será minada, ou pelo menos posta problematicamente em oposição a uma visão "psíquica", objetivista do mental que é igualmente indispensável. O desafio para Sartre, portanto, é mostrar que a liberdade também pode servir nessa segunda capacidade, como base da compreensão *teórica* do para-si.

A seção "Psicanálise existencial" (parte IV, cap. 2, seção I) abre com uma crítica da tentativa de explicar os indivíduos em termos psicológicos conhecidos. A psicologia primeiramente analisa o sujeito em termos de fatores motivacionais básicos e disposições de um tipo abstrato, e depois apela a tipos psicológicos apoiados em bases indutivas e a leis psicológicas, a fim de construir explicações de instâncias de comportamento individual (note-se que Sartre tem em mente aqui a psicologia intencional não-redutivista, não o naturalismo redutivista "duro"; até Jaspers é incluído, 559/645).

Deixando de lado suas objeções metafísicas *a priori* a semelhante teorização, Sartre se concentra no ponto de que esse estilo de explicação necessariamente termina com a postulação de "dados originais inexplicáveis" – por exemplo, "ambição", "necessidade de sentimento intenso" – cuja objeção não é que com isso deixamos de satisfazer ao princípio de razão suficiente – Sartre aceita que "temos de parar em algum lugar; é a própria contingência da existência real" (560/646) –, mas que esses irredutíveis são do *tipo errado*: enquanto a "ambição", por exemplo, é concebida como uma *propriedade*, algo que que podemos ter "recebido de" porões sociais ou fisiológicas, sua *relação* com o sujeito, e portanto o seu *significado*, é necessariamente ininteligível, e a explicação um fracasso.

Sartre apresenta então sua mais clara reformulação, em *SN*, da tese de *A transcendência do Ego*, concernente à não conformidade da subjetividade humana à metafísica do sujeito-predicado, afirmando que essa metafísica envolve uma das duas igualmente inaceitáveis concepções do sujeito humano, como quer um "substratum" não qualificado, quer como "uma substância de apoio para uma vaga substância despojada do significado de seus modos", ou como "um fluxo horizontal de fenômenos" (459/536).

O que precisamos, afirma Sartre, é "um *véritable* [*verdadeiro*] irredutível; ou seja, um irredutível cuja irredutibilidade nos fosse *evidente*" 560/647) e isto, sustenta, só pode ser uma "*unificação livre*" (561/648). Desse modo, somos conduzidos ao conceito de um "projeto original" unitário (561/648) ou "projeto fundamental" que seja "puramente individual e único" a cada para-si (563/650). Apreender um indivíduo à luz de seu projeto original, segundo ele, é apreender "a totalidade de seu impulso em direção ao ser, sua relação original consigo mesmo, com o mundo, e com o Outro", de tal modo, além disso, que esse todo possa ser redescoberto em toda parte – "em cada inclinação, em cada tendência a pessoa se expressa completamente, embora de um diferente ângulo" (563/650).

Fez-se menção antes, em *SN*, à noção de uma única, autodefinidora escolha – por exemplo, "Surjo sozinho e em angústia confrontando o projeto único e primário que constitui meu ser" (39/77) –, mas é apenas na parte IV que Sartre fornece argumentos a seu favor e esclarece seu *status*.

Na primeira enunciação de sua teoria (parte IV, cap. 1, seção I, 457-467/534-546), a escolha original de mim mesmo, *le choix originel de moi-même* (464/542) é apresentada como componente da teoria da liberdade, uma que permite a Sartre, como notado no § 32, fornecer uma explicação da possibilidade de ter agido de outro modo. Na segunda apresentação (parte IV, cap. 2, seção I, 557-564/643-651), Sartre a provê de um argumento independente, a saber, como vimos, que é unicamente compatível com a realidade do sujeito humano como unidade pessoal, o que toda forma empírica de explanação psicológica destrói.

Podemos pensar em nossa escolha original, diz Sartre, tomando emprestado e corrigindo um conceito de Kant, como "a escolha de um caráter inteligível", na medida em que identificamos esse caráter como "o único padrão da existência empírica do sujeito" e não localizamos a escolha num nível ontologicamente anterior e distinto de existência noumenal, ou subjetividade inconsciente (563-564/650, 480/559). Se perguntamos *quando* a escolha original do si [*self*] é feita, a resposta de Sartre é que ela é simultânea ao surgimento do para-si em questão, e assim, não é feita *em tempo algum*, embora não seja feita *fora do tempo*: "precisamos conceber a escolha original como seguindo o tempo e como sendo idêntica com a unidade das três *ekstases*" (465/543); a escolha original não é nem instantânea nem coextensiva com uma vida completa, mas é "constantemente renovada" (480/560). Mais uma vez, se nos perguntarmos *por que* a escolha original de mim mesmo é feita – por que é *essa* escolha e não outra – nenhuma resposta pode ser dada em termos de *móbiles* ou *motifs*, uma vez que estes já pressupõem uma escolha de si [*self*] (462/539). A escolha original, porém, não pode ser vista como *desprovida* de razões e causas: é uma "invenção espontânea" destas, dentro de seu próprio âmbito (470/549). A escolha, em consequência, deve expressar um significado que se "refere apenas a si mesma" e não requer interpretação (457/534-535), sua inteligibilidade derivando do fato de que o projeto original é "sempre o esboço de uma solução do problema do ser" (463/540). Minha escolha original, por conseguinte, nota Sartre, inclui as regras para a interpretação, ou os critérios para determinar o significado de minhas escolhas empíricas (471/549).

A escolha original constitui "um *absoluto não substancial* (*un absolu non substantiel*)" (561/648), uma descrição aplicada, na introdução, à consciência (xxxii/23). embora também seja verdadeiro, enfatiza Sartre, que a escolha deve ser apreendida como "*injustificável*", e assim, na angústia, na medida em que a apreendemos como "não derivando de qualquer realidade anterior" (464/542).

No que diz respeito ao nosso conhecimento de nossa escolha original, a posição de Sartre é que nós carecemos de conhecimento explícito, tético ("analítico e diferenciado") dela – necessariamente, uma vez que ela não *existe* na forma atemporal, pré-concebida a fim de ser subsequentemente realizada – mas que nós possuímos consciência não tética dela, a qual (já que "nosso ser é precisamente nossa escolha original") é simplesmente idêntica à nossa autoconsciência (461-463/539-540). De maneira importante, isso explica por que nós não experimentamos nossas vidas como o desenrolar de um roteiro com o qual já estamos familiarizados, porque nossa existência possui o caráter de "*escolher* a nós mesmos", isto é, de responsabilidade, e não de "*ser escolhido*" (464/541), e porque, num sentido complexo que Sartre descreve com cuidado e precisão (466-467/544-546 e 469-470/548-549), a "modificação radical" da escolha original de mim mesmo é possível. Porque minha escolha original de mim mesmo não reside nem em meu passado nem fora de minha temporalidade, não há razão pela qual, em cada instante em que a adoto e desenvolvo, não possa romper com ela e reverter meus projetos anteriores – ao deixar de jogar ou qualquer outra coisa. Mas ao mesmo tempo, se minha escolha original *for* o padrão *total* (em vez de ser meramente o *passado*) em minhas escolhas empíricas, e se esse padrão possuir o caráter de uma Gestalt, em vez de uma iteração direta, então não se pode estritamente dizer que agora faço, ou me torno, uma escolha original *diferente* – não mais do que um romancista que abruptamente muda a direção de uma trama escreve por isso um romance diferente. Se deixo de jogar, reconfiguro meu passado, que agora adquire o significado de "renunciado". Como pode ser posto: posso modificar a qualquer momento o que *tomo* como sendo meu projeto original, mas meu projeto original (*ele próprio*) não é finalmente determinado enquanto eu ainda for capaz de efetuar escolhas, e nessa medida, não se pode dizer que ele seja quer modificável, quer imutável.

O conceito de escolha original do si [*self*], portanto, constitui a resposta de Sartre para o desafio de explicar a possibilidade da explanação psicológica, ao permitir que a liberdade seja *explanatória* (posteriormente, Sartre descreveu isto como sendo exatamente o objetivo de sua biografia de Jean Genet: "Tentei fazer o seguinte: indicar os limites da interpretação psicanalítica e da explanação marxista, e demonstrar que somente a liberdade pode explicar uma pessoa em sua totalidade")[118].

---

118. *Saint-Genet*, p. 584.

§ 35 *Responsabilidade pelo mundo [parte IV, cap. 1, seção III]*

A extensão da teoria da liberdade que Sartre efetua na curta terceira seção do capítulo sobre a liberdade é dramática, e a despeito de uma breve intimação, em 463/541, inesperada. O filósofo nos mostra que o "homem é responsável pelo mundo" (553/639), não meramente no sentido geral de que o ser de um mundo requer o ser-para-si, mas no nível do para-si *individualizado*: "Sou responsável por tudo, na verdade, exceto por minha própria responsabilidade"; eu me vejo "engajado num mundo pelo qual carrego inteira responsabilidade" (555/641); "a responsabilidade do para-si se estende para o mundo todo como um mundo-povoado" (556/642).

O que poderia nos inclinar a tomar essas observações provocativas como valendo menos do que ostentam – pensar, por exemplo, que Sartre está apresentando aqui uma ficção com algum tipo de função exortativa ou regulatória para nossas disposições éticas, não uma peça de metafísica – é seu enunciado, no início, de que suas observações são "primariamente de interesse para o especialista em ética" (553/638), e seu uso, em alguns lugares, da conjunção "como se" ("como se eu carregasse inteira responsabilidade por esta guerra", 554/640). A ideia de Sartre seria comparável à famosa doutrina afirmativa da vida do eterno retorno, de Nietzsche, que Sartre deve ter conhecido, e que se concorda em geral não consistir numa tese cosmológica, mas antes num pensamento hipotético cuja sustentação possui importância existencial.

A intenção de Sartre ao nos declarar responsáveis pelo mundo é certamente nos fazer eliminar certa atitude, a de tomar distância de nossas vidas com base na qual ela foi composta por acidente ou externalidade histórica, tornando-a algo de alheio a nós. Mas uma leitura antirrealista da doutrina seria um erro, pois Sartre diz bastante claramente que ele está "tomando o termo 'responsabilidade' em seu sentido comum como 'consciência (de) ser autor[a] incontestável de um evento ou objeto" (553/639), e um exame da tese da responsabilidade pelo mundo mostra que se trata de um inteligível e defensável desenvolvimento de sua teoria da liberdade.

Claramente a tese de cada um é responsável pelo mundo não pode ser compreendida com a mesma base da responsabilidade que cada um tem por si mesmo, uma vez que o mundo não me é dado como um nada sob a obrigação de ter-de-ser, mas antes *como* ser; nem mesmo com base em que o mundo-objeto é dependente do sujeito, uma vez que qualquer que seja a breve história que Sartre queira nos contar sobre a objetividade (§ 12), ele não é um idealista empírico e sua posição é que o para-si permanece acima e contra o reino objetivo, como a facticidade, correlacionada com sua liberdade (§ 33). A responsabilidade pelo mundo, portanto, precisa ser dada de maneira indireta.

O seguinte ponto está no fundo da discussão de Sartre: a responsabilidade *pelo* mundo deriva de minha responsabilidade por *meu* mundo, e esta deriva da consideração de que ela é "a imagem da livre escolha de mim mesmo" (554/639). Ora, isto pode nos levar a pensar que a tese da responsabilidade pelo mundo é simplesmente uma implicação lógica da doutrina do projeto original, e é ela que lhe fornece sustentação. Embora essa aplicação seja certamente afirmada por Sartre, e seja defensável, há mais coisas presentes nesta seção, e é importante que a responsabilidade pelo mundo receba apoio independente (mesmo que apenas para que não seja tomada como fornecendo uma *reductio* da ideia de uma escolha original do si [*self*]).

A afirmação de Sartre de que sou responsável pelo mundo no sentido de ser seu *autor* visa implicar que "esta guerra é *minha* guerra", mas não, é claro, que fui eu quem declarou guerra (554/639). Qual é esse sentido transcendental de autoria-com-responsabilidade?

É preciso lembrar, em primeiro lugar, que a tese candidata teísta ou deísta para a autoria do mundo está excluída (cf. § 47), que o mundo, segundo a explicação de Sartre, não é simplesmente infligido sobre minha passividade, e que não posso declinar da responsabilidade pelo mundo com base em que determinei meu ser independentemente dele e já permaneço numa condição de completude normativa. Ainda assim, pode-se perguntar: por que eu tenho que adotar *qualquer* tipo de atitude quase prática aqui? Por que não posso simplesmente pensar, de maneira contemplativa: "Eis aqui o fato do/meu mundo"? (admitindo, talvez, que sua aparência seja epistemicamente condicional de minha subjetividade, mas não pensando nada sobre questões de responsabilidade).

Aqui, mais uma vez, a rejeição por Sartre do naturalismo e do realismo é crucial. Se sua visão fosse que a cognição teórica de um modo independente, autossuficiente, autônomo de consciência, o mundo sendo meramente seu objeto, então não haveria compulsão a "atitudinizar" [*"attitudinise"*] o mundo além de ter-conhecimento-dele. De maneira similar, se o mundo fosse essencialmente natureza não humana de naturalismo filosófico, então, como nota Sartre (554/639), uma relação de responsabilidade com ele seria ininteligível. Porém, o mundo pertence à *realidade humana*, e como vimos nos § 17 e 19, a cognição é meramente uma subestrutura da relação do para-si no em-si, cujo caráter geral é *prático*. Assim, é tanto possível quanto necessário, em termos gerais, que o mundo seja pensado sob categorias práticas. Isto significa que algo precisa preencher o espaço de outra maneira vazio que aparece quando formo o pensamento "[d]aquilo que permanece numa relação de responsabilidade com o mundo".

Segundo essa explicação, a não justificabilidade do para-si (a falta de razão para sua existência) e do mundo (seu caráter meramente "dado, contingente), que o senso comum pode precisamente tomar como razões para *recusar* a responsabilidade pelo mundo ("Não pedi para nascer", 555/641), transforma-se em seu oposto: *porque* não sou a fundação de meu ser, e assim preciso transcendentalmente "tomar" o mundo do qual dependo a fim de desincumbir-me de minha obrigação-de-ser, e *porque* o mundo carece da autossuficiência da Substância Única de Espinosa, e finalmente, *porque* não há nada mais que possa assumir responsabilidade pelo mundo, sou obrigado a fazê-lo.

Posto de maneira ligeiramente diferente: a tese de Sartre diz respeito ao que surge quando nós explicamos o que está envolvido em meu pensar meu mundo (este mundo não é meu em virtude ser *impingido* a mim, nem pelo fato de me *conter* em termos de espaço--tempo etc.), a relação precisa ter um caráter que seja tanto *interno* quanto *prático*, e que somente alguma concepção moldada sobre a responsabilidade – embora de um tipo relativamente indeterminado – fornece uma aproximação do que precisa ser pensado.

Note-se, finalmente, que se a tese de Sartre da responsabilidade pelo mundo se sustenta independentemente de sua tese da escolha original do si [*self*], então essas duas extensões da teoria da liberdade podem ser vistas como se apoiando mutuamente. Conjuntamente conduzem a uma orientação que exclui atitudes comuns de "remorso, lamento ou desculpa" (556/642), de nos apoiarmos em contrafactuais e nos identificarmos com trajetórias inatuais que nossas vidas poderiam ter tomado, mas não o fizeram, e assim por diante. O resultado é uma extraordinária destilação e síntese do estoicismo com ativa e intensificada autodeterminação.

Resta a examinar se a nova atitude de responsabilidade pelo mundo, além de seu papel catártico ao desmontar minha alienação de minha vida preenchida com contingência, possui implicações morais concernentes ao Outro. A concepção de Sartre, como veremos no § 44, é que sim, que é aí que sua responsabilidade pelo mundo se afasta do eterno retorno de Nietzsche.

§ 36 A liberdade sartreana avaliada

A objeção foi posta por um dos primeiros críticos de Sartre, Gabriel Marcel, segundo a qual sua noção de liberdade é "inexplicável" e "profundamente ininteligível", e que ao tratar a liberdade como onipresente na realidade humana, Sartre retira sua "base"[119]. Como reação inicial é compreensível, mas nada pode ser decidido no que concerne ao valor da teoria da liberdade de Sartre até que se torne claro exatamente o que ele está e não está dizendo, e a teoria ter sido posta no contexto tanto do seu projeto filosófico quanto no do problema da liberdade humana como tal. Este é um plano muito amplo para ser executado aqui, mas há alguns importantes pontos que podem ser expostos e acrescentados às observações feitas no capítulo 2 relacionadas à dificuldade metodológica geral apresentada pelo problema da liberdade e a radical resposta de Sartre a ele.

Em primeiro lugar, no que diz respeito à questão da explicabilidade e inteligibilidade, precisa ser enfatizado que o que deve ser contado como explanação filosófica ou seu fracasso deve ser

---

119. MARCEL, G. "Existence and human freedom" [Existência e liberdade humana]. In: *The Philosophy of Existence*. Londres: Harvill, 1948, p. 61-63 [trad. Manya Harari].

relativizado no que concerne ao contexto – e que toda a concepção de Sartre visa reposicionar a liberdade como um *explanans* final, e explicar porque é errado pensar na liberdade, em última análise, como um *explanandum* de qualquer tipo. Isto significa não que o conceito de liberdade seja isolado de maneira indefinida, mas que está fechado em relações horizontais com outros conceitos fundamentais, e a medida de sucesso da estratégia de Sartre é que nós devemos alcançar um ponto no qual esses conceitos se fundem um no outro, como fazem em sua explicação, segundo sustenta: "Assim, liberdade, escolha, nadificação, temporalização são todas uma e a mesma coisa" (465/543); "Escolha e consciência são a mesma coisa" (462/539); "O que expressamos na parte II em termos de falta pode igualmente ser expresso em termos de *liberdade*" (565/652).

Isto fornece ao conceito de liberdade um estranho *status* em relação a conceitos empíricos comuns, mas Sartre reconhece isso e explica por que não é problemático em sua discussão da questão em 438-439/513-514. A liberdade pode "não [possuir] essência", pois conhecê-la como tendo um seria torná-la um quase objeto – concebê-la como constituída, como um ato ou ação – e a questão retornaria então sobre que faculdade é responsável por essa constituição, gerando um regresso ao infinito. O que a reflexão filosófica pode fazer, em vez de identificar uma essência ou universal é nos referir reflexivamente, de volta, à minha existência como revelada na consciência não tética pré-reflexiva, na qual a liberdade é apreendida como "uma pura necessidade factual" (439/514). Logo, nós possuímos "certa compreensão da liberdade" (439/514), que corresponde exatamente em grau e tipo ao que a metafísica da liberdade de Sartre implica que seja filosoficamente possível alcançar.

Deve-se notar que a visão de Sartre concorda com a peculiar epistemologia da liberdade. Nosso conhecimento de que somos livres tem o mesmo caráter imediato e certo, e ainda assim sem conteúdo e transparente que nosso conhecimento de nossa própria egoidade [selfhood] e existência. Voltando a reflexão para mim mesmo como esforço para localizar o que há sobre mim, ou dentro de mim que me torna livre, necessariamente chego a nada; nada que eu possa evidenciar mediante a introspecção ou intuição "íntima" que possa *ser* minha liberdade.

O conhecimento de que somos livres implica que nossa liberdade deve possuir um fundamento, porém não podemos ter concepção determinada desse fundamento. Uma opção seria interpretar a epistemologia da liberdade em termos de nossa posse de um tipo especial de *ideia*, uma sem qualquer conteúdo empírico, e que as condições sensoriais necessárias do conhecimento humano impedem que nossa apreensão seja realizada, mas que somos racionalmente obrigados a conceber a nós mesmos à sua luz. Em lugar dessa estratégia, que é a de Kant, Sartre identifica nossa liberdade com o modo de ser que ele chama de nada, e ao fazê-lo, traduz uma caracterização fenomenológica (a liberdade é sem conteúdo e transparente): se, quando tento apreender em que consiste minha liberdade, não descubro nada determinado – nada a não ser a forma de minha egoidade e as outras estruturas do para-si –, então o fundamento de minha liberdade não pode ser nada mais senão minha própria existência e modo de ser.

Em segundo lugar, no que concerne à suposta promiscuidade de Sartre com a noção, vimos no § 33 que a liberdade ontológica sartreana não pretende corresponder à liberdade da qual falamos comumente quando nos referimos à liberdade de uma pessoa como limitada por suas capacidades e faculdades, ou como sendo suscetível de aumentar e diminuir, sem falar de liberdades políticas como possuindo maior ou menor escopo. De modo similar, a liberdade ontológica é dissociada (no presente estágio de investigação) da noção de liberdade como bem. A onipresença da liberdade ontológica, portanto, não implica o absurdo ou "falta de embasamento" que resultariam se Sartre tivesse sustentado que escravos não necessitam de emancipação porque sua liberdade já está completa.

Dito isto, a teoria da liberdade de Sartre visa ser contrária ao senso comum, e sua aceitação implica revisar nossos juízos de responsabilidade e culpabilidade, elogio e censura com base em um padrão diferente, e fornecer diferentes explanações psicológicas do comportamento humano no lugar daquelas anteriormente vistas como corretas (um segundo e distinto grupo de mudanças ocorre por meio da aplicação da psicanálise existencial: cf. § 41 e 42).

Determinar o impacto da teoria de Sartre sobre o pensamento comum, contudo, não é uma questão inteiramente fácil. Apreender a liberdade ontológica não é como efetuar uma descoberta empírica comparável, digamos, à descoberta por Freud da ubiquidade da motivação sexual, ou à descoberta por Marx do papel dos motivos econômicos na determinação de sistemas morais e de crena religiosa. Trata-se de uma descoberta *filosófica*, que efetua mudanças de diferentes maneiras em níveis diferentes. Em primeiro lugar, efetua uma mudança transcendental do tipo tudo ou nada, pela qual toda realidade humana, em certo sentido, permanece a mesma, ao mesmo tempo em que é posta em nova luz, não empírica, como a de que assumimos responsabilidade pelo mundo. Em segundo lugar, implica uma mudança diferencial e seletiva em nossa descrição psicológica e prática, que envolve expurgar algumas concepções (deterministas) e modos de pensamento. Partes da linguagem da psicologia comum são requeridas para que haja modificação, pelo menos na medida em que o sentido genuíno de predicados como "preguiçoso", "homossexual" etc., e de juízos de capacidade e incapacidade psicológica sejam reconhecidos como elusivos e determinados novamente de modo mais preciso. *SN* não inclui um manual para rever o juízo comum, e a teoria de Sartre explica porque não seria possível estabelecer um: se a liberdade ontológica é um conceito transcendental, não psicológico, então nenhum algoritmo pode ser fornecido para dela extrair determinadas implicações empíricas; na medida em que isto deixa um buraco na teoria de Sartre, esta é uma lacuna que pode ser preenchida por sua ficção. A terceira mudança efetuada pela liberdade ontológica, que não pressupõe apreensão da teoria filosófica, é expressa no seu conceito de reflexão pura (cf. § 43), que se refere a uma descoberta não discursiva, intuitiva da *própria* liberdade ontológica, uma cognição reflexiva privilegiada do tipo que implica a mudança na própria orientação prática.

Se a discussão da liberdade por Sartre é comparada com boa parte da literatura contemporânea sobre o tópico, chama atenção a ausência de qualquer referência explícita, por Sartre, ao tema da racionalidade. Isto não é porque ele pense que não existe conexão entre liberdade e razão: como vimos, a razão é compreendida como estando firmemente *dentro* da liberdade, na medida em que ela é pressuposta pela unidade entre *motif*, *móbile* e *fim* que constitui a ação; nada sem racionalidade poderia ter o caráter de um projeto.

Que Sartre não se refira à racionalidade como condição constitutiva da liberdade possui diversas explicações. Ele não pensa na liberdade em termos de preencher lacunas na ordem causal com razões para a ação, não nas razões como elementos em sequências psicológicas. A ausência mais geral, em *SN*, de qualquer discussão sobre a razão ou a racionalidade, por um lado, é em parte reflexo da atitude de Sartre em relação à epistemologia, e por outro lado, deve-se ao fato de que sua metodologia e metafísica tornam desnecessário para ele invocar nossa posse de uma "faculdade da razão" sobreposta a fim de explicar como diferimos dos animais e de outros seres não livres. Em última instância, Sartre não fornece uma explicação independente da racionalidade como capacidade distinta porque ele a vê como emergindo necessariamente com a liberdade: a liberdade é responsabilidade indeterminada para a determinação, e como tal *constitui o espaço das razões* – motivo pelo qual o ser-em-si fica de fora desse espaço, isto é, não pode nem ter nem carecer de razões. Logo veremos o sentido específico no qual Sartre concede prioridade à liberdade sobre a razão (§ 37-38).

Numa avaliação favorável, portanto, a teoria da liberdade de Sartre escapa às acusações de ininteligibilidade e de absurdo, e a defesa da liberdade humana efetuada em *SN* é suficientemente forte para devolver o ônus do argumento para aqueles que negam que exista a liberdade na forma sustentada por Sartre; caso em que seria necessário, para colocar em questão a explicação de Sartre, seja oferecer explicações alternativas da vase da responsabilidade e o caráter aparentemente distinto da existência humana, seja demonstrar que essas noções são ilusórias.

§ 37 Má-fé [parte I, cap. 2, seções II-III]

Vimos, na parte (B), que Sartre concebe a motivação humana como possuindo fonte metafísica; com efeito, sua tese retrocede a seu axioma de que a consciência pode derivar sua motivação somente de si mesma (§ 3). *SN* apresenta uma detalhada teoria da motivação humana, em vários estágios, o primeiro dos quais é a teoria da má-fé (*mauvais foi*).

Na primeira das duas seções sobre a má-fé (seção II), Sartre esboça as "condutas" (*conduites*) da má-fé, numa série de descrições. A mais conhecida é a do garçom, a quem ele descreve como lutando para tornar seu ser uma pura encarnação da essência da "garçonidade": "Todo o seu comportamento nos parece um jogo [...], o garçom no bar joga com sua condição a fim de *realizá-la*"; ele procura "ser um garçom de bar no sentido em que este tinteiro é um tinteiro" (59-99). Um caso mais complexo é o de uma mulher em um encontro, cujo companheiro toma sua mão, mas cuja mente não está decidida no que diz respeito à questão de como ela responderá à suas intenções sexuais:

> [...] a jovem abandona a mão, *não* percebe que a abandona. [...] a mão repousa inerte entre as mãos cálidas de seu companheiro, nem aceitando, nem resistente – uma coisa. [...] Desarmou as ações do companheiro, reduzindo-as a não ser mais do que são, ou seja, a existir à maneira do Em-si. [...] ela se vê como *não sendo* o próprio corpo e o contempla do alto, como objeto passivo, com o qual podem *ocorrer* certos fatos, mas que é incapaz de provocá-los ou evitá-los, pois seus possíveis todos estão de fora (55-56/95; 102).

Outros exemplos são dados na forma de uma complexa dialética (63-66/103-106) entre o "homossexual", motivado pela culpa e pelo temor da condenação pública de extrair dos fatos de seu comportamento "a conclusão que impõem" (63/104), e o "campeão da sinceridade", que o pressiona a confessar sua homossexualidade com base em que fazê-lo terá sobre ele o efeito de uma autotranscendência, tornando-o um amálgama (incoerente) de liberdade e coisidade [*thinghood*] psicossexual (64-65/104-106).

O que todos esses casos (e o do analisando psicanalítico: cf. § 25) têm em comum não é que envolvam diretamente autoengano – isto seria uma descrição muito restrita do garçom, ou do campeão da sinceridade –, mas que todos eles envolvem consciência da subjetividade humana do ser-em-si em termos semelhantes a coisa: toda má-fé manifesta uma *escolha*, feita não no nível reflexivo, voluntário, mas de maneira pré-reflexiva, como "determinação espontânea de nosso ser" (68/109). E porque a consciência verídica de si mesmo é retida no nível pré-reflexivo, a teoria da má-fé protege a doutrina de Sartre de que o autoconhecimento é inescapável, assegurando que a responsabilidade pessoal permaneça inteiramente intacta (a má-fé é a primeira forma na qual a liberdade deixa de afirmar a si mesma, a segundo sendo o fracasso ético: no caso da má-fé, é a própria liberdade do para-si que ela deixa de afirmar, enquanto no caso ética, é a liberdade dos Outros; cf. § 44).

A *má-fé* e o autoengano, portanto, não expressam o mesmo conceito. O autoengano nomeia uma configuração problemática de crenças e (pode-se argumentar) intenções, um padrão de atribuições psicológicas que julgamos necessário empregar em alguns casos. A má-fé, embora também seja empregada por Sartre num sentido descritivo, mais superficial, no qual significa simplesmente e de maneira grosseira "o fato de uma pessoa não ser honesta consigo mesma", em seu sentido pleno é um conceito estritamente teórico de Sartre, inseparável de sua metafísica do sujeito humano. No entanto, os conceitos estão interligados – pelo menos alguns exemplos de má-fé envolvem patente autoengano – e as questões que levantam se conectam de maneira bem próxima.

Sartre está plenamente consciente do caráter paradoxal do autoengano, com efeito, ele o expressa em termos tão claros que suas descrições são com frequência citadas por filósofos perseguindo o deságio de reinterpretar as atitudes proposicionais que o autoengano envolve em termos não paradoxais. Ainda assim, Sartre não começa provendo-o de uma resolução formal, do tipo que se encontra explorada na ampla literatura sobre o autoengano. Por que isso?

Sartre deseja argumentar que a única maneira de apreender como as atitudes em questão são possíveis é apreendendo o sujeito humano como um para-si não-idêntico-consigo-mesmo [*a non--self-identical for-itself*]: se o paradoxo do autoengano, como supõe Sartre, for formalmente insolúvel, então isto constitui água para o moinho de Sartre, pois significa que a atualidade do autoengano pressiona a metafísica do sujeito humano. Isto é feito, especificamente, ao se mostrar que a crença deve ser compreendida não como um "fato psicológico", mas como a estrutura problemática que vimos anteriormente, no § 24. Essa concepção da crença, afirma Sartre na seção III, permite que apreendamos as "condições de possibilidade" (68/109) da má-fé. Como ele o coloca, a "fé" da má-fé – o que significa: a ação que tomamos em relação à crença *enquanto tal*, a maneira pela qual nós construímos que significa para nós acreditarmos, na medida em que perseguimos um projeto em má-fé – consiste em determinar "que a não persuasão é a estrutura de todas as convicções" (68/109). E isto é possível somente à luz da teleologia "autodestrutiva" da crença *per se*: "o projeto primitivo de má-fé é a utilização dessa autodestruição do fato da consciência" (69/110); a sutil autonadificação da má-fé – "Eu acredito para não acreditar" e "Eu não acredito *para* acreditar" – "existe como a base de toda fé" (69-70/110).

A metafísica do para-si, desse modo, explica a má-fé em dois níveis, ou sob dois aspectos: (1) explica o doxástico "como" do autoengano, a "fé" da má-fé; e (2) identifica o "porquê" da má-fé, a saber, o fim do tornar-se em-si. Na diversidade das *condutas* em má-fé, estas podem se combinar de duas diferentes maneiras: (i) o fim de tornar-se em-si pode ser perseguido *por si próprio*, seja de maneira doxástica (o homossexual, o campeão da sinceridade) ou subdoxasticamente, no nível da consciência, em vez de no nível da crença (o garçom), (ii) Tornar-se em-si pode ser empregado de maneira *instrumental*, num projeto cujo fim é fornecido por dois motivos dirigidos para fins comuns, não metafísicos (a mulher no encontro). Ou (iii) a má-fé pode consistir simplesmente na "fé da má-fé", como no caso do autoengano comum, não sartreano, onde troco minhas crenças seguindo o comando de algum motivo comum e não emprego outras técnicas, não doxásticas; por exemplo, acredito que sou corajoso, quando sei que não o sou.

O grande interesse da má-fé, a razão pela qual Sartre se demora sobre ele, em ponto tão precoce de *SN*, por conseguinte, é que ele indica os *limites* da psicologia comum: a crença não é o "fato psicológico" que comumente pensamos que seja. Este ponto merece desenvolvimento.

A má-fé, num nível mais profundo do que as contradições doxásticas que residem em sua superfície, envolve uma contradição *pragmática* – a liberdade procura negar a si mesma, ainda assim se expressa nessa própria busca. No § 38, veremos a tese mais profunda de Sartre à luz da qual a autonegação da liberdade, a despeito de sua contraditoriedade, torna-se inteligível.

O resultado nítido nos força a reconhecer que a psicologia comum não é básica e autônoma da maneira que supomos que ela seja. Para a descrição comum, expressa em muitas posições na filosofia da mente, a explanação psicológica transforma-se numa estrutura racional formal, expressa na execução de silogismos práticos, os quais recebem seus conteúdos das crenças e desejos particulares formados pelos agentes, mas que é ela própria incondicionada; no sentido relevante, não contingente, não há nada anterior a ela.

O autoengano e outras formas de irracionalidade constituem um problema explanatório para essa concepção, que a estratégia de Sartre explora a fim de confrontar essa concepção com um desafio filosófico. Sartre não nega que a explanação psicológica se baseie na racionalidade: ele aceita que a razão, em lugar de ondas de paixão ou qualquer outra coisa, é o que necessariamente nos faz agir e explicar nossas ações. O que ele nega é a autossuficiência explanatória da concepção comum do agente como um prático racional [practical reasoner]. A má-fé, segundo o argumento de Sartre, exibe a falta de fundamento na racionalidade da ação humana *per se*: o caráter "paradoxal" do autoengano é realmente um aspecto que subjaz a *toda* ação humana; além da psicologia comum descobrimos uma "paradoxalidade", a da liberdade na forma do projeto fundamental, da liberdade negando a si mesma que a psicologia comum não pode tornar inteligível.

Nesse sentido, a liberdade está além da razão, e supre a condição para qualquer aplicação da psicologia comum. Nossa racionalidade reside numa liberdade que transcende a razão, e não é autônoma (em 570/657-658, Sartre descreve a escolha original de mim mesmo como "anterior a toda lógica", "uma síntese pré-lógica"; "escolha pe aquilo pelo qual todas as fundações e razões passam a ser", 479/559). De acordo com isso, não deve surpreender que nossas existências psicológicas incluam a má-fé, uma vez que a liberdade possui uma estrutura própria, que é mais ampla e independente do que a da razão; a ilusão da autossuficiência explanatória da razão é o que torna o autoengano parecer "inexplicável".

Deve-se notar como essa estratégia também dá a Sartre uma vantagem sobre Freud, o qual de maneira similar se ocupa em utilizar os fenômenos à margem da psicologia comum, pouco à vontade na matriz do raciocínio prático, para penetrar em um nível inferior ao da explanação racional comum. As explanações psicanalíticas da irracionalidade humana conduzem retroativamente a processos inconscientes, regidos por leis não racionais (o princípio do prazer, processo primário, as leis da fantasia etc.). O que ela deixa na obscuridade conceptual é a interface entre esses processos e o ego consciente, o qual fica preso às normas da racionalidade. A metafísica de Sartre, por contraste, permite que a irracionalidade seja apreendida como imanente ao ser *autoconsciente*; e isto resolve o enigma de como eu, um ser racional autoconsciente, posso ainda assim "render-me" (voluntariamente) à motivação irracional.

Finalmente, neste contexto, uma palavra sobre o conceito de caráter, o qual Sartre julga de enorme importância. A rejeição metafísica, por Sartre, do pressuposto das disposições mentais subjacentes suportando a personalidade, implica essa rejeição de qualquer realidade *explanatória* para os conceitos de caráter ou de traços de personalidade, e de atribuições de caráter individual. Se os traços de caráter fossem explanatórios, então, supõe Sartre, eles explicariam ações da maneira que a fragilidade do vidro explica sua quebra. Porém, como a dialética conflituosa entre o "homossexual" e o "campeão da sinceridade" mostra, Sartre não pensa que o caráter seja uma ficção da qual possamos *abrir mão* – a questão discutida pelo homossexual e pelo campeão da sinceridade não pode ser simplesmente descartada. E Sartre tampouco pensa que atribuições de caráter *corrijam* aquilo de que as caracterizações são a verdade; a caracterização de pessoas não é arbitrária e eu não posso tornar verdadeiro que os fatos de meu comportamento signifiquem o que quer que eu deseje que eles signifiquem (§ 33). Segundo Sartre, é metafisicamente e não somente psicologicamente necessário que pensemos a nós mesmos como covardes, heróis, homossexuais, heterossexuais, bem-sucedidos, fracassados e assim por diante. Somos assim como figuras num romance que sabem ser fictícias, e veem-se a si mesmas perpetuamente divididas entre imergir nessas personagens e procurar sair dessas existências ficcionais que elas sustentam (a necessidade de caráter pressupõe, é claro, nosso ser-para-outros: cf. 349-351/416-418 e 552/637).

Segue-se que, ao rejeitar o caráter, Sartre não está negando que qualquer um tenha jamais realmente sido bravo ou sincero, por exemplo[120]. Diferentemente dos moralistas franceses, Sartre não opera dentro dos parâmetros da compreensão psicológica comum, mas vai além dela. Seu objetivo é mostrar como as concepções comuns de caráter são habitadas e assombradas por uma tensão, a qual se mostra no nível do escrutínio reflexivo, e que é inseparável de seu papel dinâmico na vida humana, e o *interesse* que possuem para nós. A importância da teoria do caráter de Sartre, portanto, reside em (1) sua explicação do motivo pelo qual jogamos o jogo-linguagem da caracterização pessoal, em absoluto, e o fazemos com tal ferocidade; (2) sua identificação das possibilidades internas que o jogo possui, de virmos a experimentá-lo como enigmático, frustrante, contraproducente e mesmo como colapsando inteiramente.

§ 38 O projeto fundamental do para-si *[parte IV, cap. 2, seção I, 564-568/651-655; 682ss.]*

A teoria da má-fé mostra a motivação metafísica de *algumas* instâncias do comportamento humano, mas não que a motivação humana *per se* seja metafísica, em última instância. Que todos os motivos humanos de fato retroajam, afinal, a fontes metafísicas, contudo, e uma implicação direta da tese de Sartre de que "é im-

---

120. Marcel parece compreender Sartre erroneamente desse modo ("Existence and human way", p. 46-49).

possível atribuir a uma consciência uma motivação que não seja a sua própria" (xxxi/22): o projeto original de cada para-si individual, assinala Sartre, é um "projeto original de ser", *un projet orginel d'être*, o qual "*só pode visar ao seu ser*", *qui ne peut viser que son être* (564-565/651-652).

Ora, é uma tese adicional de Sartre = uma dedução de sua metafísica do valor (§ 17) – que a motivação do para-si é de um único tipo fundamental:

> [...] é enquanto consciência que o Para-si almeja ter a impermeabilidade e a densidade infinita do Em-si; é enquanto nadificação do Em-si e perpétua evasão da contingência e da facticidade que ele tenciona ser seu próprio fundamento. Daí porque o possível é projetado em geral como aquilo que falta ao Para-si para converter-se em Em-si-Para-si, ou seja, o ideal de uma consciência que tomasse de si mesmo. É este ideal que podemos chamar de Deus. Pode-se dizer, assim, que o que torna mais compreensível o projeto fundamental da realidade humana é afirmar que o homem é o ser que projeta ser Deus. [...] o homem é fundamentalmente desejo de ser Deus (566/653-654; 693).

O projeto fundamental de ser Deus é *universal* – o projeto do ser-para-si como tal, ou "da realidade humana" – em contraste com o projeto *individual* original que defini cada para-si. Este último se relaciona ao primeiro como uma variação sobre um tema.

A ideia de que um único motivo forneça a fonte de cada motivo que possuímos pode parecer improvável, mas antes de que algo mais seja dito sobre isto existe uma potencial confusão que precisa ser afastada. Não é parte do programa de Sartre negar que desejamos beber porque sentimos sede, ou deixar de fazer caminhadas porque estamos fatigados. A sede e a fadiga, porém, como vimos, são admitidas por Sartre como partes de nossa facticidade, e não são *elas próprias* que constituem a motivação: esta última se inicia somente com nossa reconstituição delas como *móbiles*, e somente *nesse* ponto a tese da motivação metafísica de Sartre entra em cena. Posto de outro modo, é um erro pensar que o monismo motivacional de Sartre o comprometa a dizer que estruturas metafísicas do sujeito humano forneçam *diretamente todo o conteúdo* de todas as razões para agir. Em vez disso, sua tese diz respeito (a) à *forma* de toda motivação humana, ou em outros termos, a como todo conteúdo deve ser condicionado na medida em que é motivacional, e (b) *uma parte* do conteúdo *direto* da motivação humana e *todo* o conteúdo último de nossa mais importante motivação. A relação entre os desejos empíricos concretos e o desejo fundamental de ser Deus, segundo explica Sartre (567/654), envolve a mediação de nossas situações e a "simbolização" da escolha original do si [*self*] de cada para-si individual, de maneiras que invocam a psicanálise existencial (§ 40-41).

Para ver o que isto significa materialmente, no que concerne à interpretação dos seres humanos, é preciso voltar-se para a ficção e os estudos biográficos de Sartre. Além disso, há mais a ser descoberto sobre esse tópico em *SN*: para mostrar por que devemos pensar que é verdade que nossa motivação possui o caráter metafísico que ele defende, Sartre também apresenta detalhada explicação da motivação interpessoal (§ 39) e uma análise sistemática das categorias básicas do desejo (§ 41).

§ 39 Relações humanas [parte III, cap. 3]

A explicação sobre as relações humanas é fornecida no capítulo 3 da parte III, "Relações concretas com outros". Essencialmente, o que Sartre tenta aqui é uma análise *metafísica* das relações humanas, em contraposição a uma mera psicologia ou antropologia. Uma antecipação do material constante do capítulo 3 foi fornecida na dialética homossexual/sinceridade (§ 37), a qual Sartre comparou à dialética senhor/escravo (65/105), e sua tese subjacente emergiu na crítica de Sartre à explicação do Outro por Hegel (242-233/299). A profunda discordância em relação ao otimismo de Hegel concernente à relação do si [self] com o Outro gira em torno da possibilidade de reconhecimento mútuo, do fato de eu reconhecer o Outro como um sujeito-reconhecendo-a-mim-como-sujeito. O dilema da intersubjetividade, de acordo com Sartre, é simplesmente que "é preciso quer transcender o Outro, quer permitir a si mesmo ser transcendido por ele. A essência das relações entre as consciências não é *Mitsein*, é conflito" (429/502).

A tese de Sartre sobre a natureza existencialmente problemática da relação com o Outro reúne dois elementos que são originalmente distintos, mas suscetíveis de complexa combinação.

O primeiro e mais importante é a elaboração por Sartre, em 283-285/343-346 da disjunção básica que surgiu em sua explicação da epistemologia do Outro, a saber, a consciência do outro seja como-objeto, seja como-sujeito (§ 29).

Como vimos no § 14, sustenta Sartre que existe um "circuito de egoidade [*selfness*]" que é anterior à intersubjetividade. Ora, o Outro, tal como Sartre o coloca, "reforça" a egoidade. Esse reforço toma lugar porque, quando encontro um Outrom encontro a *egoidade* [*selfness*] do Outro, e isto permite que eu diferencie *minha* egoidade daquela do Outro: eu identifico *esse* si [*self*] como *não* sendo *meu* si [*self*]. Como diz Sartre, eu "recuso" a egoidade do Outro. deste modo, a relação intersubjetiva me compromete com a teleologia da autoconsciência, e o Outro permite que eu seja eu mesmo mais plenamente – usufruo da mais profunda experiência de egoidade que provém de ser capaz de dizer não meramente "Eu sou eu", mas "Eu sou *este* eu", "Eu sou eu e *não você*".

O problema surge porque essa autoafirmação via mediação do Outros só é possível sob condição de que o Outro seja um *si* [*self*] que também, reciprocamente, *me recuse*. O Outro precisa fazer isso, pois senão não seria um si [*self*], e assim, não me daria a oportunidade de autoafirmação. Como Sartre o coloca: "Torno a mim mesmo não-sendo um ser que está ele próprio se tornando não-ser eu" (285/345).

Mas isto torna a "dupla negação" do si [*self*] e do Outro – minha negação do Outro, sua negação de mim – "autodestrutiva" (285/345): o Outro permite que eu reforce minha egoidade, mas que eu recuso o Outro, eu o reduzo a um *objeto*, cujo efeito é o de minar minha autoafirmação, uma vez que o Outro não é mais um sujeito que me provê com um si [*self*] para recusar. Logo, o para-si tem que continuamente *ressuscitar* o Outro como sujeito para repetir sua autoafirmação original, todo o processo se repetindo *ad infinitum*.

Oscilo, assim, entre duas condições polares – seja reduzindo o Outro a um objeto e afirmando minha liberdade, seja sendo reduzido pelo Outro e a perdendo; seja reforçando meu *self*, seja tendo meu *self* negado pelo Outro. Esta não é uma dialética no sentido de Hegel, pois não é jamais mediada – nenhum progresso é efetuado –, mas compreende, segundo a imagem de Sartre, um "círculo" de convolução crescente (363/430) (para enunciados básicos sucintos desse processo contraditório e para as "duas atitudes primitivas" que posso adotar em relação ao Outro, cf. 363/430 e 408/478-479).

Isto estabelece que a posição motivacional básica do para-si em relação ao Outro não pode ser a indiferença: não posso simplesmente *ignorar* o Outro. O Outro possui algo meu de que eu necessito, a saber, minha egoidade [*selfness*] plena, reforçada.

A contradição entre minha liberdade e a do Outro é suficiente para gerar a dinâmica intersubjetiva descrita no capítulo 3, mas envolve também um segundo elemento, derivando do projeto fundamental do ser-para-si descrito no § 38. Esse projeto, como demonstra Sartre, assuma formas barrocas no contexto das relações humanas: a intersubjetividade, uma vez que incorpora necessariamente *tanto* meu ser-para-si *quanto* o aspecto em-si que o Outro me atribuiu, fornece uma esfera na qual podemos procurar realizar nosso objetivo de nos tornarmos em-si-e-para-si. Por exemplo, uma vez que, ao olhar do Outro, eu sou em-si e o Outro é para-si, e minha relação com o Outro é uma relação ontológica interna, a *totalidade* "Eu-e-o-Outro" – *se* eu pudesse de alguma forma me identificar com ela – iria me estabelecer como em-si-para-si.

As seções I e II, as quais não podem ser examinadas de maneira detalhada aqui, mostram como a dialética do si [*self*] e do Outro absorve e funde os motivos gêmeos de procurar egoidade reforçada e o projeto fundamental do ser-para-si, assumindo formas concretas nos projetos de amor e ódio, masoquismo e sadismo, indiferença e desejo. De maneira muito breve: descobrir a mim mesmo como sendo possuído pelo Outro, tento inicialmente recuperar minha liberdade absorvendo ou assimilando a liberdade do Outro, isto é, o Outro-como-olhando-para-mim (364-346/431-433), primeiramente no projeto do amor (366-377/433-445) e então no do masoquismo (377-379/445-447); o necessário fracasso desses esforços me conduz a tentar recuperar minha liberdade tornando em vez disso o Outro num objeto, o que me leva à atitude de "cegueira" em relação ao Outro *qua* sua liberdade (380-382/448-451), ao desejo sexual (382-389/451-468), ao sadismo (399-406/469-477), e finalmente ao ódio (410-412/481-484). Embora a exposição de Sartre assuma essa forma sequencial, narrativa, ele deixa claro que não se trata de prioridade temporal real (379/448): o "*círculo* de relações" que o amor, ódio etc. formam é em certo sentido "integrado em *todas* as atitudes em relação aos Outros" (408/478).

Na seção III do capítulo 3, Sartre fornece sua análise da consciência coletiva, de primeira pessoa do plural, a qual, segundo ele reconhece, pode levar a pensar não só que sua teoria do Outro está até agora incompleta, mas também que ele está errado em aprisionar as relações intersubjetivas dentro da dialética do olhar, uma vez que em pensamentos de "nós" como engajados em ação comum ou como sofrendo uma experiência comum, "ninguém é objeto": em semelhantes casos, nos quais meu ser-para--outros assume a forma de ser-*com*-outros, être-avec-l'*autre* ou *Mitsein*, parece que eu "não estou em conflito com o Outro, mas em conjunção com ele", e que todos "reconhecem uns aos outros como subjetividades" (413/484), como se fosse o conceito de Espírito de Hegel.

O objetivo de Sartre na seção III, portanto, é fornecer uma análise da coletividade que lhe conceda lugar como fenômeno genuíno, mas que desmonte a objeção.

Seu argumento, pelo contrário, é que a coletividade *confirma* a dialética do transcender-ser-transcendido. A distinção crucial para seus propósitos se dá entre duas formas radicalmente diferentes de experiência: por um lado, o "nós" como objeto, o *nous-object*, ou simples o "nós" ("*us*") coletivo – como quando nos compreendemos como membros de uma classe oprimida – e, por outro lado, o "nós" como sujeito, le *nous-sujet* – como quando experimento a sinalização em lugares públicos.

O primeiro, como mostra Sartre (415-423/486-425) pode ser atingido mediante a adição de uma terceira parte testemunhante da simples situação na qual estou sozinho confrontando o Outro. Isto ocorre por vários caminhos, dependendo se esse "Terceiro", *le Tiers*, olhar para mim ou para o Outro, mas o resultado final em todos os casos é que eu efetuo uma transição ao apreender tanto a mim mesmo quanto ao Outro conjuntamente e de igual modo de *fora*, como compreendendo "uma forma-situação objetiva no mundo do Terceiro": "Eu existo engajado numa forma a qual, como o Outro concordo em constituir", por exemplo, "Estamos lutando um com o outro" (418/489).

O *nous-sujet*, de acordo com Sartre (423-429/495-501), manifesta-se em situações nas quais eu me envolvo com objetos manufaturados: por exemplo, um sinal de metrô me diz (nos diz) que nós que desejamos viajar para Sèvres-Babylon precisamos mudar de trem em La Motte-Picquet, ou que a saída fica à minha (nossa) esquerda. As marcas e limitações de semelhantes experiências são que eu me vejo "visado" não na liberdade de meus projetos pessoais, mas somente na medida em que sou um "qualquer" "indiferenciado", exemplificação da "espécie humana" ou *quelconque* inserido na corrente humana (427/499-500). Esta experiência anonimizada de si mesmo – teorizada por Heidegger como "se" (*das Man*, como no artigo alemão *man* ou no francês *on*) – é flutuante e instável, diz Sartre, e certamente não fornece, *contra* Heidegger, um fundamento para a consciência do Outro.

Desse modo, embora a consciência- "nós" seja real, no sentido de que existem de fato *experiências* do "nós", a análise destas últimas não revela nada que seja inconsistente com a explicação de Sartre: o *nous-objet* é "um simples enriquecimento" do ser-para-outros explicado em sua teoria do Outro, enquanto o *nous-sujet* é uma experiência "puramente subjetiva" sem importância metafísica (429/502).

O resultado do capítulo, por conseguinte, é que o movimento em que consiste primordialmente o para-si individual, a saber, o de nadificar a fuga do em-si, duplica-se com um contramovimento que inverte o primeiro: assim que o Outro aparece, o para-si é "inteiramente reapreendido pelo em-si e fixa o em si mesmo", e recebe "um ser-em-si-no-meio-do-mundo como uma coisa entre outras" – a "petrificação em um em-si pelo olhar do Outro é o significado profundo do mito da Medusa" (429-430/502).

Se a teoria da consciência do Outro, de Sartre, estiver correta, então a dificuldade é clara. Embora os indivíduos possam se associar de maneira bem-sucedida sob certos aspectos instrumentais – você pode me ajudar a mover este guarda-roupa – parece que as relações humanas *enquanto tais* são incapazes de plena realização, sob dois aspectos: (1) fins intersubjetivamente definidos (p. ex., a obtenção de um relacionamento harmonioso baseado no amor e no respeito mútuo) são metafisicamente irrealizáveis, e (2) os relacionamentos humanos não podem desfazer a alienação de mim mesmo que é efetuada por mim pelo surgimento original do Outro, e muito menos cumprir a teleologia do para-si ao completar meu circuito de egoidade.

Em que medida, porém, é esta sombria conclusão estritamente inevitável nos termos de Sartre? É verdade que, em abstração, a consciência do Outro-como-objeto e do Outro-como-sujeito são estritamente excludentes, assim como uma luz precisa ou estar acesa ou apagada. Mas, como enfatiza Sartre (408/479), o para-si não pode fixar-se em qualquer uma dessas condições com exclusão da outra: em vez disso, elas representam pólos opostos, e que se pressupõem mutuamente, da experiência intersubjetiva; a vida intersubjetiva consiste num perpétuo movimento para frente e para trás entre elas, e a reconfiguração da consciência em um modo ou no outro é tipicamente não instantânea, mas um processo temporalmente estendido.

Nessa medida, poderíamos razoavelmente pensar que a gangorra da objetificação do/pelo Outro não é a única possibilidade, e que um modo de consciência intersubjetiva que sustenta a consciência do ser-sujeito do Outro e seu sendo-objeto em algum tipo de equilíbrio não é inimaginável (assim como Sartre afirma a respeito da facticidade e da transcendência que se trata de dois aspectos da realidade humana que "são e devem ser capazes de uma coordenação válida", 56/95).

O que se segue da metafísica de Sartre, sim, em primeiro lugar, é que esse equilíbrio, caso possa ser alcançado, jamais constituirá uma *síntese* (302/364) – *contra* Hegel, a tensão original jamais será superada. E em segundo lugar, deve-se reconhecer que, enquanto o engajamento do para-si com os Outros for determinado de acordo com o projeto fundamental descrito no § 38, a gangorra é inescapável. Assim, caso o equilíbrio possa ser atingido, isto não será porque se trata do "estado natural" do para-si: uma contraforça motivacional ao projeto fundamental será exigida para estabelecer a teleologia das relações intersubjetivas a partir de um novo patamar, e isto, segundo Sartre, somente pode ser suprido pela afirmação da liberdade (cf. § 44).

Se isso estiver correto, então o capítulo sobre "relações concretas com outros" nos mostra, por assim dizer, os elementos padrões ou básicos da intersubjetividade, cuja *superação* nos conduziria a uma sociabilidade eticamente madura, a qual não é descrita em *SN*, mas pertence a sua sequela ética (cf. § 44). O que *SN* mostrou é que a sociabilidade ética não pode se basear na "simpatia" ou em "amar o próximo", e só pode ser alcançada mediante uma negação dos círculos de conflito descritos por Sartre. Ao mesmo tempo, a explicação de Sartre permite que compreendamos melhor certos importantes enclaves de experiência intersubjetiva – incluindo (pelo menos algumas) das relações sexuais, e catastróficas patologias passionais nas relações humanas – como regressões a fundamentos conflituosos da intersubjetividade. A estratégia explanatória empregada por Sartre aqui, de inverter o senso comum ao analisar primeiro o que, do ponto de vista desse senso comum, são leves anormalidades, é evidentemente característica de *SN*.

§ 40 Psicanálise existencial [parte IV, cap. 2, seção I, 568-575/655-663; 682-703]

Tudo o que Sartre nos contou sobre a escolha original individual do *self* é estritamente compatível com sua incognoscibilidade: é possível que possamos efetuar nossas próprias escolhas originais, na melhor das hipóteses, somente de maneira parcial e indistinta. A teoria da liberdade de Sartre não estaria em pior posição, se assim fosse, nem nos obrigaria a tratar o conceito como meramente regulatório: minha escolha original de mim mesmo pode ser plenamente real, mesmo que meus esforços para apreendê-la – dizer o que minha vida significa ou em que consiste – deixa um resíduo de ininteligibilidade irracional.

Ao mesmo tempo que enfatiza sua dificuldade, Sartre considera, todavia, que a tarefa de determinar a escolha original de uma pessoa pode ser realizada com algum sucesso, os meios necessários para isso sendo providenciados pela psicanálise existencial, contraposta à psicanálise freudiana ou "empírica".

Numa importante passagem anterior relacionada com as diferenças entre a psicanálise existencial e empírica, em 458-460/535-537, Sartre declara que ele se restringe a tomar "o *método* psicanalítico" como inspiração e que a aplica "*num sentido inverso*" (458-459/536). Na parte IV, capítulo 2, seção I, Sartre estabelece os princípios metodológicos da psicanálise existencial (568-569/656), e descreve suas similaridades com (569-571/657-659) e diferenças da (571-575/659-663) psicanálise empírica.

Mostra-se que a sobreposição metodológica com Freud é considerável: a psicanálise existencial se centra na "decifração" hermenêutica dos "símbolos" da vida psíquica, fixa conceptualmente os significados daí derivados, compreende o sujeito humano como estrutura histórica, considera o evento da infância como "crucial" para a cristalização psíquica (569/657) e aceita como dados significativos "sonhos", atos desastrados, obsessões e "neuroses" juntamente com os pensamentos e ações bem-sucedidas da vida desperta (575/663). As diferenças são que a psicanálise existencial visa finalmente à descoberta de "uma *escolha*, e não de um *estado*" (573/661), toma as simbolizações como sendo do próprio projeto original da pessoa, e repudia a causalidade mecânica em todos os níveis (572-573/660-661) – tal como requerido, segundo Sartre, caso se queira que o sujeito seja tratado como "uma totalidade e não como um conjunto" (568/656).

Muitos anos depois, em seu estudo biográfico de Flaubert – cujos germes encontramos em *SN* –, Sartre afirmou que ele desejara "fornecer a ideia de um todo cuja superfície seja completamente consciente, enquanto o restante é opaco à sua consciência e, sem ser parte do inconsciente, está escondido de você"[121]. Sua lingua-

---

121. Entrevista de 1971 sobre *O idiota da família*, p. 127.

gem, aqui – a referência à opacidade, a consciência como residindo na superfície, conteúdos ocultos – é tão flagrantemente devedor de Freud que pode-se perguntar até que ponto Sartre estava certo em contrapor sua maneira de pensar tão agudamente à metapsicologia freudiana, em *SN*, como o vimos fazer no § 25[122]. Afinal de contas, é realmente tão grande a diferença entre o inconsciente de Freud e a constituição profunda do sujeito evidenciada pela psicanálise existencial? Poderiam as diferenças entre ambas ser meramente terminológica?

A resposta é que, do ponto de vista do senso comum, é natural que Sartre e Freud se mostrem tão próximos, uma vez que ambos se afastam enormemente da psicologia comum, e em alguns revisionismos muito similares. Porém, a diferença filosófica entre elas é irredutível. A queixa mais profunda de Sartre contra a teoria psicanalítica é que ela deixa de considerar como o que ela chama de inconsciente é apresentada *na perspectiva da consciência*. Não se trata da exigência incoerente de que ela deva apresentar o inconsciente *como* consciência, mas a exigência razoável de que ela deve explicar como devemos pensar de nós mesmos como estando *relacionados* a nossos "Incs" [Inconscientes] – alguma resposta é necessária para a questão: o que é este *Incs para mim*? Se Freud tem uma resposta para isso é que devo pensar em meu *Incs*. por meio de lentes naturais, e assim, da mesma maneira pela qual o Outro vê meus "estados mentais". Sartre possui uma resposta diferente para essa questão. Sua imagem de um todo opaco apresentado à consciência é a mesma que ele empregou em *A transcendência do*

---

122. Nos vários comentários posteriores de Sartre sobre Freud o tom é mais conciliatório, e a atitude mais complexa, cf., p. ex., "O itinerário de um pensamento" (1969), p. 36-42.

ego ao explicar sua teoria do ego como transcendente[123], a qual ele desenvolveu na teoria da Psique em *SN*. O que ele oferece, portanto, é uma maneira de pensar sobre os "conteúdos de meu inconsciente" que tornam inteligível que esses "conteúdos" *são* eu mesmo.

Essa explicação resolve o problema de Freud de explicar como os estados mentais inconscientes são possíveis, ao fornecer a meu "inconsciente" o mesmo *status* que meus estados e qualidades. E a importância ética, adicional disso, é claro, é que a reconceptualização existencial da psicanálise por Sartre me impede de pensar em meu "inconsciente" como algo por trás de mim que se expressa de maneira forçada *por intermédio* de minha consciência: ele diz, em vez disso, que meu "inconsciente" é meu somente na medida em que eu livremente o *assumo*.

§ 41 Fazer, ter e ser [parte IV, cap. 2, seção II]

Os objetos materiais e formais dos desejos tais como os encontramos são diversos: posso desejar esta maçã ou esta pessoa, escrever um romance ou sair para caminhar, adquirir conhecimento ou descobrir uma explicação, ser um líder mundial ou um garçom, e assim por diante. A metafísica de Sartre, no entanto, implica que o desejo mais global do sujeito humano é ser em-si-e-para-si (§ 38). O que precisa ser mostrado, portanto – mais uma vez, a fim de proteger a metafísica de Sartre de uma refutação *a posteriori* – é que seu monismo motivacional pode ser enquadrado junto com a multiplicidade de tipos de desejo atribuídos pela psicologia do senso comum. De acordo com isso, na seção "Fazer e ter: posse", ele argumenta como segue:

---

123. Cf. *A transcendência do ego*, p. 36-37.

(1) 575-576/663-664: Todos os desejos podem se resolver em três tipos fundamentais, a saber, desejos de agir ou fazer (*faire*), de ter (*avoir*) e de ser (*être*).

(2) 576-585/664-675: Desejos de agir ou fazer, argumenta Sartre, tornam-se inteligíveis somente quando a *relação* do sujeito com o que é atuado ou feito é faturado no objeto de desejo (576-577/665-666). A relação em questão, sustenta ele, é sempre exemplo de *ter* – procuro *ter-como-meu* os produtos e resultados de minha ação, ou as próprias ações. Esse esquema se aplica também a desejos epistêmicos – o conhecimento se apropria de seu objeto (577-580/666-669). O jogo, o qual em sua forma pura, pelo menos, não envolve *ter*, deve ser compreendido, segundo ele sugere, tendo Schiller em mente, como dirigido ao *ser*, a saber, a meu ser como liberdade absoluta (580-581/669-670). Desejos-de-*fazer*, por conseguinte, podem se reduzir aqui diretamente sem qualquer sobra seja a desejos-de-*ter*, seja a desejos-de-*ser*.

(3) 586-597/675-688: O significado de "posse", da relação que mantenho com objeto que *tenho* ou são *meus*, consiste, argumenta Sartre, em um "vínculo ontológico, interno" que realiza – embora apenas de maneira *simbólica* e no nível *ideal* do significado simbolizado – o valor "ser-em-si-para-si-do-*self*": desejar ter O é desejar *estar-unido-com*-O, essa unidade "possuidor-possuído" envolve uma superposição de características do em-si e do para-si correspondendo exatamente ao para-si-como-*Self* – O é por um lado uma "emanação" e por outro inteiramente independente de mim (590-592/680-682). Posto de outro modo, a estrutura "possuidor--posse-possuído" é uma imagem conceptual do que seria o sujeito humano caso se conformasse a uma metafísica sujeito-predicado: o fato de eu ter ou possuir objetos espelha o ter o possuir dos "estados psicológicos" que resultam da degradação da consciência

à Psique; ao possuir coisas, torno-me simbolicamente um ser que existe substancialmente, como sua própria fundação, isto é, como Deus. Desejos-de-*ter*, portanto, são redutíveis a desejos-de-*ser*, no sentido de que os primeiros são uma forma de desejos-de-*ser* na qual o circuito de egoidade [*selfness*] é estabelecido por meio de um desvio pelo mundo (598-599/689). Sartre acrescenta que – uma vez que o para-si existe em e mediante o mundo – os desejos devem ser necessariamente acompanhados por desejos de ter (599/689), isto é, que *ser* implica *ter* instrumentalmente.

Logo, *ser* é o objeto final formal e fundamental do desejo humano. Os resultados da análise de Sartre fornecem regras para a interpretação de indivíduos concretos, e portanto, fornece "os primeiros princípios da psicanálise existencial" (575/664).

Para uma apreciação correta da análise de Sartre é essencial que a categoria de ser seja compreendida em seus termos, não naqueles da psicologia do senso comum, uma vez que a noção de que todos os desejos visam ao ser, em termos comuns, é obviamente falsa ou ininteligível. Tendemos usualmente a conceber os desejos em geral como elaborações e embelezamentos conceptuais do caso rudimentar de desejo dirigido para objeto, motivação por necessidade, o objeto e o estado psicológico permanecendo numa relação de reciprocidade causal – a maçã ativa uma disposição em mim, o que me leva a comê-la. Os desejos nos quais o sujeito desejante está incluído no conteúdo ou objeto do desejo, desejos reflexivos, são vistos como conceptualmente secundários, um caso especial. Sartre, que considera que os desejos tais como os encontramos empiricamente carecem de plena inteligibilidade (§ 34), inverte essa ordem, tornando a reflexividade primária e essencial ao desejo, ao torná-la parte da explanação transcendental de *por que há* algo como o desejo (§ 24). A força da discussão de Sartre na seção II, assim, consiste em questionar a adequação de nossa compreensão comum de por que desejamos e o que é desejar.

§ 42 O simbolismo existencial das coisas: qualidade [parte IV, cap. 2, seção III]

A explicação de Sartre de como a psicanálise existencial desvenda a versão individual do projeto fundamental do ser-para-si, e mais especificamente, sua teoria da posse, introduz o *simbolismo* como estrutura da realidade humana. Ele vê os símbolos em questão como "indecifráveis por parte do próprio sujeito" sem recurso à psicanálise existencial (595/685). O pseudofracasso do autoconhecimento por parte do sujeito que isto implica – minha ignorância dos significados ontológicos carregados por meus próprios projetos concretos – é explicado por Sartre não, é claro, em termos do subconsciente, mas em termos das distinções entre conhecimento e consciência, e entre a consciência reflexiva e pré-reflexiva.

A seção final da parte IV acrescenta outra camada à teoria do simbolismo de Sartre: também as coisas carregam "*significado ontológico*" (599/690) e constituem um "simbolismo existencial" (603/694) que é formal e *a priori* (606/697).

Seguindo o exemplo de Gaston Bachelard, Sartre fornece um conjunto de análises particulares – da neve, água, finura ou viscosidade (*le visqueux*) e buracos – que explicam por que o tópico da seção III traz o título de "qualidade", *qualité*. Os fenômenos sobre os quais ele foca são constituídos não pelas qualidades primárias ou secundárias dos objetos materiais, mas por certo tipo de aspecto fenomênico prenhe de importância imediata, não--discursiva, afetiva – buracos são existencialmente simbólicos em virtude de seu *esvaziamento* [*gapingness*] sua *exigência-de-serem--preenchidos* etc.

Diferentemente dos objetos simbólicos de desejo, as *qualités* não são objetos de escolha ou fins de um projeto, e assim não são necessariamente realizações simbólicas do ser-em-si-e-para-si ou realizações de desejos [*wish-fulfilments*] disfarçadas. Em vez disso, encarnam em forma intuitiva, sensorial, várias *possibilidades* concernentes à relação do para-si com o em-si – por exemplo, é uma concretização do que seria para o ser-para-si sofrer absorção pelo em-si, um modo de ser cujo significado seria "*Antivalor*" (611/703). Sartre reconhece a estreita conexão das *qualités* com a consciência da criança (612/703-704), a sexualidade (613-614/705-706) e com o corpo humano (cf. 400-402/470-472, concernente à graça e à obscenidade). As *qualités* ocupam grosso modo o mesmo nicho ontológico (cf. 606-607/698) que as qualidades emocionais transcendentes e o "precisando-ser-apanhado" do trem discutido antes (§ 12) – devem sua existência à transcendência do sujeito, ao mesmo tempo em que não são de modo algum, por isso, conteúdos da subjetividade ou "projeções" (604-605/695-677) –, mas diferem na medida em que são "universais" (605/697), ou sejam, independentes do projeto particular de qualquer para-si individual.

A importância desse acréscimo final para a ontologia plena consiste em explicar a dimensão *estética* do mundo – Sartre se refere explicitamente a um gosto individual, isto é, às suas relações afetivas particulares com as *qualités* das coisas, como estando sob discussão (614/706) – e fazê-lo, além disso, de um modo que mostra que a estética se ancora metafisicamente na natureza do mundo e da subjetividade humana.

§ 43 Reflexão pura e conversão radical

A concepção de psicanálise existencial, de Sartre, pode em princípio permitir que o sujeito humano se torne finalmente inteligível, mas não se oferece como forma de tratamento – fornece uma base para estudo biográfico, não prática terapêutica. O motivo para isso é que na psicanálise existencial, mesmo quando autoaplicada, o sujeito é apreendido "*do ponto de vista do Outro*", assim, como um "*objeto*" possuindo "existência objetiva", mais do que como existência para-si (571/659), e desse modo, não no modo da liberdade, como seria requerido para uma modificação dos projetos do sujeito. O papel transformador do sujeito da psicanálise freudiana, no sistema de Sartre, é ocupado por sua concepção da "reflexão pura" e da "conversão radical".

Como vimos no § 24, a reflexão habitual é do tipo que Sartre chama de "impura" ou "acessória" (155/201). A reflexão pura, por contraste, consiste na "simples presença do reflexivo para-si ao para-si refletido": ela se abstém de qualquer hipostasiação da consciência e da constituição da Psique (155/201). Embora seja o "fundamento" da reflexão impura, no sentido de ser a "forma original" da reflexão pressuposta por ela (155/201), a reflexão pura jamais se "dá primeiramente na vida cotidiana" e só pode ser atingida "como resultado de uma modificação que efetua sobre si mesma e a qual se dá na forma de uma catarse" (159-160/206-207). A reflexão pura apreenderia o ser-para-si diretamente como falta (199/249), *como* ser-para, *être-pour* (160/207), e em original, "não substancial" temporalidade, em vez de temporalidade psíquica (158/204)[124].

Sartre difere para outro lugar o exame da "motivação e estrutura" da reflexão pura (160/207), e embora em 150-158/197-205 ele descreva a reflexão em sua forma metafísica original (cf. § 15), muito pouco é dito em *SN* sobre o que é *recobrar* pureza de refle-

---

124. Cf. tb. a descrição da reflexão pura em *A transcendência do ego*, p. 41-42, 48-49.

xão *depois* que ela se tornou impura. No entanto, Sartre se refere a um evento que ele chama de "conversão radical", *conversion radicale* (464/542, 475-476/554-555), e que parece corresponder ao que resulta quando a reflexão pura é sustentada e realizada, rompendo a influência da má-fé: a conversão radical envolve o fato de eu fazer, na angústia, "outra escolha de mim mesmo e de meus fins" (464/542), o colapso e metamorfose de meu projeto original num "extraordinário e maravilhoso" instante (476/555). Em 70n/111n, Sartre menciona uma "recobrada do ser", *reprise de l'être*, e de des-corrupção da consciência, como escape radical da má-fé. Sartre chama a essa condição de "autenticidade", *authenticité* (em outro lugar, criticando a compreensão de autenticidade de Heidegger, 531/614, 564/651), e em 412n/484n, a conversão radical é explicitamente vinculada à ética[125].

Ainda que sucintamente descrita, a importância sistemática da concepção de Sartre de uma autorrelação purificada, portanto, é muito grande. Seu conceito do projeto fundamental do para-si como dirigido a uma impossível fusão entre o ser-para-si e o ser-em-si relembra Hume e Schopenhauer. Se esse projeto fornece o limite extremo e condição última para toda motivação, então a razão é escrava, senão de múltiplas paixões empíricas, pelo menos de uma única, abrangente paixão metafísica *a priori*. E Sartre partilha com Schopenhauer a ideia de que a razão é um instrumento

---

125. A reflexão pura é central nos *Notebooks for an Ethics* [*Cahiers pour une morale*]; cf. esp. p. 5 e 471-482 [edição em inglês]; "a conversão pode emergir do perpétuo fracasso de cada uma das tentativas do para-si de ser" (p. 472). Em *Saint Genet*, vemos o que pode ser uma explicação da realização: cf. o cap. "Minha vitória é verbal...", esp. p. 577ss. Cf. tb. a observação de Sartre, na entrevista de 1971 sobre "O idiota da família", p. 122, que se refere à "não acessória" reflexão como "o trabalho crítico que alguém pode fazer durante toda sua vida sobre si mesmo por meio da *práxis*", em lugar da convulsão abrupta sugerida em *SN*. *A ética da ambiguidade*, de Simone de Beauvoir, enfatiza a importância da conversão radical; cf. cap. 1.

de uma vontade que é "cega", uma vez que, na medida em que o *telos* da paixão do para-si é metafisicamente incoerente, o para-si não está a lugar algum ao persegui-la. Porém, a afirmação de Sartre da possibilidade da reflexão pura mostra que ele também pensa – contra Hume, mas com Schopenhauer – que essa situação pode ser mudada, e que o sujeito humano pode em princípio superar sua "paixão inútil" (615/708), e que quando o faz, ganha orientação ética.

§ 44 Ética [conclusão, seção II]

Uma explicação completa da reflexão pura (ou "purificadora"), diz Sartre, pertence a uma "*Ética*" (581/670). Ele sem dúvida ficara tentado a seguir o esquema do livro de Espinosa, até mesmo mais do que já o fizera em *SN*, ao incorporar dentro deste um sistema ético. No entanto, os enunciados sobre ética em *SN* se restringem em número e detalhe – além das duas páginas e pouco que compreendem a seção II da conclusão, encontramos somente uma passagem sobre a exclusão da "angústia ética" por parte da moralidade "cotidiana" (38/75-76), uma breve discussão sobre saber se o Bem se inclui na categoria do "ser" ou do "fazer" (431/507), e observações esparsas e variadas (cf. 80/122, 92/136, 94/138, 409-410/480, 441/517, 444/520, 553/638, 564/651). Na sentença final de *SN*, o problema de uma ética é adiado para um "livro futuro" (628/722).

É importante, não obstante, abordar a questão da relação de *SN* com a ética, uma vez que Sartre afirma que *é* possível derivar uma ética do livro, e também porque se sustentou, como notado antes, que a perspectiva prática que se segue inevitavelmente de *SN* é um subjetivismo axiológico propriamente indistinguível do niilismo, e se isto for verdade, a posição filosófica de Sartre em *SN* seria severamente problemática (para citar um exemplo da caracterização de Sartre como afirmando que tudo sem exceção é permitido: Marcel sustentava que a doutrina da "criação de valores" de Sartre é do mesmo tipo daquela de Nietzsche, acrescentando que a posição deste último é "menos insustentável", por que ele pelo menos abandona, o que Sartre não faz, a questão dos fundamentos racionais)[126].

As proposições de Sartre sobre ética em *SN* precisam ser lidas com cuidado, e a sugestão de que elas foram feitas para dar conta do subjetivismo radical podem ser instigadas pela leitura equivocada, anteriormente notada (§ 36) da teoria da liberdade *ontológica* de Sartre como uma teoria da liberdade em *todos* os sentidos – o que implicaria, de fato, dada a onipresença da liberdade no para-si, que o Bem é realizado em qualquer projeto que o para-si escolha. Sustentei, porém, que a liberdade que *SN* tenta focalizar está tão profundamente enterrada que ela não pode ter conexão imediata com qualquer doutrina político-moral – por si própria, ela não implica, por exemplo, nem política emancipatória nem uma teoria dos direitos individuais. Outro estágio da reflexão filosófica é requerido antes que semelhantes implicações possam ser extraídas.

Ao perseguir a questão de saber que ética *SN* pode ou não apoiar, uma vez adicionado esse estágio, podemos não só extrapolar do texto, mas também legitimamente levar em consideração dois outros escritos posteriores, a brevíssima conferência *Existencialismo e humanos*, e os textos publicados postumamente *Cadernos para uma moral**, de 1947-1948, e *Verdade e existência*, de

---

126. MARCEL, G. "Existence and human freedom" [Existência e liberdade humana]. Op. cit., p. 64.

* SARTRE, J.-P. *Cahiers pour une morale*. Paris: Gallimard, 1983 [N.T.].

1948. Além disso, há a opção de levar em consideração um livro de Beauvoir do mesmo período, *A ética da ambiguidade* (1947), como fonte de sugestão concernente (embora não, é claro, como uma exposição) das concepções éticas de Sartre.

A explicação do valor, examinada no § 17, mostra que, em importante sentido, a descrição de Sartre como um subjetivista não poderia estar mais distante do alvo – pelo contrário, sua metafísica do valor é mais bem descrita como objeto transcendente da consciência, e não somente sua existência é metafisicamente necessária em relação à subjetividade humana (o valor é produzido pela mesma liberdade incondicionada que me leva a existir, 84/138), mas sua necessidade deriva, em última instância, de um fundamento extrasubjetivo, a saber, a tentativa do em-si de descobrir a si mesmo.

A verdadeira acusação de subjetivismo, porém, consiste é claro em afirmar que Sartre é incapaz de colocar qualquer restrição à escolha de determinados valores do para-si. Mas também isto precisa ser discutido.

A chave para a ética, segundo nos informa a conclusão, é fornecida pela noção de uma liberdade que toma a si mesma como valor ou fim, que quer, afirma e é consciente de si mesma (627-628/722). Como é exposto em *Existencialismo e humanismo*: "Declaro que a liberdade [...] não pode ter outro fim e objetivo a não ser si mesma; e quando um homem viu que os valores dependem de si mesmo [...] ele só pode desejar uma coisa, a saber, a liberdade como fundamento de todos os valores"[127]. Esta, é claro, é uma noção altamente kantiana, e a conferência *Existencialismo e humanismo* invoca de uma maneira deliberada e completa conceitos centrais da ética

---

127. *Existencialismo e humanismo*, p. 51.

de Kant – a moralidade possui conteúdo variável, mas uma forma universal, o ato de mentir "implica o valor universal que ele nega", devo considerar minhas ações como se a humanidade se regulasse pelo que eu faço, "Não posso querer a liberdade de outros", somos obrigados a buscar a realização coletiva da liberdade, como se fosse pelo reino dos fins de Kant, e assim por diante[128].

A relação de Sartre com Kant nesse texto é indireta, porém. Embora se esforce para ecoar as várias fórmulas do Imperativo categórico de Kant, Sartre rejeita a visão deste de que o juízo moral consiste na subsunção de casos individuais sob princípios morais universais, argumentando que a particularidade concreta não pode ser eliminada do pensamento ético. A impressão que se tem é que Sartre deseja manter o espírito da teoria ética de Kant, ao mesmo tempo que renuncia a parte de sua literalidade.

Embora não fique claro, em *Existencialismo e humanismo*, como a ação deve ser determinada em um nível concreto, o que *está* claro é que Sartre acredita que as implicações éticas de *SN* não são mais fracas do que as da metafísica da moral de Kant, e não menos inconsistente com um subjetivismo arbitrário. Sartre pode estar equivocado em supor que o juízo prático pode dispensar o aparato de princípios universais de Kant, mas a questão mais fundamental a ser considerada é saber se ele está justificado em pensar que o ponto de vista básico da ação moral kantiana – ou seja, a preocupação que as razões para a ação atendam à condição de objetividade, tomada como implicando um compromisso impessoal transindividual com a liberdade de todos os agentes racionais – pode

---

128. Ibid., p. 31-32, 51-52. Cf. tb. *What is Literature?* [*O que é literatura?*], p. 203-206, onde Sartre adota a linguagem de Kant do reino dos fins e também a noção de boa vontade, limitando sua discordância em relação a Kant à questão de suas condições de realização.

ser assegurado com base em *SN*. Uma vez que Sartre não se refere à análise kantiana da razão prática, como podemos esperar mostrar que devo considerar a mim mesmo como escolhendo e sendo "responsável por todos os homens" e pela "humanidade como um todo"[129], e de acordo com isso, limitar meus projetos em conformidade com a liberdade dos Outros?

Pode-se considerar, mais uma vez, que Sartre está procedendo por meio de eliminação, e de uma maneira kantiana ampla:

1) Começamos assumindo um para-si que alcançou a reflexão pura e sofreu uma conversão radical, pelo menos na medida em que não mais toma seus projetos concretos como autovalidantes. Esta é a pré-condição perfeccionista da ética de Sartre. Com a aplicação da psicanálise existencial, ou mediante *insight* equivalente sobre a motivação humana disponível para o sujeito comum não filosófico, mostrar-se-á além disso que todas as atividades humanas, *na medida em que* manifestam o projeto fundamento do ser-para-si de se tornar Deus, são "equivalentes" e "condenadas ao fracasso", e que *nessa medida* se pensará que "dá no mesmo se alguém fica bêbado sozinho ou se é um líder de nações" (627/721).

Uma opção poderia ser, então, o ideia de resignação de Schopenhauer, mas isto é excluído pela metafísica do para-si, de Sartre: se o ser o para-si *é* o ser de um projeto, somente a morte pode liberar o sujeito da pressão da teleologia, ao extinguir sua liberdade. Desse modo, o sujeito confronta-se com a tarefa de determinar suas razões para a ação – de responder à questão "Como devo agir?" – sobre uma base consistente com a metafísica de *SN*.

2) Essa metafísica implica diretamente a rejeição de todos (platônicos, aristotélicos, teológicos ou, de outras maneiras, metafísi-

---

129. *Existencialismo e humanismo*, p. 29.

camente realistas) os fundamentos para o valor, e também, o que é mais interessante, a rejeição de qualquer teoria que requeira ou mesmo permita que *experimentemos* o valor no modo de um ser-em-si (cf. 38-39/75-77). A crítica de Sartre se estende, de acordo com isso, a algumas formas de humanismo[130], e com efeito a teorias que baseiam o Bem sobre a liberdade, mas concebem a esta última em termos não sartreanos[131].

3) Igualmente excluída (626/720) – pela crítica de Sartre à concepção "psíquica" do sujeito (§ 24) – está a opção de tratar o valor como função dos estados afetivos subjetivos: utilitarismo, concepções sentimentalistas de valor (humeana, p. ex.) e qualquer posição que (como a de Nietzsche, sob certos aspectos) fundam os juízos de valor sobre o mesmo tipo amplo de estados subjetivos tais como os subjacentes aos juízos estéticos, são minadas pela explicação de Sartre da permeação do "psíquico" pela liberdade; a consciência não pode preencher a si mesma com desejo, ou se tornar uma plenitude de paixão da maneira requerida por essas posições.

4) O egoísmo, como princípio da razão prática, é minado de diversas direções: minhas inclinações, como fatos psíquicos, são motivacionalmente irrelevantes; não há ego substancial que racionalize metafisicamente o egoísmo, ao suprir um objeto *em prol do qual* devo agir; e na ausência de quaisquer diferenças empíricas ou metafísicas intrínsecas entre meu ser e o ser do Outro, não resta qualquer justificação para privilegiar meu interesse sobre aquele

---

130. Cf. ibid., p. 27-28, 33-34, e *SN* 423/495.
131. Pode-se argumentar que Kant está implicado aqui. Cf. *Notebooks for an Ethics*, p. 49, e a detalhada crítica das concepções deontológicas do valor, p. 246-258 e 469: obrigação e dever compreendem uma mistificação alienante da liberdade, segundo Sartre.

do Outro[132]. O plano de reflexão com o qual *SN* nos força a nos ocuparmos está "além do egoísmo e do altruísmo" (626/720).

5) Com a questão motivacional sendo totalmente retirada do quadro, e a assimetria entre o si [*self*] e o Outro removida, a liberdade é o que resta como candidata para um valor. E, dada a necessidade de valoração – preciso afirmar *algum* valor, e este não pode ser relativo a meu *self* particular –, a afirmação da liberdade *per se*, e não meramente da *minha* liberdade, segue-se necessariamente. Isto acontece não somente por falta de alternativa – por assim dizer, por falta de algo melhor –, mas também por conta do caráter intrinsecamente apropriado de ela ocupar um papel axiológico fundamental: a liberdade é tudo o que *é* o ser-para-si, e a liberdade *é* a teleologia à luz da qual emergem as questões do valor, o próprio conteúdo ontológico da ação. Segundo a explicação de Sartre, por conseguinte, não é necessária nenhuma outra *razão* para valorizar a liberdade – ela é, como vimos (§ 36-38), anterior a todas as razões, e será imediatamente apreendida e não de maneira inferencial *como* valor por qualquer agente que tenha plenamente purificado sua visão fenomenológica. Para Sartre, assim como não é possível fornecer argumento para outras mentes, não é possível ou necessária qualquer persuasão discursiva no domínio ético: o caráter imediato das implicações éticas de *SN* tornam óbvio a necessidade de uma exposição argumentativa adicional, separada, e a defesa do ético (um ponto que vai de encontro à explicação do motivo pelo qual *SN* foi mal interpretado como eticamente indiferente).

6) O último passo que Sartre precisa dar – em direção à possibilidade de eu *efetivamente* afirmar a liberdade de um Outro concre-

---

132. A esse respeito, cf. *A transcendência do ego*, p. 16-21, sustentando que a impessoalização do campo da consciência mina a ideia da motivação egoísta (derivada do amor-próprio) empregada na psicologia moral de moralistas franceses como La Rochefoucauld.

to numa situação concreta – exige que eu seja capaz de me relacionar com o Outro de maneira *não conflitual*. Como vimos no § 39, embora *SN* passe a impressão de que o conflito é a forma final da intersubjetividade, a lógica da posição de Sartre implica que, na medida em que eu tiver renunciado ao projeto fundamental de ser Deus, existe uma possibilidade de que eu seja capaz de me relacionar com o Outro-como-sujeito sem tentar sua objetificação – o para-si purificado, em princípio, pode permanecer *consciente* da intersubjetividade constituída no modo quase-ser-em-si do Outro, sem *reduzi-lo* a isso.

Isto é claro apenas um esboço geral, que precisa ser desenvolvido, e nos escritos éticos pós-*SN*, de Sartre (e a *Ética da ambiguidade*, de Beauvoir), outro objetivo, o do descerramento ou revelação do ser, *le dévoilement d'être*, torna-se central para a finalidade de afirmar a liberdade, e portanto, a ética. Outra questão, ainda, é como, e se, Sartre pode passar da necessidade de que eu *queira* a liberdade do Outro para a afirmação mais forte de que minha liberdade *pressupõe* a liberdade do Outro – uma linha de pensamento desenvolvida nos *Cahiers pour une morale* e enfatizada por Beauvoir em *A ética da ambiguidade*[133].

§ 45 Salvação

Supondo-se que seja correto ler Sartre como um tipo de kantiano – que trata a liberdade tanto como fundamento da ética quanto como o fim que propriamente determina como devo agir em relação ao Outro – uma questão adicional aparece, produzida pela descrição da perspectiva normativa de Sartre, preparada em

---

133. Uma útil explanação sobre os *Notebooks for an Ethics* [*Cahiers pour une morale*] é fornecida por William McBride em *Sartre's Political Theory* (Bloomington: Indiana University Press, 1991), p. 60-84.

SN como "uma ética da libertação e da salvação", *une moral de la délivrance et du salut* (412n/484n).

A terminologia religiosa é utilizada por Sartre sem ironia, para indicar sua tese de que a filosofia de *SN* possui implicações que se situam no mesmo *plano* que a doutrina religiosa, e além disso, que ela implica pelo menos a possibilidade de que o homem realize seu bem. Esta última proposição pode parecer especialmente surpreendente tendo em vista tudo o que foi dito em *SN* relativo à falta de esperança metafísica do projeto fundamental do para-si: mesmo que seja possível a conversão radical, e que ela engendre coerções éticas, em que *SN* restaura valor intrínseco à existência humana? Em que sentido o caráter aparentemente trágico da visão de Sartre sobre a situação humana é superada ou suplementada por uma promessa de redenção? A afirmação de liberdade do para-si é realmente suficiente para contar como sua *salvação*?

É útil contrastar duas visões sobre o que é apreendido, e do que está axiologicamente envolvido, quando nossa liberdade se afirma. Uma visão, que tende a ser enfatizada em *A ética da ambiguidade*, de Simone de Beauvoir, é que o momento da autoafirmação da liberdade é um momento de *esclarecimento racional* [*rational enlightenment*]. Ela sugere que passamos da ingenuidade do realismo de valor do senso comum e suas contrapartes metafísicas (teísta etc.) para uma ética existencial, somos livrados de um *erro* – alcançamos uma compreensão correta de que *são* os valores, e deixamos de ser presas de um falso quadro no qual os valores só podem ser objetivos se forem ordenados por Deus, ou de alguma outra maneira inscritos na própria constituição do ser-em-si[134]. Sob esse aspecto,

---

[134]. Cf., p. ex., em *The ethics of ambiguity*, a crítica de Beauvoir à "atitude niilista" (p. 57) e à "falsa objetividade" (p. 157).

SN oferece um tipo conhecido de Iluminismo kantiano, que é ao mesmo tempo crítica e terapia, permitindo que abracemos nossa existência em um novo espírito de sóbria autoconsciência e maturidade, sem qualquer experiência de perda fundamental. A trágica qualidade que a existência humana parecia ter quando apreendida pelas lentes sartreanas, portanto, é somente aparente, e o sentido no qual a existência humana necessita ou é suscetível de "salvação" é correspondentemente tênue: desse ponto de vista, o que precisa ser examinado é que já temos tudo o que precisamos axiologicamente, uma vez que o único sentido no qual a existência de um sujeito humano *poderia* ter valor, de maneira inteligível, é ao representar a si mesma como valiosa em função de sua liberdade, e ao determinar a si mesma com base nisso; nossa inalienável autonomia é ela própria, como devemos perceber, tudo o que há ou *pode haver* em relação à salvação. Desse ponto de vista, portanto, é como se houvéssemos resolvido uma confusão conceptual que foi responsável por jogarmos um jogo cujas regras asseguram que não poderíamos ganhar, deixando-nos livres para embarcar, agora, em novo jogo, um que, em princípio, podemos ganhar.

A visão alternativa, que tem mais possibilidade de ser de Sartre, explica a fala de salvação e libertação, mas é menos direta. A visão oferecida por Beauvoir certamente pode ser lida independente de Sartre, mas envolve um paralelismo com a insistência deste sobre o caráter abortivo da teleologia que define a existência humana. Segundo a própria explicação de Sartre, a trágica qualidade da existência humana, a realidade seu déficit axiológico, é pressuposta, e *não anulada* pelo momento da salvação. O valor que pode ser realizada pela afirmação de nossa liberdade é sempre em *compensação por* nossa perda metafísica original, um tipo de segunda melhor opção axiológica que abarcamos sob pressão metafísica. Não obstante, ela possui *algum* valor positivo: o dato de que podemos suspender a teleologia abortiva que suscita o ser-para-si, e introduzir no ser um *telos* diferente, inteligível, a saber, nossa liberdade, consiste num *tipo* de salvação.

Essas duas visões implicam diferentes maneiras de experimentar nossa liberdade. Beauvoir sugere que afirmar a liberdade é uma *realização* [*fulfilment*]. A visão de Sartre é de que a consciência de nosso fracasso metafísico não pode jamais ser eliminado[135], motivo pelo qual a liberdade que afirmamos é algo que também nos leva a pensar em nós mesmos como estando *condenados*[136].

Deve-se notar como ambas as visões se acham mais uma vez relacionadas a dois pontos de vista metafilosóficos distintos no § 13. Se o ponto de vista de *SN* é propriamente copernicano, a explicação da posição de Sartre por Beauvoir está correta. A visão trágica do primeiro, em vez disso, pressupõe que podemos assumir um ponto de vista que não é meramente o de um sujeito humano: se não faz sentido considerar a existência da subjetividade humana, em abstração de sua perspectiva sobre si mesma, seja como de valor positivo, seja de valor negativo, não há sentido na ideia de que a própria existência do homem é absurda. A visão trágica, por conseguinte, requer que se dê sentido à ideia de que teria sido melhor, por assim dizer, se tivéssemos sido capazes de nos tornarmos Deus, e Sartre parece estar preparado para defender esse pensamento. Seu pensamento parece ser que a maneira metafisicamente correta e completa de nos relacionarmos com o Bem é *sermos* o

---

135. Cf., p. ex., *What is Literature?*, p. 23-25, nota 4, e "Kierkegaard: the singular universal". Como diz Sartre mais tarde: "A liberdade não é um triunfo" ("The itinerary of a thought", p. 35).
136. Marcel ("Existence and human freedom", p. 56-57) objeta a Sartre que só podemos ser condenados à liberdade se ela for uma perda ou privação. Mas esta é exatamente a posição de Sartre.

Bem, de *encarnarmos* o Valor, e isto é algo que somente Deus pode fazer; só podemos nos relacionar com o Bem no modo inferior de *postular* valores (se Deus existisse, sua liberdade *seria* o Bem; Ele não precisaria *afirmar* sua liberdade, como nós precisamos).

A disposição de Sartre de manter uma concepção trans-copernicana, não perspectivista do valor se reflete em sua menção ao "descerramento do ser" como um caminho racional para afirmar a liberdade. A leitura da posição de Sartre por Beauvoir é mais diretamente otimista e humanista. A visão trágica de Sartre contém um resíduo teológico invertido.

Questões para estudo

1) O que distingue o tratamento do conceito de liberdade humana por Sartre? Em que medida sua teoria da liberdade constitui uma melhoria em relação a outras?

2) Sartre defende adequadamente suas afirmações de que eu faço uma "escolha original de mim mesmo" e que sou "responsável pelo mundo"?

3) Quais são os pontos fortes e pontos fracos da exposição de Sartre sobre a motivação humana?

4) Qual a perspectiva ética, se é que há alguma, implicada pela metafísica de *SN*?

(E) O ser como um todo

§ 46 A unidade do ser como uma "totalidade destotalizada" [conclusão, seção I]

Vimos, no § 7, que no final da Introdulção Sartre põe a questão da unidade entre ser-em-si e ser-para-si, e no § 11, que se pode acalentar dúvidas no que concerne à pretensão de Sartre de ter fornecido uma ontologia unificada. Essas dúvidas são desenvolvidas extensamente por Merleau-Ponty, que afirma que Sartre simplesmente não tem direito a um conceito do ser como um todo – uma vez que o nada e o ser, em SN, "são sempre absolutamente diferentes um do outro", não podem estar "realmente unidos"[137].

Na conclusão, Sartre retorna à questão de saber se o Ser, "como categoria geral pertencente a todos os existentes", está ou não dividido por um hiato entre "duas regiões incomunicáveis, em cada uma das quais a noção de Ser deve ser tomada em um sentido único e original" (617/711). Ele declara que nossa pesquisa ao longo do livro permite que respondamos à questão de como ambas as regiões se relacionam uma com a outra: "o Para-Si e o Em-si estão reunidos por uma conexão sintética a qual não é senão o próprio Para-si" (617/711). Essa relação possui o caráter de "uma tênue nadificação que se origina no centro do Ser", nadificação "*provocada* pelo em-si", "suficiente para que *haja* uma total transformação no Em-si. Essa transformação é o mundo" (617-618/711-712).

Isto fornece um sentido no qual o ser forma um todo: o ser-para-si e o ser-em-si estão realmente unidos, e não sem comunicação, na medida em que (i) o ser-para-si se relaciona com o ser-em-si como a *nadificação* deste, (ii) o serr-em-si contém a *origem* dessa nadificação. A unidade do ser como um todo, assim, é apreendida, como precisa ser para responder às objeções de Wahl e de Merleau-Ponty, de *ambos* os lados.

Sartre reconhece que essa explicação suscita imediatamente um "problema metafísico que poderia ser deste modo formulado: por

---

137. MERLEAU-PONTY, M. *The Visible and the Invisible*. Op. cit., p. 68-69; cf. p. 74ss.

que o para-si emerge do ser (*a partir de l'être*)?" (619/713). Qual o *fundamento* no Ser da nadificação em que consiste o para-si?

A discussão dessa questão (619-625/713-724) por Sartre consiste numa crítica de algumas tentativas de responder a ela, juntamente como uma explicação do motivo pelo qual, de fato, devemos supor que a questão não *precisa* ser respondida. A chave para seu argumento é uma distinção que ele formula, sugerida pela citação acima, entre ontologia e metafísica, a tese de Sartre sendo que as questões metafísicas, se não são vazias, pelo menos são filosoficamente secundárias.

O que distingue a metafísica da ontologia? Sartre escreve: "Nós na verdade aplicamos o termo 'metafísica' ao estudo de processos individuais que originaram *este* mundo como uma totalidade concreta e particular. Nesse sentido, a metafísica está para a ontologia como a história está para a sociologia" (619/713). Como ele o coloca pouco depois, a ontologia se preocupa com "estruturas de um ser", e a metafísica com "eventos" (620/714), embora não obviamente em sentido estritamente temporal; uma vez que a "temporalidade vem a ser mediante o para-si", o devir histórico não é o que está em questão na metafísica (621/715; note-se também a distinção entre ontologia e metafísica estabelecida de outra maneira, em 297/358-359).

A distinção oficial de Sartre entre ontologia e metafísica, de certa maneira pouco clara, é menos importante do que sua tentativa de mostrar que se deve enfatizar a questão do motivo pelo qual o surgimento do para-si ocorre. Ele estabelece que só pode haver uma candidata a resposta para essa questão, a qual já abordamos nos § 16 e 17: a saber, que o ser-em-si faz surgir o ser-para-si a fim de se livrar da contingência, desse modo, a "encontrar a si mesmo", a tornar-se Deus ou causa-de-si. Além disso, afirma ele, é *somente* "ao tornar-se para-si que o ser pode aspirar a ser a causa de si": "*se*, portanto, o em-si fosse encontrar a si mesmo, ele tentaria fazê-lo apenas ao se tornar ele próprio consciente" (620/714). O motivo do em-si para buscar se livrar da contingência fornece uma condição necessária e suficiente para o surgimento do para-si. As implicações dessa explicação, porém, vão diretamente de encontro aos pressupostos sartreanos fundamentais. Em primeiro lugar, se a "conexão sintética" entre o ser-para-si e o ser-em-si "não é senão o próprio Para-si", o para-si é assim "tanto um dos termos da relação" contida entre ambas as regiões do ser, "quando a própria relação" (624/719). Dizer isso é praticamente equivalente a dizer que o para-si é a *autorrelação* do em-si, da maneira pela qual o em-si se relaciona consigo mesmo. Mas, segundo a explicação de Sartre, isso é impossível, uma vez que a identidade que prevalece no em-si é tão absoluta de mmodo a excluir qualquer traço de reflexividade (§ 6).

Em segundo lugar, de todo modo, na geração do para-si pelo em-si foi concebida como um *projeto intencional* [*purposive project*], e a atribuição de um projeto para o em-si, é claro, contradiz a concepção do ser-em-si de Sartre. Assim:

> a ontologia se defronta aqui com profunda contradição, uma vez que é por intermédio do para-si que a possibilidade de um fundamento advém ao mundo. Para ser um projeto que funda a si mesmo o em-si teria necessariamente ter originalmente uma presença para si, isto é, já teria que ser consciente (620-621/715).

Este o motivo pelo qual, tendo articulado a única condição possível sob a qual o advento do para-si pode ser explicado – e também a única base possível sobre a qual podemos conceber o ser como compreendendo um todo genuinamente unificado –, Sartre recusa a afirmar o antecedente. Ele diz que a ontologia "limitar-se-á a declarar que *tudo ocorre como se* o em-si, em um projeto para encontrar a si mesmo, desse a si mesmo a modificação do para-si" (621/715).

Mas qual a força do "como se" nesse enunciado? Poder-se-ia esperar que Sartre declarasse que a investigação metafísica sobre a origem do para-si é impossível, já que, segundo ele mesmo, há apenas uma resposta possível à questão, e essa resposta é uma "profunda contradição" do que ele sustenta ser um resultado sólido, não passível de revisão, da investigação ontológica, a saber, a não-consciência do em-si. O que ele faz, de fato, é admitir que existe uma tarefa adicional da investigação metafísica, ao mesmo tempo que dá a entender seu valor limitado, se não futilidade:

> Cabe à metafísica formar as *hipóteses* que nos permitirão conceber esse processo [isto é, o surgimento do Para-si] como o evento absoluto. [...] Não é preciso dizer que essas hipóteses permanecerão enquanto tais uma vez que não podemos esperar que sejam validadas ou invalidadas. O que as tornará *válidas* é somente a possibilidade de que nos ofereçam unificar os *dados* da ontologia. [...] Não obstante, a metafísica precisa tentar determinar a natureza e o significado desse processo pré-histórico. [...] Em particular, compete ao metafísico a tarefa de decidir se o movimento é ou não uma primeira "tentativa" por parte do em-si de fundar a si mesmo [...] (621/715).

O restante da seção I reconsidera a questão da unidade do ser, nossa situação em relação ao qual, diz Sartre, é como segue. A fim de conferir sentido ao conceito de ser, em geral, é preciso haver um conceito da *totalidade do ser*, e o conceito de *totalidade* é o de um todo cujas partes não podem existir independentemente umas das outras ou do todo, isto é, cujas partes se acham internamente relacionadas. Assim, continua Sartre, conceber o ser como totalidade é equivalente a concebê-lo como um *"ens causa sui"* (622/717), e essa concepção, é claro, é inaceitável para ele, não só porque para ele o próprio conceito de autocausa é contraditório (*"impossible"*, 622/717), como porque, se o ser é concebido como totalidade que inclui o ser-para-si e o ser-em-si, o em-si é ontologicamente dependente do para-si: "o em-si receberia sua existência da nadificação que levou a que ele tivesse consciência dela [da existência]" (622/716). A totalidade do ser, então, seria um "ser ideal" com "o em-si fundado pelo para-si e idêntico ao para-si que o funda" (623/717), contradizendo a tese de Sartre de que, enquanto a consciência se limita ao em-si, o em-si não é de modo algum dependente do para-si.

Logo, a totalidade do ser precisa ser concebida, propõe Sartre em seguida, como uma "totalidade destotalizada", e oferece várias fórmulas e analogias para explicar essa ideia. Uma "totalidade destotalizada" é a forma que resulta da destruição de uma totalidade, em que a destruição é incompleta e se estende não à *existência* de seus componentes, mas apenas à sua *interrelação*, a destruição parcial de uma forma, portanto, mais do que de seus conteúdos. Sartre chama a isso de "noção decapitada, em perpétua desintegração", um "conjunto desintegrado" (623/718), e assim por diante.

A contradição que reside no conceito de autocausa, segundo Sartre, não é evitada por meio desse movimento, porém, uma vez que algo pode ser concebido como totalidade *des*totalizada apenas se a totalidade original da qual ela supostamente procede é pelo menos genuinamente *concebível*, o que requer que esteja livre de contradição. Ele recua da tese paradoxal de que o ser só pode ser pensado em termos de um conceito contraditório utilizando, como antes, a fórmula "como se", *comme si*, ao formular suas teses:

> É como se o mundo, o homem, e o homem-no-mundo fossem bem-sucedidos em realizar apenas um Deus ausente. É como se o em-si e o para-si se apresentassem num estado de *desintegração* em relação a uma síntese ideal (623/717).

Sartre encerra a discussão reinvocando a distinção ontologia/metafísica, lembrando-nos que a questão da totalidade "não pertence à província da ontologia", e sugerindo que é indiferente se pensamos do ser como "uma *dualidade* bem marcada ou como um ser desintegrado" (624/719).

Ele nos informou, no entanto, que a concepção dualista é insustentável, o que deixa a totalidade destotalizada como o único conceito que podemos empregar. Ainda assim, esse conceito é contraditório. Parece que é preciso renunciar a algo, e no § 48 consideraremos quais são as opções de Sartre.

§ 47 Deus

Claramente, os problemas interrelacionados da origem do para-si e do ser como um todo, e a tarefa do metafísico que se acabou de descrever, conduzem naturalmente na direção da teologia. Assim, é apropriado, neste ponto, efetuar um balanço da discussão sobre Deus em *SN* e esclarecer o ateísmo de Sartre.

SN fornece uma explicação de como a ideia de Deus se formou, sua implicação sendo que a crença religiosa hipostasia um conceito cuja referência é a própria humanidade, em forma idealizada (90/133-134, 566/655-656; cf. § 17 e 423/495 sobre humanidade e Deus como conceitos limitantes recíprocos e correlatos).

Esse tipo de estratégia feuerbachiana ou hegeliana de esquerda não constitui, porém um argumento teórico direto contra a existência de Deus, mas pode-se ver *SN* como oferecendo dois argumentos nesse sentido. O primeiro, que diz respeito à impossibilidade de uma *causa sui*, ou ser necessariamente existente (80-81/123), repousa sobre pressupostos que serão rejeitados por teístas tradicionais como sendo tendenciosos. O segundo argumento, mais interessante e original, tenta mostrar que o conceito de Deus é o de um "em-si-e-para-si" (cf. 90/133), e que, uma vez que à luz da ontologia básica isso é impossível, "a ideia de Deus é contraditória" (615/708).

Qualquer que seja a força desses argumentos, é importante notar que considerações desse tipo não são o que sustentam o ateísmo de Sartre em um nível fundamental. Seu ateísmo não foi alcançado por meio de argumentos concernentes à explanação metafísica, mas repousa sobre uma tese da mesma *ordem* que asserção de Jacobi de que o ser de Deus é diretamente intuído, só que com *conteúdo* exatamente oposto. Em entrevista posterior, Sartre afirmou que o ateísmo de *SN* não é um "ateísmo idealista", isto é, um que meramente expulsa a *ideia* de Deus do mundo e a substitui pela ideia de sua ausência, mas um "ateísmo materialista": Sartre descreve a si mesmo como tendo percebido que a "ausência de Deus poderia ser lida em toda parte. As coisas estavam sós, e sobretudo, todo homem estava sozinho. Estava só como um absoluto"[138]. Essa revelação faz lembrar a passagem da raiz em *A náusea*:

> O absurdo não era uma ideia que eu tivesse em minha cabeça, ou o som de uma voz, mas essa longa cobra

---

[138]. "Conversations with Sartre" (1974), p. 435. Sartre descreve *SN* como tentando "reivindicar" essa intuição (p. 437), mediante seu argumento concernente à impossibilidade de um "em-si-e-para-si".

morta a meus pés [...], tudo o que pude apreender depois se resume a esse absurdo fundamental. [...] Eu gostaria de estabelecer aqui o caráter absoluto desse absurdo[139].

Há para Sartre, portanto, duas experiências reveladoras básicas com conteúdo positivo: a do caráter absoluto do homem, e do caráter "absurdo" do ser-em-si. Nenhuma delas é direta e explicitamente uma intuição da ausência de Deus. Cada uma, não obstante, é incompatível com a existência de Deus *qua* criador do homem e de seu mundo: se o homem é revelado como algo que (i) não pode ser superado e (ii) não pode manter qualquer relação inteligível com um Bem transcendente[140], e se o ser-em-si expressa (i) seu próprio caráter bruto não concebido e (ii) sua indiferença incondicional ao homem, logo, mesmo se uma *causa sui* substancial, ou um ser-em-si-e-para-si possa existir, ele não pode ter relação pensável conosco ou com nosso mundo.

A ausência de Deus do mundo, por conseguinte, não é como a ausência de Pedro do bar. Isto é importante, pois se esta fosse a tese de Sartre, então poderia se objetar – aplicando os próprios princípios de Sartre – que a presença à minha consciência da ausência de Deus é um modo de consciência Dele, isto é, poderia ser desenvolvida uma teologia negativa com base em *SN*[141]. Porém, Sartre não deixa nenhum buraco em forma de Deus no mundo, através do qual Deus poderia aparecer. O propósito das múltiplas referências a Deus em *SN* é mostrar como qualquer relação do homem

---

139. *Nausea*, p. 185 [citação traduzida do original francês: *La nausée*. Paris: Gallimard, 1938, p. 182].
140. *War Diaries*, p. 108: "a existência da moralidade, longe de provar Deus, o mantém à distância".
141. Cf. HOWELLS, C. "Sartre and negative theology". *Modern Languages Review* 76, 1981, p. 549-555.

com Deus destruiria a liberdade, a intersubjetividade e todas as estruturas da realidade humana, isto é, que a situação do homem no mundo positivamente *repugna* à existência de Deus do teísmo ou deísmo (cf., p. ex., 232/278-279, concernente à solução teísta de Leibniz e ao problema do Outro)[142].

§ 48 Além da metafísica de Sartre

A importância da distinção estabelecida no § 13 entre os pontos de vista perspectivista e aperspectivista ou absoluto mostrou-se em vários pontos em *SN*. Alguns contextos parecem exigir um desses pontos de vista em lugar do outro, em outros ambos coincidem de maneira inteligível, e em algumas ocasiões eles parecem se encontrar em tensão. A questão sobre qual ponto de vista, em última instância, é o de Sartre – ou se ele pode ocupar ambos, como sugeri que fosse sua intenção –, torna-se especialmente saliente no contexto do ser como um todo, e é decisivo para aceitarmos ou não sua tese de que *SN* realiza o fim da metafísica.

Como vimos no § 46, o problema da unidade ou totalidade do ser e da origem do para-si cria aguda dificuldade para Sartre: precisa ser resolvido, mas por tudo o que somos capazes de discernir, sua única resolução possível envolve uma contradição. Sartre é levado a improvisar uma distinção entre ontologia e metafísica, e ao equívoco no que concerne à necessidade e legitimidade da última. Precisa ser considerado o que é responsável pela sua posição, e o que poderia permitir-lhe dela escapar.

Há uma maneira pela qual, ao que parece, Sartre poderia ter conduzido as coisas para uma consistente e inequívoca conclusão,

---

142. A existência de Deus, tal como Sartre o coloca, é recusada (cf. "Materialism and revolution", p. 187).

e algumas sugestões dessa linha de pensamento podem ser detectadas, como vimos no § 46, na conclusão. A saber, poderia ser adotada a posição de que todas as questões que não podem ser respondidas em termos dos conteúdos e propósitos do ponto de vista humano podem e devem ser descartadas, e assim que a investigação e especulação sobre o fundamento da geração pelo em-si do para-si deve ser vista como sendo o apenas o jogo vazio de formas conceptuais, sem conteúdo genuíno. A "profunda contradição" que o raciocínio de Sartre evidenciou ficaria então desprovida de qualquer importância.

Chama a atenção que essa resolução copernicana seja exatamente o que encontramos na discussão de Sartre da parte III sobre a questão "metafísica" de por que existem Outros (297-302/358-364). Aqui, ele afirma sua convicção "de que qualquer metafísica precisa concluir com um 'ou seja', isto é, com uma intuição direta dessa contingência" (297/359). Ele prossegue mostrando que a investigação "metafísica" sobre o fundamento de uma pluralidade de consciências, quando levada a cabo, conduz a uma "conclusão contraditória" (301/362), e finalmente, ele explica *porque* a questão metafísica concernente à totalidade de para-sis que conduzem à contradição é desprovida de sentido (302/363): a saber, ele assume que "é possível para nós *adotar um ponto de vista* sobre a totalidade [de para-sis], ou seja, considerá-la de fora", mas na verdade, isto *não* é possível, pois eu mesmo existo somente "com base no fundamento dessa totalidade e na medida em que estou engada com ela" (301-302/363) (tampouco podemos supor que Deus apreenda essa totalidade, uma vez que para ele, Ele não existe).

Assim, por que Sartre não diz o mesmo na conclusão? Existe uma profunda e clara razão de consistência pela qual, no contexto do ser como um todo, se não no do ser-para-outros, o copernicanismo não pode ser sua posição final, e uma importante razão estratégica pela qual adotar o copernicanismo enfraqueceria sua oposição, em termos gerais.

Para examinar o primeiro ponto, basta observar que Sartre mesmo mostrou que o ponto de vista humano, *ele próprio*, requer uma concepção coerente do ser como um todo, isto é, conduz *para fora de si mesmo*, para o ponto de vista absoluto. A fim de explicar o nada, a egoidade, a facticidade e a falta para o para-si, Sartre julgou necessário referir-se ao relato antropogênico da origem do para-si no em-si. Desse modo, o ponto de vista humano não pode ser visto como separado da especulação sobre a totalidade do ser.

A razão estratégica retrocede às observações feitas no capítulo 2, sobre a preocupação de Sartre em estabelecer a realidade da liberdade humana contra Espinosa, desenvolvendo uma explicação abrangente da realidade humana no âmbito de um quadro ontológico. Se a base de Sartre fosse copernicana, e isto fosse tomado para resolver questões sobre a unidade e totalidade do ser, sua posição seria vulnerável sob um importante aspecto. Segundo ele mesmo, como vimos, o ponto de vista copernicano nos conduz a afirmar o primado ontológico do para-si, e uma "profunda contradição" aparece quando tentamos compreender como a liberdade pode surgir daquilo que é ontologicamente primário; e isto é mais do que suficiente para motivar o pensamento eliminatista-*cum*--espinosano de que todo o edifício da assim chamada "realidade humana" é meramente uma vasta *ilusão*, isto é, que tudo da teoria do nada, da liberdade, do modo de ser do para-si etc. é vazio, não havendo realmente nada além do ser-em-si.

Se isso estiver correto, a única maneira para Sartre seguir adiante é aceitar e tentar atender às demandas do ponto de vista aperspectivista, absoluto: ele precisa completar e tornar inteligível a origem do para-si. Aonde isto poderia levar, em última instância, é outra questão, mas pensar que necessariamente obrigaria Sartre a abandonar qualquer coisa de seu quadro ontológico que seja de grande importância para seus fins filosóficos, sem falar de abarcar qualquer das posições metafísicas "ontologicamente otimistas", teístas ou hegelianas às quais SN se opõe de maneira tão implacável, seria estreitar demais as opções[143].

Questões para estudo

1) Sartre está justificado em sua tese de que a implicação de SN é ateísta, em vez de ser meramente agnóstica?

2) A ontologia de SN é completa?

Tendo terminado a leitura de *SN*, faz sentido ler "Consciência do *self* e conhecimento do *self*" (1948), de Sartre, texto de uma conferência apresentada na Sociedade Francesa de Filosofia [Société Française de la Philosophie] na qual Sartre fornece um sumário sinóptico das principais teses de *SN*.

---

143. Discuto mais essa questão em GARDNER, S. "Sartre, Schelling, and onto-theology". *Religious Studies* 42, 2006, p. 247-271.

4
RECEPÇÃO E INFLUÊNCIA

Dada a concordância da perspectiva desprovida de ilusão sobre a vida humana, de Sartre, com a devastação do mundo pós-guerra, e de sua doutrina da liberdade com o espírito de uma era ocupada com a reconstrução e reassumindo responsabilidade pela determinação de seu futuro – assim como tendo que prestar contas pela ação e inação do passado –, não é de surpreender que a filosofia de *SN* tenha sido recebida com intenso interesse, de um grau que não fora desfrutado por nenhum trabalho filosófico francês desde a *Evolução criativa*, de Bergson, na virada do século e, na verdade, que poucas outras grandes obras na história da filosofia usufruíram.

O reconhecimento da importância de *SN*, no entanto, não foi instantâneo – mal atraiu alguma atenção em 1943-1944 –, mas formou a base da ascensão de Sartre à fama após a Liberação[144]. Em consequência disso, é difícil separar a contribuição de *SN* em particular para o estabelecimento da crescente reputação de Sartre nos anos pós-guerra, uma vez que foi apenas uma parte – a mais acadêmica e intelectualmente exigente – de um corpo rapidamente crescente e internamente unificado de textos. Sua produção literária nos anos de 1940 incluía a peça *Entre quatro paredes* [*Huis clos*], um espetacular sucesso em sua primeira apresentação em maio de 1944, e a trilogia de romances, *Os caminhos da liberdade* (*Les chemins de la liberté*), enquanto o periódico de esquer-

---

144. Cf. JANICAUD, D. Heidegger en France. Vol. 1. Op. cit., p. 79.

da (mas não afiliado a partido) que Sartre fundou com Beauvoir, Aron e Merleau-Ponty em 1943, e que depois editou, *Les temps modernes*, adquiriu um significativo número de leitores. Em 1944, Sartre determinara que ele poderia viver como escritor, e abandonou seu posto como professor. Os anos pós-guerra viram seu perfil ascender exponencialmente, tendo além de muitos projetos literários, turnês de conferências na América do Norte e Europa, comentário político, crítica de arte, convites para escrever roteiros de filmes, peças de teatro e rádio, e mesmo, por um curto período em 1947, liderança de um novo movimento político não alinhado, *Rassemblement Démocratique Révolutionnaire* [União Democrática Revolucionária][145].

Acompanhando a popularidade de Sartre – inevitavelmente, e apropriadamente, tendo em vista a aguda importância crítica de suas ideias – veio hostilidade de várias frentes[146]. Em 1944, o semanal comunista *Action* denunciou Sartre[147], que mantivera distância das ideias de Marx e da prática política marxista nos anos de 1920 e 1930, e continuaria a fazê-lo por algum tempo ainda, até 1952[148]. Ataques a Sartre também apareceram na imprensa na-

---

145. Mostrando como o romance a promessa de um movimento filosófico existencialista surgiu nos anos de 1940, cf. WAHL, "As raízes do existencialismo" (1949). Uma boa noção do que era o existencialismo como movimento cultural pode ser obtida examinando a arte do período e o envolvimento de Sartre com ela (cf. MORRIS, F. (org.). *Paris Post War: Art and Existentialism 1945-1955*. Londres: Tate Gallery, 1993).
146. LÉVY, B.-H. *Sartre*: The Philosopher of the Twentieth Century. Op. cit., p. 17-38, fornece um vívido relato da popularidade e notoriedade de Sartre. Cf. tb. BEAUVOIR, S. *Force of Circumstance*. Londres: Andre Deutsch/Weidenfeld and Nicholson, 1965, p. 38ss.
147. Cf. OSTER, M. *Existential Marxism in Postwar France*. Op. cit., p. 109-112.
148. Assim, em sua reflexões sobre "A situação do escrito em 1947", em *O que é literatura*, p. 186ss., Sartre descreve "a política do comunismo stalinista" como "incompatível com a prática honesta da arte literária" (p. 189), e a teoria marxista da época como pressupondo "um estúpido determinismo" e "cientificismo elementar" (p. 194); a tare-

cional estabelecida, e a Igreja Católica Romana confirmou a importância de Sartre ao inserir seus livros no *Index*[149]. A conferência que ele proferiu em Paris, em outubro de 1945, e que foi publicada em 1946, *O existencialismo é um humanismo*, tentou esclarecer o conteúdo de seu existencialismo, cuja identidade ficara obscurecida durante a polêmica que a cercou, e na resposta direta às acusações de niilismo, imoralismo e indiferença política por parte de seus críticos[150].

O interesse pela filosofia de *SN* não apenas sobreviveu aos anos pós-guerra: sua influência sobre a cultura intelectual na segunda metade do século XX – se não pela força da letra de seu texto, então divulgada por meio de suas conferências, curtos escritos filosóficos e obras literárias – é tão considerável quanto a de qualquer outra obra filosófica do período. Na medida em que *SN* poderia ser tomada como modelando a consciência e a desagradável situação da França Ocupada, poderia igualmente servir como modelo para interpretar a situação de outros grupos sujeitos a dominação, como a visita de Sartre aos Estados Unidos, em 1945-1946 e suas viagens ao Sul segregado, que lhe causaram forte impressão. Em 1946, ele publicou uma crítica do antissemitismo, *A questão judaica*, cujas limitações talvez estejam claras para os leitores atuais, mas que no contexto alcançou considerável importância, ao oferecer uma análise original do que estivera subjetiva-

---

fa do escritor (francês) é de desfazer as atuais "mistificações" do nazismo, gaullismo, catolicismo e comunismo francês (p. 211). Cf. tb. "Materialismo e revolução" (1946), esp. p. 188-189, onde o materialismo dialético é acusado de eliminar a subjetividade, e assim, de transformar o homem em um objeto.
149. Para informação biográfica sobre o imediato período pós-*SN*, cf. LEAK, A. *Jean-Paul Sartre*. Op. cit., p. 59ss. • COHEN-SOLAL, A. *Sartre*: A Life. Op. cit., parte III. • HAYMAN, R. *Writing Against*: A Biography of Sartre. Op. cit., caps. 15-18.
150. Também fazendo parte da defesa do existencialismo por Sartre – especificamente, contra seus críticos marxistas – há "Materialismo e revolução" (1948).

mente envolvido na construção de identidades sociais repressivas, negadoras de reconhecimento[151]. Uma das mais importantes, mais conhecidas e duradouras dimensões político-sociais da influência da filosofia da liberdade de Sartre foi sobre o pensamento feminista: *O segundo sexo* (1949), de Simone de Beauvoir, estabeleceu – sobre fundamentos que devem muito a *SN* – o princípio (que depois se tornou lugar-comum) de que não se nasce, mas antes se torna mulher[152], mediante um processo de construção no qual a mulher é posicionada de maneira não recíproca como o Outro objetual do homem-como-sujeito.

1 Críticas filosóficas a *Ser e nada*

Se agora olharmos historicamente para a frente, e não retrocedendo para o que Sartre tomou de Husserl e Heidegger, os seguintes filósofos, em particular, destacam-se no diálogo crítico com a filosofia de Sartre em *SN*.

(a) *Marcel: existencialismo cristão*. Um tipo de filosofia fenomenológica, existencialista, independente de Heidegger, foi desenvolvida nos anos pré-guerra pelo filósofo católico francês Marcel*, cujo texto "Existência e liberdade humana" (1946) constitui uma crítica pioneira e perceptiva da filosofia de *SN* a partir desse ponto de vista (algumas das críticas de Marcel foram notadas nos § 36 e 44). Nesse ensaio, Marcel aceita que *SN* se baseia em certa expe-

---

151. Cf. tb. as observações de LÉVY, B.-H. *Sartre*: The Philosopher of the Twentieth Century. Op. cit., p. 301-306.
152. *O segundo sexo*, p. 295; cf. GUTTING, G. *French Philosophy in the Twentieth Century*. Op. cit., p. 165-180. Que nesse livro Beauvoir esteja meramente aplicando as ideias de Sartre, sem crítica ou modificação, pode ser contestado: cf. KRUKS, S. "Simone de Beauvoir and the limits of freedom". *Social Text* 17, 1987, p. 111-122.
* Gabriel Honoré Marcel (1889-1973) [N.T.].

riência básica, reveladora do caráter do ser, descrita em *A náusea*, e que mesmo que o caráter genuíno dessa experiência deva ser admitido, Sartre (primeiro) se equivocou no peso que lhe atribuiu e na elaboração de sua importância, e (segundo) excluiu dogmaticamente outra gama rival de experiência básicas, especificamente, aquelas que apontam para o existencialismo cristão do próprio Marcel. SN é diagnosticado como uma superposição incoerente de idealismo sobre uma base materialista dissimulada. Em última instância, o tom de Marcel é denunciatório: Sartre é acusado de niilismo axiológico, o que constitui uma ameaça para a juventude da época[153].

Sugeri, no § 47, que se pode considerar que Sartre conteste as teses de Jacobi, e pode-se dizer que Marcel, de certo modo, responde ao primeiro em nome do segundo. Essa tentativa de reivindicar para a teologia o território da fenomenologia existencial volta a ocorrer na fenomenologia francesa posterior, na obra de Jean-Luc Marion. Uma importante questão que parece emergir no contexto dessa questão é o quanto precisa ser mobilizado para responder ao desafio que *SN* apresenta para nossa concepção ordinária, do senso comum do mundo e do valor da humanidade: embora Marcel não apele a quaisquer pressupostos teológicos em sua crítica a Sartre, ele supõe que o apelo a algum conjunto de experiências privilegiadas, reveladoras – de "comunhão" e "graça" – é necessário para refutar Sartre. Ele não pensa que o ponto de vista do "senso comum", sozinho, forneça qualquer tipo de resposta: ele e Sartre concordam que não há terreno comum entre eles[154].

---

153. Cf. MARCEL, G. "Existence and human freedom" [Existência e liberdade humana]. Op. cit., p. 33, 47, 49, 52, 53, 61.
154. Em contraste, especificamente, com crítico analítico anglófonos de Sartre, como notado abaixo.

(b) *Merleau-Ponty: monismo*. Uma questão que surgiu repetidamente em nossa revisão dos vários temas em *SN* é o que fazer em relação aos fenômenos pertencentes à ontologia plena de *SN*, que podem parecer combinar os dois tipos de ser, em-si e para--si, os quais Sartre vê, em última análise, como sendo exclusivos, exaustivos e não misturáveis. Fenômenos como a corporeidade e a afetividade, que podem parecer envolver essencialmente ambas as formas de ser, representam um desafio *prima facie*, e vimos que Sartre procurar explicá-los em termos que permitem que ele mantenha o agudo dualismo da ontologia básica.

Deixando de lado a questão de saber se as explicações de Sartre são bem-sucedidas, pode-se observar que uma opção que se sugere facilmente à luz desse padrão recorrente é inverter as análises dualistas de Sartre: ou seja, em vez de partir de duas formas discretas e heterogêneas de ser, e procurar oferecer explicações sobre o motivo pelo qual eles parecem se fundir, em certos contextos, pode-se em vez disso começar postulando um único modo de ser original, o qual subsequentemente se diferencia, eventualmente produzindo os dois polos, os quais, poder-se-ia dizer, então, Sartre toma erroneamente como sendo uma oposição ontológica fundamental.

A *Fenomenologia da percepção*, de Merleau-Ponty*, publicada em 1945, dois anos apenas após *SN*, portanto, pode ser lida como sendo, entre outras coisas, uma extensa réplica crítica a Sartre nestes termos. Onde Sartre vê *aparências* de ambiguidade ontológica que precisam ser desfeitas, Merleau-Ponty vê uma *unidade* original dada, a qual passa a ser concebida em termos de dualismos metafísicos apenas por falta de várias operações reflexivas de

---

* Maurice Merleau-Ponty (1908-1961) [N.T.].

abstração e de remodelação conceptual. Assim, para tomar o ponto central deste livro, a percepção é concebida por Merleau-Ponty como um ponto de unidade primordial, indecomponível do sujeito (para-si) e do objeto (em-si), o qual a reflexão analítica é incapaz de penetrar. Algo similar ocorre com o corpo: quando apropriadamente concebido, isto é, como portador primitivo da intencionalidade, o corpo, segundo Merleau-Ponty, combina em uma unidade indissolúvel as características de corporeidade e mentalidade, as quais a reflexão filosófica erroneamente separa e reifica como duas substâncias distintas, mente (para-si) e matéria (em-si).

Seria necessário muito desenvolvimento para determinar se a abordagem de Merleau-Ponty é coerente, e se leva vantagem sobre o dualismo de Sartre. Prescindindo dos detalhes da explicação de Merleau-Ponty, uma importante observação crítica que pode ser feita a sua estratégia monística é que ela não promete estabelecer, de maneira tão segura quanto a de Sartre, a realidade da liberdade: na medida em que buscamos uma abordagem que trate os conceitos metafísicos como funções da abstração, ficamos limitados, ao que parece, a tratá-los como permanecendo afastados da realidade, isto é, a construi-los de maneira antirrealista. Para determinar se essa acusação atinge o alvo é necessário examinar o capítulo final da *Fenomenologia da percepção*, "Liberdade", o qual, embora mencionando Sartre pelo nome somente uma vez, claramente se dirige contra o extremismo deste e defende uma visão antisartreana da ação humana como inextricavelmente apanhada no mundo e, ainda assim, livre. Pode-se replicar, em favor de Sartre, que o que Merleau-Ponty diz aqui ou reduz a liberdade a um caso limite sem realização efetiva, ou pelo menos deixa inexplicado como a liberdade pode se combinar com outra coisa qualquer, diferente dela, mas não menos básica, sem ser destruída; de qualquer modo, é plausível que Merleau-Ponty deixe em dúvida a realidade da liberdade[155].

Qualquer que seja a avaliação que se faça do ambicioso projeto de Merleau-Ponty, as críticas a Sartre feitas na *Fenomenologia da percepção* ainda precisam ser enfrentadas, uma vez que podem, e com frequência foram avaliadas de maneira independente. O caso de Merleau-Ponty contra Sartre foi reapresentado por ele dez anos depois, numa forma mais explícita, semi-polêmica, em um capítulo de seu *Aventuras da dialética* (1955), intitulado "Sartre e o ultra-bolchevismo". Seu alvo primário, nesse ensaio, como sugere o título, é a atitude de Sartre em relação à União Soviética, mas ele relaciona a suposta desorientação e irresponsabilidade de Sartre à filosofia do sujeito encontrada em *SN*, a qual, segundo argumenta, subjaz à política de Sartre, e que ele descreve como a "loucura do *cogito*"[156].

A crítica mais completa e ampla de Merleau-Ponty a *SN* está contida em "Interrogação e dialética", esboçado em 1959-1961 e publicado após sua morte em *O visível e o invisível*. Aqui, um caso excepcionalmente sutil e bem elaborado é montado em apoio à objeção de que o dualismo severo da ontologia básica de *SN* é fatal para seus propósitos filosóficos de reivindicar a liberdade, explicar a intersubjetividade e assim por diante. A conclusão extraída por Merleau-Ponty é que o ponto de vista metafilosófico não perspectivista do que ele chama de "reflexão analítica" deve ser abando-

---

155. A dúvida é bem expressa em LÉVY, B.-H. *Sartre*: The Philosopher of the Twentieth Century. Op. cit., p. 199-200.
156. Várias das críticas de Merleau-Ponty a Sartre já foram referenciadas: cf. notas 72, 88 e 101.

nado, implicando que o erro fundamental de Sartre foi permanecer dentro da órbita da explanação metafísica tradicional[157].

Pode muito bem haver razões, como sugeri no § 48, pelas quais o dualismo ontológico de Sartre deve ser referido, em última instância, a um ponto de unidade original, mas isto é diferente de aceitar a "filosofia da ambiguidade" de Merleau-Ponty, como ela foi chamada. Conceder que o dualismo do primeiro, quando pensado até seu limite, produz um monismo metafísico, em última instância, não é o mesmo que impugnar o caminho dualista, e é compatível com uma rejeição da fenomenologia monística do segundo.

(c) *Lévinas: o Outro*. Como vimos, uma das mais impactantes teses de *SN* diz respeito à qualidade existencial das relações humanas, e por esse motivo Lévinas* – cujo livro sobre Husserl fora importante para Sartre – representa um segundo desenvolvimento na tradição fenomenológica, o qual está especialmente bem situado em relação a *SN*. Lévinas prestou bastante atenção à filosofia de Sartre e se envolveu com as ideias deste último sobre imaginação e identidade judaica em ensaios dos anos de 1940[158], e em seu principal trabalho filosófico, *Totalidade e infinito* (1961), ele apresenta

---

157. O volume organizado por Stewart, *The Debate between Sartre and Merleau-Ponty*, contém os textos primários relevantes relativos à discussão entre Merleau-Ponty e Sartre, incluindo o contra-ataque de Beauvoir em favor de Sartre (que acusa Merleau-Ponty de incompreensões fundamentais da posição de Sartre), assim como útil comentário crítico. Para uma visão sinóptica das questões, cf. WHITFORD, M. "Merleau-Ponty's critique of Sartre's philosophy: an interpretative account". *French Studies* 33, 1979, 305-318 [reimp. in: STEWART, J. (org.). *The Debate between Sartre and Merleau-Ponty*. Evanston: Northwestern University Press, 1998]. Ou de maneira mais extensa, *Merleau Ponty's Critique of Sartre's Philosophy*. Lexington: French Forum, 1982.
• LANGER, M. "Sartre and Merleau Ponty: a reappraisal". In: SCHILPP, P.A. (org.). *The Philosophy of Jean-Paul Sartre*. La Salle: Open Court, 1981.

* Emmanuel Lévinas (1906-1995) [N.T.].

158. Cf. *Unforeseen History*, parte 3.

uma posição filosófica original que consiste numa parcial inversão de *SN*, tão radical quanto a da *Fenomenologia* de Merleau-Ponty, mas com um conjunto diferente, ético de prioridades. Podemos ter uma ideia do que consiste se examinamos a estrutura da ontologia de *SN*. Em primeiro lugar, Sartre estabelece, na ontologia básica, a relação do *self* com o mundo, e mais tarde introduz a conexão com o Outro. Porém, como vimos no § 29, a relação entre o *self* e o Outro é construída por ele como transempírica e trasmundana: minha consciência na forma de *cogito* do Outro-como-sujeito não deve nada ao mundo. O que se poderia supor, portanto, é que essa ordem expositora e ontológica poderia ser modificada ou mesmo invertida, em outros termos, que a relação com o Outro deveria ser vista como pertencendo propriamente à ontologia básica, e talvez mesmo como possuindo precedência sobre a relação da consciência com o ser-em-si. No último caso, se a relação com o Outro possui essa prioridade, a consciência do Outro não tem de ser posta num contexto anterior no qual a consciência já está ocupada com a objetificação, e sobre semelhante base seria inteligível supor que a primitiva consciência-do-Outro não precisa ter necessariamente o caráter conflitual teorizado por Sartre. Certamente, é preciso mais do que isso para nos conduzir à posição completa de Lévinas – ou seja, que a consciência primordial do Outro é uma consciência da obrigação infinita, e que a "ética precede a ontologia" –, mas haveria uma abertura para esse desenvolvimento, e seria razoável conjecturar que Sartre, partilhando da noção de Lévinas do peso e escopo universal da responsabilidade humana, não poderia oferecer grande resistência: embora o primeiro, em *SN*, não caracterize de fato a experiência do olhar do Outro em termos éticos, existe um significativo parentesco fenomenológico entre sua caracterização de minha consciência do Outro-como-sujeito como dominante e a caracterização de Lévinas do Outro como assumindo a forma de uma exigência indeterminada, infinita sobre mim. Ambos pensam que a consciência do Outro, no nível mais profundo, envolve uma consciência da assimetria e heterogeneidade entre o *self* e o Outro[159].

(d) *Réplica de Heidegger a Sartre*. Merleau-Ponty e Lévinas, por conseguinte, pode ser visto como propondo maneiras pelas quais podemos escapar dos discutíveis impasses ontológicos e éticos da filosofia de Sartre. Uma terceira resposta a *SN* de dentro da tradição fenomenológica que merece atenção, mas que diferentemente das demais rejeita categoricamente a filosofia de Sartre, em um nível fundamental, é a de Heidegger.

A *Carta sobre o humanismo*, de Heidegger* – originalmente, em 1946, uma carta respondendo a questões postas pelo filósofo francês Jean Beaufret concernente à visão de Heidegger do existencialismo francês, ampliada para publicação em 1947 – foi em parte uma resposta a *O existencialismo é um humanismo*, de Sartre[160]. A rejeição do último por Heidegger gira em torno de dois pontos-chave. Primeiro, Heidegger argumenta que Sartre partiu do conceito de "ser humano" (tal como dado pela tradição) e se

---

159. Cf. LÉVINAS, E. *Humanism of the Other*. Urbana: University of Illinois Press, 2006, p. 39-40 e 49-55 [trad. Nidra Poller]. Sobre a relação de Sartre com Lévinas, cf. HOWELLS, C. "Sartre and Lévinas". In: BERNASCONI, R. & WOOD, D. (org.). *The Provocation of Lévinas*: Rethinking the Other. Londres: Routledge, 1988. • JOPLING, D. "Lévinas, Sartre, and understanding the other". *Journal of the British Society for Phenomenology*, 24, 1993, p. 214-231.

* Martin Heidegger (1889-1976) [N.T.].

160. As circunstâncias históricas da *Carta* The historical circumstance of the Letter são relevantes: Heidegger, a quem uma cópia de *SN* fora providenciada, em 1945, escrevera a Sartre pedindo que interviesse em seu favor, em seu processo de desnazificação. Sartre não respondeu. Sobre a *Carta*, cf. KLEINBERG, E. *Generation Existential*. Op. cit., p. 184-199.

limitou a modificá-lo, deixando com isso de colocar em questão os termos básicos, e inadequados, dentro dos quais sua reflexão procede[161]. Segundo, Heidegger objeta à concepção de valor que Sartre partilha com todo humanismo, pelo qual o valor é sustentado como sendo trazido ao mundo pelo e com o ser humano. Essa estratégia, sustenta Heidegger, está condenada ao fracasso, pois a "valoração, mesmo quando é positiva, é uma subjetivização"; Sartre deixa de retroceder ao ponto primordial necessário, antes que a distinção entre fato e valor, entre teórico e prático, seja estabelecida[162].

Sob ambos os aspectos, Heidegger lê Sartre (de maneira acurada) como permanecendo, em seu emprego de conceitos como essência, dentro da tradição filosófica ocidental de "metafísica" (no sentido crítico de Heidegger)[163]. A rejeição dessa tradição por parte do primeiro gira em torno de sua distinção entre Ser e entes. Desse modo, em certo nível, Heidegger está apenas retribuindo o cumprimento de Sartre: o projeto de investigação sobre o significado do Ser, que este rejeitara na seção II da introdução a *SN* (§ 2), não sem argumento, mas em última instância de maneira algo sumária, é contra-argumentado por Heidegger como a base para uma ponto de vista filosófico que ele sustenta ser mais alto do que aquele ocupado por Sartre.

O ponto adicional e mais interessante que emerge da *Carta* é que Heidegger – dependendo de quanta continuidade se está preparado para ver sem seu desenvolvimento – ou mudou sua posição desde *Ser e tempo*, ou esclareceu seu *status*. O erro de Sartre, sugere Heidegger, consistiu em deixar de ver que o conceito de *Dasein* não é meramente preparatório, "precursor", da verdadeira

---

161. *Lettre*, p. 245ss.
162. Ibid., p. 265; cf. p. 263ss.
163. Cf. ibid., p. 245, 250.

tarefa de pensar o Ser. A concepção de para-si de Sartre, que parece ocupar a mesma posição que o *Dasein* de Heidegger, é na verdade uma concepção de uma ordem bem diferente, inferior, pois o *Dasein* propriamente concebido, informa-nos Heidegger agora, *não* é uma concepção de *seres humanos*, como é o conceito do para-si de Sartre, mas uma concepção de uma *função ontológica* que o Ser "dá" aos seres humanos e que os seres humanos se limitam a "sustentar". A diferença entre Heidegger e Sartre, portanto, é que, enquanto o conceito de para-si é o de uma realidade absoluta, final, incapaz de qualquer explicação mais profunda, o conceito de *Dasein* (no último Heidegger, e não em *Ser e tempo*) obtém sentido de um pensamento adicional e mais básico sobre "a verdade do Ser". Por esse motivo, Heidegger se sente capaz de sustentar que os pressupostos básicos de *SN* e os de *Ser e tempo* "não possuem nada em comum", e descreve o sujeito humano meramente preocupado consigo mesmo, autoafirmativo do existencialismo de Sartre como "o tirano do ser"[164].

(e) *Lukács e Marcuse: Marxismo*. A crítica de Heidegger a *SN*, portanto, não é de modo algum interna: baseia-se diretamente em um pressuposto que Sartre (acertadamente ou não) rejeita. A mesma externalidade tende a caracterizar os ângulos críticos sobre *SN* que foram desenvolvidos nos anos de 1940 de dentro da tradição marxista, em escritos filosóficos que apareceram paralelamente aos primeiros ataques do Partido Comunista Francês a Sartre, dos quais os mais importantes foram *Existencialismo ou marxismo?* (1948), de György Lukács, e "Existencialismo: observações sobre *Ser e nada* de Sartre" (1948), de Herbert Marcuse[165].

---

164. Cf. ibid., p. 250-252.
165. Os escritores em questão (Henri Mougin, Henri Lefebvre e Jean Kanapa, assim como Lukács) são bem discutidos em OSTER, M. *Existential Marxism in Postwar France*. Op. cit., p. 112-125.

As linhas comuns nas avaliações marxistas de *SN*, como se poderia esperar, consistem em queixas sobre seu "idealismo", em consequência da recusa de Sartre de integrar a realidade humana no ser natural, e de derivar a consciência da matéria; de seu isolamento do indivíduo, e contração da moralidade política numa esfera de direitos humanos individuais "abstratos"; e de sua consequente inabilidade em fazer justiça à realidade dos fenômenos sociais e história humana tal como concebidas no materialismo dialético, e de estabelecer as condições necessárias para a ação coletiva (de classe). Lukács acrescentou em boa medida a acusação de "irracionalismo", a qual Sartre teria incorrido em função de sua rejeição do desenvolvimento histórico objetivo como fonte de normatividade.

A avaliação neomarxista igualmente influente de *SN* por Marcuse apareceu no mesmo ano. Embora reconhecendo que Sartre não é irracionalista, pelo menos na medida em que ele (em contraste com Albert Camus) pensa que as verdades do existencialismo podem ser expressas em filosofia, e não meramente em literatura, Marcuse critica Sartre por deixar de ver que a articulação de uma teoria da liberdade em abstração das condições efetivas, histórico-sociais concretas de não liberdade do homem reduzem *SN* a uma mistificação ideológica da mesma ordem que as concepções estoica e cristã que Sartre ataca[166]. Marcuse admite, no entanto, que o projeto de Sartre, em seus próprios termos, é "ontologicamente correto" e "bem-sucedido": deve-se extrair a inferência, segundo Marcuse, que o procedimento filosófico como um todo (necessariamente "idealista") ao empregar conceitos que não

---

166. Cf. MARCUSE, H. "Existentialism: remarks on Jean-Paul Sartre's L'Être et le néant". *Philosophy and Phenomenological Research* 8, 1948, p. 329-330. A acusação de Marcuse é certamente injustificada: as doutrinas estoica e cristã dizem que o homem pode alcançar o seu *telos*, isto é, realizar sua liberdade, independentemente da circunstância objetiva; Sartre não diz nada desse tipo.

foram obtidos de uma teoria da sociedade anterior, e de tentar pensar a realidade em abstração da história, é cognitivamente vão e ideologicamente negativo[167].

2 *Ser e nada* e o Sartre posterior

É necessário examinar o próprio Sartre como crítico da filosofia de *SN*. Em entrevistas concedidas em seus últimos anos, Sartre reconhece erros na posição de *SN*, a ponto de aparentemente aceitar algumas das críticas fundamentais feitas por seus oponentes marxistas. Assim, numa entrevista de 1975, ele diz que "os capítulos especificamente sociais, sobre o 'nós'", foram "particularmente ruins", que os problemas da possibilidade do esquecimento e da consciência animal não foram enfrentados em *SN*, e que *SN* não trata da vida orgânica e da existência da Natureza, nem da relação da consciência com o cérebro[168]. Em termos de sua metodologia filosófica, aos olhos do Sartre posterior, *SN* deixa de se qualificar como dialético, e deve ser visto como uma obra inacabada[169]; ela é, diz Sartre, meramente "uma filosofia racionalista da consciência", um "monumento de racionalidade"[170].

---

167. Cf. ibid., 322 e 334-335: "a filosofia não possui os instrumentos conceptuais para compreender" a existência humana (p. 334). A réplica de Sartre à rejeição historicista da filosofia, por Marcuse, consiste, é claro, em perguntar de onde ela deriva, e como ele se propõe a fundamentar o conceito de liberdade em nome do qual condena as formas sociais concretas como não livres. No Pós-escrito, acrescentado posteriormente ao ensaio, Marcuse atribui a Sartre a transformação da filosofia na política que ele recomenda, mas a evidência da *Crítica* conta decisivamente contra essa interpretação.
168. "An interview with Jean-Paul Sartre" (1975), p. 9, 18, 23, 28-29, 39-40.
169. "Conversations with Jean-Paul Sartre" (1974), p. 173, 410; e "An interview with Jean-Paul Sartre" (1975), p. 9, 18.
170. "The itinerary of a thought" (1969), p. 41-42. Na entrevista de 1972, *Sartre By Himself*, p. 76, Sartre diz que em *SN* ele "tentou oferecer certo número de generalidades sobre a existência do homem, sem levar em consideração o fato de que a existência é sempre historicamente situada".

Mais importantes ainda são os comentários posteriores de Sartre sobre a doutrina da liberdade de *SN*. Em 1966, ele declara que "uma espécie de Eu substancial, ou categoria central, sempre mais ou menos dado", "esteve morto por muito tempo" e que "o sujeito ou subjetividade se constitui *a partir de uma base anterior* a si mesmo"[171]. E em 1969:

> Concluí [nos anos de 1940, sob a Ocupação] que em qualquer circunstância, sempre é possível escolher. O que é falso. Com efeito, é tão falso que mais tarde eu quis precisamente refutar a mim mesmo, criando um personagem, em *O diabo e o bom Deus*, Heinrich [...] que jamais escolherá. Ele é *totalmente condicionado* por sua situação. No entanto, só compreendi tudo isso muito mais tarde. [...] Acredito que um homem sempre pode fazer algo a partir *do que é feito dele*. Este é o limite que hoje eu daria à liberdade: o pequeno movimento que faz de um *ser social totalmente condicionado* alguém que não devolve completamente o que seu condicionamento lhe forneceu [...], a pequena margem numa operação pela qual uma interiorização reexterioriza a si mesmo num ato. [...] O indivíduo interioriza suas determinações sociais: ele interioriza as relações de produção, a família de sua infância, o passado histórico, as instituições contemporâneas, e ele então volta a exteriorizar tudo isso em atos e opções que necessariamente nos fazem nos referirmos a eles. Nada disso existia em *O ser e o nada*[172].

---

[171]. "Jean-Paul Sartre répond" (1966), p. 93 [itálicos adicionados].
[172]. "The itinerary of a thought" (1969), p. 34-35 [itálicos adicionados]. Sartre descreve a si mesmo como estando, na época de *SN*, preso a um "mito do heroísmo" (p. 34), o qual ele tinha que superar, e que já havia então superado, e como "verdadeiramente escandalizado" (p. 33) por seu enunciado anterior de que um homem é sempre livre para escolher ser traidor ou não. Crítica igualmente direta de sua concepção anterior da liberdade está contida na entrevista de 1972, *Sartre By Himself*, p. 58-59.

Juntamente com essa liberdade recém limitada, vem uma aceitação de determinadas estruturas: "Não há dúvida de que a estrutura produz ações"; "Lacan esclareceu o inconsciente como um discurso que separa por meio da linguagem. [...] Formas verbais [*ensembles*] são estruturados como uma forma do prático-inerte mediante o ato de fala. Essas formas expressam ou constituem intenções que *me determinam* sem serem minhas"[173].

O que fazer com esses enunciados? Devemos hesitar antes de concordar com as autoavaliações posteriores de Sartre, ou sustentar que suas últimas declarações mostram que ocorreu uma conversão de ponto de vista filosófico.

Em primeiro lugar, deve-se enfatizar que a autocrítica posterior de Sartre consiste em reconhecimento das supostas limitações de *SN* – de assuntos sobre os quais suas proposições eram demasiado simples, ou exageradas, e exigem complexificação ou modificação – sem vir acompanhada por um novo conjunto de doutrinas fundamentais para substituir aquelas de *SN*, nem mesmo por uma sugestão de que o problema da liberdade humana poderia levar a uma solução diferente.

Em consequência, o que as depreciações das realizações de *SN* por Sartre podem mostrar é simplesmente a incompatibilidade de um sistema de liberdade com a concepção marxista de desenvolvimento histórico – em outros termos, o que a des-mitologização do materialismo histórico o qual Sartre visava na *Crítica da razão dialética* é impossível com base em *SN*. E isto permite que pensemos (mas não permite a Sartre, dado o novo peso de suas priori-

---

[173]. "L'anthropologie" (1966), p. 86, 97 [itálicos adicionados]. Para compreender como o Sartre posterior concebe estruturas, cf., além de "L'anthropologie", *Critique of Dialectical Reason*, vol. 1, livro II, cap. 3, seção. 3, esp. p. 479-480, 487-491.

dades filosóficas depois que ele foi "refeito pela política"[174]) que o problema não reside em *SN*, mas na teoria marxista, ou mesmo, de modo mais geral, na tentativa de pensar o homem como objeto da teoria social. Com efeito, o que confere à *Crítica da razão dialética* uma profundidade filosófica não frequentemente encontrada em escritos de teoria social, compensando de algum modo a obscuridade desse livro, é a noção por parte de Sartre da profundidade da dificuldade apresentada pelas questões transcendentais do que significa para a entidade social ou para a história humana possuir realidade, e de como a existência de semelhantes coisas pode ser, na medida do possível – e é porque Sartre se recusa a abandonar as intuições de *SN* ao considerar a ontologia social em sua *Crítica* que o livro confere um foco tão acentuado a essa dificuldade[175].

Se isso estiver correto, a conclusão a tirar não é que *SN* fracassou na tarefa filosófica a que se propôs, mas que existe um problema filosófico adicional concernente à realidade do histórico social que Sartre não resolveu[176].

Igualmente importante é o ponto de que é bastante incerto se o que Sartre diz posteriormente sobre a liberdade *de fato* contradiz sua posição em *SN*. Como mostram as citações acima, Sartre

---

174. "The itinerary of a thought" (1969), p. 64.
175. A explanação da *Crítica*, assim torna seu projeto mais amplo do que o projeto marxista de compreender as condições sociais enquanto alienantes, o socialmente experimentado como poder objetivo. Para um breve resumo das principais ideias da *Crítica*, cf. FLYNN, T.R. *Sartre and Marxist Existentialism*: The Test Case of Collective Responsibility. Chicago: University of Chicago Press, 1984, cap. 6, e as afirmações claras e sucintas de Sartre na entrevista "The itinerary of a thought" (1969), p. 51-56.
176. E pode-se perguntar que filósofo o resolveu em termos humanisticamente aceitáveis. Lévy dá a relevante sugestão, in *Sartre*, parte III, cap. 3 (p. 381ss.), de que há na personalidade filosófica de Sartre uma segunda intuição básica e um segundo impulso, distinto daquele que anima *SN*, que prioriza a experiência da socialidade e da solidariedade, e que predomina em seu pensamento posterior.

começa nos anos de 1960 a falar do sujeito como possuindo uma "base anterior a si mesmo", como sendo "feito", "determinado", "condicionado" e assim por diante. Mas precisamos perguntar como se deve interpretar isso. Que significado deseja Sartre atribuir a esses termos? Mais especificamente, por que não compreender a base anterior do sujeito, e as estruturas determinantes que ele confronta, em termos da concepção de liberdade e facticidade apresentadas em *SN* (§ 33)?

Quando Sartre revisitou o problema da liberdade, em conversas com Beauvoir em 1974, ele descreveu sua teoria da liberdade em *SN* como tendo deixado de expressar o que pensava, dizendo que ele utilizara por conveniência uma teoria da liberdade "simplista", "de manual", segundo a qual "a pessoa sempre escolhe o que escolhe, é livre em relação ao Outro": "Eu acreditava então que sempre se é livre. [...] Sobre esse ponto, mudei muito. Penso, na verdade, que existem situações nas quais não se pode ser livre". O verdadeiro significado, sustenta ele agora, era que, mesmo quando as ações de alguém são "provocadas" por algo externo, essa pessoa ainda é "responsável por si mesma"[177].

No entanto, uma vez que a autorresponsabilidade *de fato* sempre permanece, não está claro que Sartre *esteja* revogando qualquer coisa, ou porque ele pensa que a teoria da liberdade em *SN* era simplista. Além disso, Sartre acrescenta que, mesmo ao responder a algo externo, "há algo que provém de nossas mais remotas profundezas e que se relaciona com nossa liberdade primária". Qual é essa liberdade primária, se não é a liberdade de *SN*? Nesses momentos, é quase como se Sartre houvesse confundido a liberdade ontológica de *SN* com uma negação de que se possa ser impotente em relação a estados de coisas externos. E outras obser-

---

[177] "Conversations with Jean-Paul Sartre" (1974), p. 352-361.

vações sugerem que nada mudou desde *SN*: aqueles que não se sentem livres, diz ele, estão meramente "confusos", pois somente a consciência da liberdade, não ela própria, pode estar faltando[178].

Quando Beauvoir indica a Sartre que, em sua biografia de Genet, as circunstâncias externas e as experiências externamente derivadas deste último são descritas de maneira tão forte que parecem ser determinantes, Sartre reafirma que a transformação dessas circunstâncias por Genet é "obra da liberdade"[179] – liberdade que, segundo argumentou de forma convincente *SN*, não pode ter vindo a existir em qualquer estágio logicamente posterior às próprias circunstâncias externas.

Em virtude de sua posição posterior ser opaca, é possível respeitosamente discordar de Sartre quando ele sugere que errara no que concerne à doutrina da liberdade em *SN*. Dependendo de uma explicação de como se pode pensar a liberdade como algo limitado por fatores condicionantes sem se deparar com todas as poderosas objeções detalhadas em *SN*, a autoridade filosófica da renegação posterior, por Sartre, da doutrina da liberdade em *SN*, é limitada.

3 A rejeição estruturalista e pós-estruturalista de *Ser e nada*

A despeito do novo ímpeto que *SN* forneceu ao programa da fenomenologia existencial, e a fecundidade dos debates que sus-

---

178. "Conversations with Jean-Paul Sartre" (1974), p. 358-361. Especialmente confusa é a afirmação de Sartre de que "digo que a liberdade representa algo que não existe, mas que gradualmente cria a si mesma" (p. 361). Nos termos de *SN*, deve-se dizer, em vez disso, que a liberdade já existe no modo do para-si, *além disso*, pode criar a si mesmo gradualmente em uma forma mundana, na medida em que se realiza na conduta humana. Cf. tb. as observações de Sartre sobre a liberdade em uma entrevista de 1980, *Hope now*, p. 72.
179. "Conversations with Jean-Paul Sartre" (1974), p. 354.

citou – em particular, com Merleau-Ponty e Lévinas –, a posição dominante de Sartre no cenário da filosofia acadêmica na França não teve longa duração. A filosofia francesa, em espaço de tempo relativamente curto, voltou-se firmemente contra todo o projeto de uma filosofia baseada no sujeito ou na consciência[180].

Em alguma medida, a revolta estruturalista contra a fenomenologia existencial fora preparada por Merleau-Ponty – uma vez trocado o para-si por um sujeito tão fortemente inserido no mundo como Merleau-Ponty o concebia, o privilégio metodológico da consciência fora em grande parte revogado. Nesse espírito, Claude Lévi-Strauss atacara Sartre, em *O pensamento selvagem* (1962), por este deixar de ver que a fenomenologia é cega para, e incapaz de apreender, os tipos de estruturas objetivas exemplificados pela linguagem natural e identificadas por Marx e Freud. As limitações da tentativa posterior de Sartre, na *Crítica da razão dialética*, de apreender o social e o histórico, revelaram que ele fora, em *SN*, e permanecera desde então, "prisioneiro de seu *Cogito*", segundo Lévi-Strauss: "Aqueles que uma vez se embrenha nas supostas verdades da introspecção, delas nunca mais sai"; "apanhado na armadilha da identidade pessoal", Sartre "fechou a porta para o conhecimento do homem"[181].

O estudo analítico-histórico de Foucault sobre as ciências humanas, em *A ordem das coisas* (1966), alegou que a fenomenologia permanece presa a uma contradição básica (da simultânea

---

180. A bibliografia sobre o advento do estruturalismo e do pós-estruturalismo é extensa; para uma exposição clara, detalhada, cf. GUTTING, G. *French Philosophy in the Twentieth Century*. Op. cit., parte III. · OSTER, M. *Existential Marxism in Postwar France*. Op. cit., cap. 8, segue os desenvolvimentos na relação com o marxismo de Sartre.
181. *The Savage Mind*, p. 249; o núcleo do cap. 9 desse livro se dirige contra as concepções posteriores de Sartre sobre a história e a razão dialética [trata-se do posfácio a *O pensamento selvagem*. 5. ed. Campinas: Papirus, 2005].

inclusão e exclusão do sujeito no e do mundo), comum a todas as formas de pensamento transcendental[182], e a crítica de Jacques Derrida ao pressuposto axiomático husserliano da presença a si mesmo da consciência desfecharam forte golpe em SN[183].

Um fator extremamente importante nessa reviravolta foi a *Carta sobre o humanismo*, de Heidegger, e o trabalho de Beaufret difundindo as ideias do primeiro nos anos de 1950: embora a maior parte dos filósofos franceses não subscrevessem ao heideggerianismo na mesma medida em que o exploravam com fascínio, extraiu-se a dupla lição de que o existencialismo antropocêntrico sartreano não abrangera a filosofia de Heidegger, e que o humanismo de Sartre não tinha a última palavra e não poderia se sustentar contra alternativas mais radicais, não centradas no sujeito[184].

---

182. Cf. *The Order of Things*, cap. 9, esp. p. 324-326 (concernente ao fracasso da fenomenologia), e p. 361ss. (concernente ao primado do não consciente), e "Truth and Powers" (1977), p. 116-17: "É preciso abrir mão do sujeito constituinte, livrar-se do próprio sujeito", até mesmo o sujeito historicizado da *Crítica* de Sartre. Resumindo a discordância e documentando as críticas mútuas de Sartre e Foucault, cf. FLYNN, T.R. *Sartre, Foucault, and Historical reason*. Vol. I: Toward an Existentialist Theory of History. Chicago: University of Chicago Press, 1997, cap. 10.

183. Conferência de Derrida de 1968, "O fim do homem", condena a "distorça humanista" de Sartre e a "equivocada interpretação antropológica" de Heidegger, e na verdade, também de Hegel e Husserl (39): Sartre não "fora sequer capaz de levar em conta os primeiros parágrafos de *Ser e tempo* (38). A mudança desconstrutiva da chave filosófica não implica abandono das preocupações de Sartre, porém, como o tratamento derridiano do grande tema sartreano da liberdade, em *The experience of Freedom*, in Nancy, mostra. O grau em que a desconstrução transformou as regras básicas do discurso filosófico, porém, é mostrado pela discussão de Nancy de Sartre, p. 96-105, onde a liberdade sartreana é dissociada de todas as ideias de causalidade e possibilidade de ação, e descrita como positivamente resistente à representação (conceptual). Por razões fornecidas antes, no § 36, é em parte compreensível por que Nancy segue essa linha, mas do ponto de vista de Sartre a posição que resulta consiste numa negação da realidade da liberdade.

184. Cf. KLEINBERG, E. *Generation Existential*. Op. cit., cap. 5. • ROCKMORE, T. *Heidegger and French Philosophy*: Humanism, Anti-Humanism, and Being. Londres: Routledge, 1995. Sartre comenta criticamente sobre o desenvolvimento estruturalista (Lévi-Strauss,

4 *Ser e nada* e a filosofia contemporânea

Resta a questão da importância de Sartre para a filosofia contemporânea.

O centenário do nascimento de Sartre (1905) tendo passado e sido celebrado, sua importância como personagem na história intelectual e suas contribuições para a vida pública foram reapreciadas. Sua importância para a filosofia contemporânea, porém, seja nos círculos analíticos anglófonos, seja nos círculos continentais, não é grande, e é muito improvável que o prestígio de sua filosofia volte em um futuro previsível a sequer se aproximar do nível que alcançou no imediato período do pós-guerra. As razões para isso não têm nada a ver com a qualidade ou limitações de seu pensamento, e tudo a ver com a natureza do projeto filosófico que ele persegue em *SN*. Em primeiro lugar, como sustentado no capítulo 2, a filosofia de Sartre tem como premissa uma rejeição absoluta do naturalismo. Em segundo lugar, ele está metodológica e doutrinalmente comprometido com a subjetividade como princípio global do pensamento filosófico. Em terceiro lugar, ele se distancia da tradição epistemológica da filosofia europeia moderna, e além disso, *SN* não mostra simpatia ou engajamento seja com a virada histórica do século XIX, seja com a virada lógico-linguística da filosofia do século XX. Em quarto lugar, como procurei mostrar, o objetivo de Sartre em *SN* era construir um sistema metafísico revisionista em um sentido muito forte, e a viabilidade de semelhante empreendimento, desde o final do hegelianismo, em meados do século XIX, tem sido cada vez mais negada. Como disse Lévinas, Sartre era

---

Foucault, Lacan, Althusser) na entrevista de 1966, "Jean-Paul Sartre répond"; cf. tb. "L'anthropologie" (1966).

filosoficamente excepcional, na medida em que ele "não pensava que a metafísica houvesse terminado em termos absolutos"[185].

Por todas essas razões interligadas, é completamente inteligível que Sartre fique fora da órbita dos programas filosoficamente orientados, seja para explorar a contribuição das ciências naturais e humanas para o conhecimento filosófico, seja para as tentativas de Nietzsche e Heidegger de pôr fim a um projeto da filosofia ocidental, seja ainda para a reabilitação e reconstrução da filosofia kantiana em forma pós-metafísica.

O seguinte elevado tributo oferecido a Sartre por Jürgen Habermas testemunha, de maneira indireta, a dissociação de Sartre das trajetórias dominantes da filosofia contemporânea:

> A obra de Sartre não pode ser adaptada a tendências desconstrucionistas. Para esse discurso, ele representa um adversário que não pode ser facilmente assimilável. Seus escritos contêm ideias que não só não foram superadas, como também apontam para além das abordagens historicistas e contextualistas hoje tão difundidas. Isto é verdade especialmente para a compreensão existencialista da liberdade, a qual – seguindo uma trajetória que vem de Fichte e Kierkegaard – se expressa em fecunda e radical versão um inegável componente da moderna autocompreensão. Admiro o fato de que Sartre resistiu, de maneira exemplar, à tentação de retroceder às condições do pensamento pós-metafísico[186].

Para pensadores pós-metafísicos contemporâneos, a realização de Sartre só pode consistir, na melhor das hipóteses, no fato

---

185. *Unforeseen History*, p. 97.
186. "Jürgen Habermas on the Legacy of Jean-Paul Sartre". *Political Theory*, vol. 20, n. 3, ago./1992, p. 496-501, neste caso: p. 498-499 ["Rencontre de Sartre". *Les Temps modernes* 46, jun./1991, p. 154-160].

de ele ter conseguido fornecer expressão excepcionalmente clara e enérgica a *um* componente da moderna autocompreensão, a saber, sua noção de autonomia individual; e isto não é suficiente nem para os propósitos universalistas de Sartre, nem o bastante para tornar Sartre um recurso filosófico significativo para pensadores que procuram resolver as contradições do pensamento moderno sem recorrer à metafísica; estes consideram que Sartre pagou um preço muito alto ao sacrificar a superação da metafísica tradicional, a qual, segundo a concepção pós-metafísica, é outra parte necessária da autocompreensão da Modernidade tardia.

É possível inserir as principais ideias de Sartre no contexto de um tipo de projeto filosófico fundamentalmente diferente, mas estreitamente afinado com correntes contemporâneas, e fazê-lo sem esvaziá-las de sua significação própria? Alguns leitores de Sartre simpáticos ao pós-modernismo sustentam que o hiato entre a concepção sartreana e a pós-moderna da subjetividade não é tão amplo quanto pode parecer, ou como os primeiros adversários estruturalistas e pós-estruturalistas de Sartre supuseram que fosse, e defenderam não apenas que a aporias de *SN* precipitaram o salto para a filosofia pós-moderna, como que a própria trajetória de Sartre se dirige para o pós-modernismo[187].

---

187. A visão de Sartre como proto-pós-modernista pode ser encontrada, em diferentes formas, em HOWELLS, C. "Conclusion: Sartre and the deconstruction of the subject". In: HOWELLS, C. (org.). *The Cambridge Companion to Sartre*. Cambridge/Nova York/Melbourne: Cambridge University Press, 1992. • FOX, N.F. *The New Sartre*: Explorations in Postmodernism. Londres: Continuum, 2003, introdução e cap. 1. • BÜRGER, P. *Sartre* – Eine Philosophie des Als-ob. Frankfurt: Suhrkamp, 2007, cap. 2. – Bürger sustenta que Sartre como pensador que, ao longo de seu desenvolvimento, dá respostas a questões mais tarde formuladas por autores pós-modernos (p. 26). Uma defesa cautelosa de Sartre convergindo com o estruturalismo (embora não com o pós-estruturalismo) é feita por Peter Caws em "Sartrean structuralism" (In: HOWELLS, C. (org.). *The Cambridge Companion to Sartre*. Cambridge/Nova York/Melbourne: Cambridge University Press, 1992).

Algo que é às vezes tomado como situando *SN* do lado pós-moderno da cerca é a doutrina de Sartre da não identidade de si [*non-self-identity*[do para-si – que é lida como antecipando o *self* não integral, fraturado, múltiplo que resulta da teoria lacaniana e da crítica desconstrucionista. No entanto, se o que tenho sustentado neste livro estiver correto, trata-se de uma leitura equivocada: a descrição por Sartre do sujeito como não idêntico a si possui um sentido metafísico, diferente da tese pós-moderna do descentramento do sujeito, mesmo que as palavras empregadas para expressar ambas as teses sejam as mesmas. Isto é mostrado pelo fato de que Sartre leva sua tese a um *encerramento* conceptual – para prover uma especificação *positiva* completa e final do que *é* o para-si – e que a possibilidade de semelhante façanha filosófica é precisamente o que a teoria pós-moderna, pelo menos em suas formas sofisticadas, rejeita. De maneira alternativa, se realmente não houvesse diferença entre o para-si sartreano e o sujeito desconstruído surgiria a questão de saber se as teorias pós-modernas do sujeito (ou de sua morte) descreveram corretamente a si mesmas como pós-metafísicas, e o ônus recai sobre o pensamento pós-moderno que tem de explicar novamente o que entende por "ir além da metafísica"[188]. Esforços mais plausíveis para fazer Sartre caminhar na direção pós-moderna ignoram *SN* e focam em vez disso no sujeito humano que emerge nos trabalhos posteriores de Sartre, e nas afirmações críticas de *SN* feitas por Sartre posteriormente, embora eu tenha sugerido que o valor provatório destas últimas seja questionável[189].

---

188. Torna-se especialmente difícil compreender essa situação quando se sugere que o pós-modernismo, confrontando com suas próprias aporias, precisa retornar a Sartre: cf., p. ex., BÜRGER, P. *Sartre* – Eine Philosophie des Als-ob. Op. cit., p. 15-18.
189. Discorri sobre "o sujeito pós-moderno" como se fosse conceptualmente uma coisa só. É duvidoso, na verdade, que as negações do sujeito em Foucault, Lacan, Derrida,

Observações paralelas se aplicam a tentativas de integrar as ideias de Sartre no contexto da filosofia analítica contemporânea, ou a filosofia anglófona predominante[190]. Embora seja interessante destacar convergências entre o pensamento de Sartre a filosofia analítica contemporânea da mente e da ação, ou, de maneira mais ambiciosa, oferecer reconstruções das ideias de Sartre em um idioma não sartreano, permanece a questão de como então devemos pensar o Sartre histórico, e a implicação *prima facie* de uma refundação ou reconstrução analítica das teses sartreanas que abre mão do pesado maquinário de *SN* é que o projeto de Sartre, na verdade, não foi bem concebido. A tendência característica da discussão analítica de Sartre, de acordo com isso, é crítica – mostra-se Sartre como tendo enunciado erroneamente e obscurecido suas intuições mediante formulação ontológica inflacionada.

Isso reflete uma discordância central no que concerne a que atitude tomar em relação à nossa concepção comum do mundo, o pressuposto analítico característico sendo que o mundo tal como concebido pelo senso comum se sustenta, o ônus da prova ficando inteiramente a cargo de Sartre, para mostrar a necessidade característica de suas revisões propostas, enquanto esta última considera o mundo do senso comum como sendo inadequado tanto em aspectos existenciais quanto teóricos, e assim, de já exigir por si só uma reavaliação filosófica.

Em relação à queixa, usualmente formulada por filósofos analíticos, de que a metafísica do sujeito humano de Sartre repousa

---

Deleuze e outros sejam as mesmas, mas estou simplesmente seguindo os termos da discussão empregada por aqueles que desejam pós-modernizar Sartre.
190. Cf., como especialmente útil: o livro anterior de Phyllis Morris, *Sartre's Concept of the Person: An Analytical Approach*, as discussões sobre a percepção em MCCULLOCH, G. *Using Sartre*: An Analytical Introduction to Early Sartrean Themes. Londres: Routledge, 1994, e as reflexões de Moran sobre a compreensão do autoconhecimento em Sartre em *Authority and Estrangement*.

em um grau inaceitável sobre metáfora, a resposta curta é que – se esta não for apenas outra maneira de objetar à concepção de Sartre que a metafísica precisa romper com o esquema conceptual do senso comum – o que conta em contextos filosóficos como uso metafórico de termos depende inteiramente da natureza daquilo que se está tentando conceptualizar. O desafio de traduzir as ideias de Sartre sem perda em termos mais simples permanece aberto, mas até que seja respondido Sartre tem direito a replicar que suas inovações terminológicas são indispensáveis para que o fenômeno da subjetividade seja fixado em conceitos filosóficos, e assim, que sua metafísica não é mais metafórica em relação a seu objeto não empírico singular, sem paralelo, a saber, a subjetividade, do que descrições empíricas o são em relação a objetos empíricos. Como Sartre poderia ter posto: a metafísica de *SN* é o que resulta de tomar a subjetividade ao pé-da-letra.

Sugeri neste livro que o contexto requerido para que a posição filosófica de Sartre – tomada como um todo integrado, e não em forma desmantelada – surja novamente como opção viva envolveria um retorno ao tipo de debates que ocuparam os sucessores de Kant, os idealistas e os românticos alemães, na última década do século XVIII e no início do XIX, no qual a tarefa da filosofia era concebida em termos da formulação de um "sistema da liberdade" antinaturalista que resolveria os problemas do idealismo de Kant, refutando a acusação de niilismo por parte de Jacobi e permitindo que se dê pleno sentido metafísico à ideia de autonomia humana de Kant. Se Sartre está hoje condenado a pertencer à história da filosofia, mas não à sua atualidade, ele pelo menos permanece em boa companhia.

BIBLIOGRAFIA E SUGESTÕES PARA LEITURA ADICIONAL

Escritos de Sartre

Por data de publicação original por Sartre ou, se postumamente publicado, de composição.

1931 – "The legend of truth". In: *The Writings of Jean-Paul Sartre*. Vol. 2: Selected Prose. Evanston: Illinois: Northwestern University Press, 1974 [orig. "Légende de la vérité". In: *Les écrits de Sartre*. Paris: Gallimard, 1970. Cronologia, bibliografia comentada, editada por Michel Contat e Michel Rybalka].

1931 – "Motion picture art". In: *The Writings of Jean-Paul Sartre*. Vol. 2: Selected Prose. Evanston: Illinois: Northwestern University Press, 1974 [orig. "Légende de la vérité". In: *Les écrits de Sartre*. Paris: Gallimard, 1970. Cronologia, bibliografia comentada, editada por Michel Contat e Michel Rybalka].

1936 – *Imagination*: A psychological Critique. Ann Arbour: University of Michigan Press, 1962 [trad. Forrest Williams] [orig.: *L'imagination*: Paris: Félix Alcan, 1936].

1936-1937 – *The Transcendence of the Ego*: A Sketch for a Phenomenological Description. Londres: Routledge, 2004 [trad. Andrew Brown; introdução de Sarah Richmond] [outra edição: *The Transcendence of the Ego*: An Existentialist Theory of Consciousness. Nova York: Noonday, 1957 [trad. e edição de Forrest Williams e Robert Kirkpatrick] [orig.: "La transcendance de l'ego. Esquisse d'une description phénoménologique". *Recherches philosophiques* 6, 1936-1937, p. 85-123] [em espanhol: *La transcendência del ego*. Buenos Aires: Caldén, 1982 [trad. Oscar Masotta]].

1938 – *Nausea*. Harmondsworth: Penguin, 1965 [trad. Robert Baldick] [orig.: *La nausée*. Paris: Gallimard, 1938].

1939 – "Faces". In: *The Writings of Jean-Paul Sartre*. Vol. 2: Selected Prose. Evanston: Illinois: Northwestern University Press, 1974 [edição de Michel Contat e Michel Rybalka; trad. Richard McCleary] [orig.: "Visages". In: *Les écrits de Sartre –* Cronologia, bibliografia comentada. Paris: Gallimard, 1970 [edição de Michel Contat e Michel Rybalka]].

1939 – "Intentionality": a fundamental idea of Husserl's phenomenology". *Journal of the British Society for Phenomenology* 1, n. 2, 1979, p. 4-5 [reimpresso in: MORAN, D. & MOONEY, T. (orgs.). *The Phenomenology Reader*. Londres: Routledge, 2002, p. 382-384] [orig.: "Une idée fondamentale de la phénoménologie de Husserl: l'intentionalité". In: *Situations*. Vol. I. Paris: Gallimard, 1947].

1939 – *Sketch for a Theory of the Emotions*. Londres: Methuen, 1971 [trad. Philip Maifret] [orig. *Esquisse d'une théorie des émotions*. Paris: Hermann, 1939] [trad. bras.: *Esboço para uma teoria das emoções*. Porto Alegre: L&PM, 2012 [trad. Paulo Neves]].

1939-1940 – *War diaries*: Notebooks from a Phoney War November 1939 – March 1940. Londres: Verso, 1984 [trad. Quintin Hoare] [orig.: *Les carnets de la drôle de guerre*: novembre 1939 – mars 1940. Paris: Gallimard, 1983. 2. ed. ampl.: *Carnets de la drôle de guerre*: septembre 1939 – mars 1940. Paris: Gallimard, 1995].

1940 – *The Imaginary*. Londres: Routledge, 2004 [trad. Jonathan Webber]. Ou: *The Psychology of Imagination*. Londres: Methuen, 1972 [trad. Bernard Frechtman] [orig.: *L'imaginaire* – Psychologie phénoménologique de l'imagination. Paris: Gallimard, 1943].

1943 – *Being and Nothingness*: An Essay on Phenomenological Ontology. Londres: Methuen & Co, 1958 [1ª trad.] [atual: Londres: Routledge, 1945] [orig.: *L'être et le néant* – Essai d'ontologie phénoménologue. Paris: Gallimard, 1943] [trad. bras.: *O ser e o nada* – Ensaio de ontologia fenomenológica. 24. ed. Petrópolis: Vozes, 2015 [trad. e notas Paulo Perdigão]].

1944 – *No Exit*: A Play in One Act. Nova York: Samuel French, 1958 [trad. Paulo Bowles] [também intitulado, em outra tradução, *In Camera*] [orig.: *Huit clos, pièce en un acte*. Paris: Gallimard, 1945].

1945 – "Cartesian Freedom". In: *Literary and Philosophical Essays*. Londres: Hutchinson, 1968 [trad. Annette Michelson] [orig.: "La liberté cartésienne". In: *Situations*. Vol. I. Paris: Gallimard, 1947].

1946 – *Existentialism and Humanism*. Londres: Methuen, 1973 [trad. Philip Mairet] [orig.: *L'existentialisme est un humanisme*. Paris: Nagel, 1946].

1946 – *Baudelaire*. Londres: Horizon, 1949 [trad. Martin Turnell] [orig.: *Baudelaire*. Paris: Point du Jour, 1946].

1946 – *Anti-Semite and Lew*. Nova York: Schocken Books, 1948 [trad. George J. Becker] [orig.: *Réflexions sur la question juive*. Paris: Morihien, 1946].

1947-1948 – *Notebooks for an Ethics*. Chicago: University of Chicago Press, 1992 [trad. David Pellauer] [orig.: *Cahiers pour une morale*. Paris: Gallimard, 1983].

1948 – "Consciousness of self and knowledge of self". In: LAWRENCE, N. & O'CONNOR, D. (orgs.). *Readings in Existential Phenomenology*. Englewood Cliffs: Prentice-Hall, 1967 [orig.: "Conscience de soi et connaissance de soi". *Bulletin de la Société Française de la Philosophie* 42, n. 3, abr.-jun./1948, p. 49-91].

1948 – *Truth and Existence*. Chicago: University of Chicago Press, 1992 [trad. Adrian van den Hoven] [orig.: *Vérité et existence*. Paris: Gallimard, 1989 [edição de Arlette Elkaïm-Sartre]].

1948 – *What is Literature?* Londres: Methuen, 1967 [trad. Bernard Frechtman] [orig.: "Qu'est-ce que la littérature?". In: *Situations*. Vol. II. Paris: Gallimard, 1948].

1952 – *Saint Genet*: Actor and Martyr. Nova York: Braziller, 1963 [trad. Bernard Frechtman] [orig.: *Saint Genet, comédien et martyr*. Paris: Gallimard, 1952].

1958-1960 – *The Freud Scenario*. Londres: Verso, 1985 [trad. Quintin Hoare; edição de J.-B. Pontalis] [orig.: *Le Scénario Freud*. Paris: Gallimard, 1984].

1958-1962 – *Critique of Dialectical reason*. Vol. 2: The Intelligibility of History. Londres; Verso, 1991 [trad. Quintin Hoare] [orig.: *Critique de la raison dialectique*. Vol. 2: L'Intelligibilité de l'histoire. Paris: Gallimard, 1985 [edição de Arlette Elkaïm-Sartre]].

1960 – *Critique of Dialectical Reason*. Vol. I: Theory of Practical Ensembles. Londres: Verso, 1982 [trad. Alan Sheridan--Smith] [orig.: *Critique de la raison dialectique*. Vol. 1: Théorie des ensembles pratiques, précédé de Questions de méthode. Paris: Gallimard, 1960 [edição de Jonathan Rée]] [trad. bras.: *Crítica da razão dialética*. Vol. I: Teoria dos conjuntos práticos. Rio de Janeiro: DP&A, 2002 [trad. Guilherme João de Freitas Teixeira; apresentação de Gerd Bornheim]].

1966 – "L'anthropologie". In: *Situations*. Vol. IX. Paris: Gallimard 1972.

1969 – "The man with the rape-recorder". In: *Between Existentialism and Marxism*. Londres: Verso, 1983 [trad. John Matthews]. Também in: *Modern Times*: Selected Non-Fiction. Harmondsworth: Penguin, 2000 [trad. Robin Buss] [orig.: L'homme au magnétophone". In: *Situations*. Vol. IX. Paris: Gallimard, 1972].

1971-1972 – *The Family Idiot: Gustave Flaubert, 1821-1857*. 5 vols. Chicago/Londres: University of Chicago Press, 1981-1993 [trad. Carol Cosman] [orig.: *L'idiot de la famille*: Gustave Flaubert de 1821 à 1857. 3 vols. Paris: Gallimard, 1971-1972].

Uma bibliografia anotada dos escritos de Sartre até 1969 é fornecida por Michel Contat e Michel Rybalka em *The Writings of Jean-Paul Sartre* (Evanston: Northwestern University Press, 1973 [orig.: *Les écrits de Sartre, Chronologie, bibliographie commentée*. Paris: Gallimard, 1970]). A bibliografia é atualizada por Contat e Rybalka (*Magazine littéraire* n. 103-104, 1975, p. 9-49); por Michel Sciard (*Obliques*, n. 18-19, mai./1979, p. 331-347); e por Contate Rybalka (*Sartre: Bibliography 1980-1992*. Bowling Green: Philosophy Documentation Center/Bowling Green State University, 1993 [orig.: *Sartre. Bibliographie 1980-1992*. Paris: CNRS, 1993]).

Coletâneas de escritos de Sartre

Seleções dos escritos filosóficos de Sartre, tematicamente organizadas e substancialmente extraídas de *SN*, estão contidas em:

PRIEST, S. (org.). *Jean-Paul Sartre*: Basic Writings. Londres: Routledge, 2001.

Coletânea mais antigas do mesmo tipo:

BASKIN, W. (org.). *The Philosophy of Jean-Paul Sartre*: The Philosophy of Existentialism. Nova York: Philosophical Library, 1965.

Os textos mais curtos de Sartre estão publicados em *Situations*. 10 vols. Paris: Gallimard, 1947-1972:

Situations. Vol. I: Critiques littéraires. Paris: Gallimard, 1947.

Situations. Vol. II. Paris: Gallimard, 1949.

Situations. Vol. III. Paris: Gallimard, 1949.

Situations. Vol. IV: Portraits. Paris: Gallimard, 1964.

Situations. Vol. V: Colonialisme et néo-colonialisme. Paris: Gallimard, 1964.

Situations. Vol. VI: Problèmes du marxisme/1. Paris: Gallimard, 1964.

Situations. Vol. VII: Problèmes du marxisme/2. Paris: Gallimard, 1965.

Situations. Vol. VIII: Autour de 68. Paris: Gallimard, 1972.

Situations. Vol. IX: Mélanges. Paris: Gallimard, 1972.

Situations. Vol. X: Politique et autobiographie. Paris: Gallimard, 1976.

Coletâneas de textos curtos traduzidos para o inglês

Between Existentialism and Marxism. Londres: Verso, 1983 [trad. John Matthews] [vols. VIII e IX de *Situations*].

Essays in Aesthetics. Nova York: Washington Square Press, 1966 [edição de Wade Baskin] [vols. III e IV de *Situations*].

Literary and Philosophical Essays. Londres: Hutchinson, 1955 [trad. Annette Michelson] [vols. I e III de *Situations*].

Modern Times: Selected Non-Fiction. Harmondsworth: Penguin, 2000 [trad. Robin Buss; edição de Geoffrey Wall] [vols. II-VI e IX de *Situations*, com extratos dos livros de Sartre e de jornais].

Sartre in the Seventies: Interviews and Essays. Londres: Andre Deutsch, 1978 [trad. Paul Auster e Lydia Davis] [vol. X de *Situations*].

Selected Prose. Evanston: Northwestern University Press, 1974 [trad. Richard McCleary] [The Writings of Jean-Paul Sartre, 2].

Situations. Nova York: Braziller, 1965 [trad. Benita Eisler] [vol. IV de *Situations*].

Entrevistas com Sartre

Por data de entrevista.

1959 – "The purposes of writing" [entrevista com Madeleine Chapsal]. In: *Between Existentialism and Marxism*. Londres: Verso, 1983 [orig.: "Les écrivains en personne". In: *Situations*. Vol. IX. Paris: Gallimard, 1972].

1966 – "Jean-Paul Sartre répond" [entrevista com Bernard Pingaud]. *L'Arc* [edição especial: *Sartre aujourd'hui*, n. 30, 1966, p. 87-97].

1969 – "The itinerary of a thought". *New Left Review* 58, 1969, p. 43-66 [republicado em *Between Existentialism and Marxism*. Londres: Verso, 1983 [orig.: "Sartre par Sartre". In: *Situations*. Vol. IX. Paris: Gallimard, 1972].

1971 – "On *The Idiot of the Family*" [entrevista com Michel Contat e Michel Rybalka]. In: SARTRE, J.-P. *Life-Situations*: Essays

Written and Spoken. Nova York: Pantheon, 1977 [edição de Paul Auster e Lydia Davies] [orig.: *Le Monde*, 14/05/1971].

1972 – *Sartre by Himself* [entrevistas incorporadas na transcrição de um documentário dirigido por Alexandre Astruc e Michel Contat, transcrição de Richard Seaver]. Nova York: Urizen, 1978 [orig.: *Sartre* – Um film réalisé par Alexandre Astruc et Michel Contat. Paris: Gallimard, 1977].

1974 – "Conversations with Jean-Paul Sartre: August-September 1974". In: BEAUVOIR, S. *Adieux*: A Farewell to Sartre. Harmondsworth: Penguin, 1981 [orig.: "Entretiens avec Jean-Paul Sartre. Août-septembre 1974". In: *La cérémonie des adieux*. Paris: Gallimard, 1981].

1975 – "An interview with Jean-Paul Sartre" [com Michel Rybalka, Oreste Pucciani e Susan Gruenheck]. In: SCHILPP, P.A. (org.). *The Philosophy of Jean-Paul Sartre*. La Salle: Open Court, 1981.

1976 – "An interview with Jean-Paul Sartre" [com Leo Fretz]. In: SILVERMAN, H.J. & ELLISTON, F.A. (orgs.). *Jean-Paul Sartre*: Contemporary Approaches to His Philosophy. Brighton: Harvester, 1980.

1980 – *Hope Now* [entrevistas com Benny Lévy]. Chicago: University of Chicago Press, 1996 [orig.: *L'Espoir maintenant – Les entretiens de 1980*. Lagrasse: Verdier, 1991].

Cartas de Sartre a Beauvoir

1926-1939 – *Witness to My Life*: The Letters of Jean-Paul Sartre to Simone de Beauvoir 1926-1939. Londres: Hamish Hamilton, 1992 [trad. Lee Fahnenstock e Norman MacAfee] [orig.: *Lettres au Castor et à quelques autres 1. 1926-1939*. Paris: Gallimard, 1983 [edição de Simone de Beauvoir]].

1940-1963 – *Quiet Moments in a War*: The Letters of Jean-Paul Sartre to Simone de Beauvoir 1940-1963. Londres: Hamish Hamilton, 1994 [trad. Lee Fahnenstock e Norman MacAfee] [orig.: *Lettres au Castor et à quelques autres 2. 1940-1963*. Paris: Gallimard, 1983 [edição de Simone de Beauvoir]].

Escritos de outros filósofos citados

BEAUVOIR, S. *Force of Circumstance*. Londres: Andre Deutsch/ Weidenfeld and Nicholson, 1965 [trad. Richard Howard] [*La force des choses*. Paris: Gallimard, 1963].

_____. *The Second Sex*. Londres: Vintage, 1997 [*Le deuxième sexe*. Paris: Gallimard, 1949].

_____. *The Ethics of Ambiguity*. Nova York: Citadel, 1996 [trad. Bernard Frechtman] [*Pour une morale de l'ambiguïté*. Paris: Gallimard, 1947].

DERRIDA, J. "The ends of man". *Philosophy and Phenomenological Research* 30, 1969, p. 31-57 [republicado in *Margins of Philosophy*. Chicago: University of Chicago Press, 1982] [orig.: *Marges de la philosophie*. Paris: Minuit, 1972].

FOUCAULT, M. "Truth and power". In: *Power/Knowledge: Selected Interviews and Other Writings 1972-1977*. Nova York: Pantheon, 1980 [orig.: "Vérité et pouvoir". *L'Arc* 70, 1977, p. 16-26].

_____. *The Order of Things*: An Archeology of the Human Sciences. Londres: Tavistock, 1970 [orig.: *Les Mots et les choses* – Une archéologie des sciences humaines. Paris: Gallimard, 1966].

HEGEL, G.W.F. *Phenomenology of Spirit*. Oxford: Oxford University Press, 1977 [orig.: *Phänomenologie des Geistes*. Bamberg e Würzburg: Geobhardt, 1807] [trad. bras.: *Fenomenologia do espírito*. Petrópolis/Bragança Paulista: Vozes/Edusf, 2014].

HEIDEGGER, M. *What is Metaphysics?* Cambridge: Cambridge University Press, 1998 [orig.: *Was ist Metaphysik?* Bonn: Friedrich Cohen, 1929].

_____. *Being and Time.* Oxford: Basil Blackwell, 1978 [trad. John Macquarrie e Edward Robinson] [orig.: *Sein und Zeit.* Halle: Niemayer, 1927] [edição bilíngue, alemão/português, traduzida por Fausto Castilho: *Ser e tempo.* Petrópolis: Vozes, 2012].

HUSSERL, E. *Cartesian Meditations*: An Introduction to Phenomenology. Haia: Martinus Nijhoff, 1960 [trad. Dorion Cairns] [em francês: *Méditations cartésiennes* – Introduction à la phénoménologie. Paris: Armand Collin, 1931 [trad. Gabrielle Peiffer e Emmanuel Lévinas]].

JACOBI, J.F. *The Main Philosophical Writings and the Novel* Allwill. Montreal/Kingston: McGill-Queen's University Press, 1994.

KIERKEGAARD, S. *Concluding Unscientific Postscript to Philosophical Fragments*: A Mimetic-Pathetic-Dialectic Compilation, An Existential Plea, by Johannes Climacus (1846). Princeton: Princeton University Press, 1968 [trad. David F. Swenson e Walter Lowrie] [orig.: *Afsluttende uvidenskabelig Efterskrift til de philosophiske Smuler* – Mimisk-patetisk-dialektisk Sammenskrift, existentielt Indlæg, af Johannes Climacus. Copenhagen: C.A. Reitzel, 1846].

KOJÈVE, A. *An Introduction to the Reading of Hegel*: lectures on the Phenomenology of Spirit assembled by Raymond Queneau. Nova York: Basic Books, 1969 [orig.: *Introduction à la lecture de Hegel* – Leçons sur la phénoménologie de l'esprit professées de 1933 à 1939 à l'École des Hautes-Études réunies et publiés par Raymond Queneau. Paris: Gallimard, 1947] [trad. bras.: *Introdução à leitura de Hegel.* Rio de Janeiro: Contraponto, 2002].

LÉVINAS, E. *Unforeseen History* (essays 1929-1992). Urbana: University of Illinois Press, 2004 [trad. Nidra Poller] [orig.: *Les imprévus de l'histoire*. Saint-Clément-la-Rivière: Fata Morgana, 1994].

_____. *Humanism of the Other*. Urbana: University of Illinois Press, 2006 [trad. Nidra Poller] [orig.: *Humanisme de l'autre homme*. Saint-Clément-la-Rivière: Fata Morgana, 1972].

_____. *Totality and Infinity*: Essay on Exteriority. Pittsburgh/ Haia: Duquesne University Press/Martinus Nijhoff, 1969 [trad. Alphonso Lingis] [orig.: *Totalité et infinit*: essai sur l'extériorité. Haia: Martinus Nijhoff, 1961].

LÉVI-STRAUSS, C. *The Savage Mind*. Londres: Weidenfeld & Nicholson, 1966 [trad. John Weightman e Doreen Weightman] [*La pensée sauvage*. Paris: Plon, 1962].

LUKÁCS, G. *Existentialisme ou marxisme?* Paris: Nagel, 1961.

MARCEL, G. "Existence and human freedom". In: *The Philosophy of Existence*. Londres: Harvill, 1948 [trad. Manya Harari] [orig.: "L'Existence et la liberté humaine chez Jean-Paul Sartre". In: *Les grands appels de l'homme contemporains*. Paris: Éditions du Temps Présent, 1946].

MARCUSE, H. "Existentialism: remarks on Jean-Paul Sartre's L'Être et le néant". *Philosophy and Phenomenological Research* 8, 1948, p. 309-336 [republicado com Pós-escrito como "Sartre's existentialism". In: *From Luther to Popper*. Londres: Verso, 1983] [Em alemão: "Existentialismus: Bemerkungen zu Jean-Paul Sartres L'Être et le néant". *Kultur und Gesellschaft 2*. Frankfurt: Suhrkamp, 1968].

MERLEAU-PONTY, M. *The Visible and the Invisible*. Evanston: Northwestern University Press, 1964 [trad. Alfonso Lingis] [orig.: *Le visible et l'invisible*. Paris: Gallimard, 1964].

_____. *Adventures of the Dialectic*. Evanston: Northwestern University Press, 1973 [trad. Joseph Bien] [orig.: *Les aventures de la dialectique*. Paris: Gallimard, 1955].

_____. *Phenomenology of Perception*. Routledge, 1962 [trad. Colin Smith] [orig.: *Phénoménologie de la perception*. Paris: Gallimard, 1945].

NANCY, J.-L. *The Experience of Freedom*. Stanford: Stanford University Press, 1993 [trad. Bridget McDonald] [orig.: *L'expérience de la liberte*. Paris: Galilée, 1988].

WAHL, J. "The roots of existentialism". In: BASKIN, W. (org.). *Jean Paul Sartre*: The Philosophy of Existentialism. Nova York: Philosophical Library, 1965, p. 3-28 [republicado de *A Short History of Existentialism*. Nova York: Philosophical Library, 1949] [orig.: *Esquisse pour une histoire de l'existentialisme* – Suivie de Kafka et Kierkegaard. Paris: L'Arche, 1949].

_____. *Vers le concret* – Études d'histoire de la philosophie contemporaine. Paris: Vrin, 1932.

Biografias de Sartre

COHEN-SOLAL, A. *Sartre*: A Life. Londres: Minerva, 1987 [trad. Anna Cacogni] [orig.: *Sartre*. Paris: Gallimard, 1985].

HAYMAN, R. *Writing Against*: A Biography of Sartre. Londres: Weidenfeld and Nicolson, 1986 [tambem publicado como: *Sartre*: A Life (Nova York: Simon and Schuster, 1987) e *Sartre*: A Biography (Nova York: Carroll & Graf, 1992)].

LEAK, A. *Jean-Paul Sartre*. Londres: Reaktion, 2006.

LÉVY, B.-H. *Sartre*: The Philosopher of the Twentieth Century. Oxford: Polity, 2003 [trad. Andrew Brown] [*Le siècle de Sartre* – Enquête philosophique. Paris: Grasset & Fasquelle, 2000].

Estudos da filosofia francesa do século XX e do contexto intelectual de *Ser e nada*

BAUGH, B. *French Hegel*: From Surrealism to Postmodernism. Londres: Routledge, 2003.

DESCOMBES, V. *Modern French Philosophy*. Cambridge: Cambridge University Press, 1980 [trad. L. Scott-Fox e J.M. Harding] [*Le même et l'autre*. Paris: Minuit, 1979].

GUTTING, G. *French Philosophy in the Twentieth Century*. Cambridge: Cambridge University Press, 2001.

JANICAUD, D. *Heidegger en France*. Vol. 1: Récit. Paris: Albin Michel, 2001.

KELLY, M. *Hegel in France*. Birmingham, 1992.

KLEINBERG, E. *Generation Existential*: Heidegger's Philosophy in France, 1927-1961. Ithaca: Cornell University Press, 2005.

LÉVY, B.-H. *Adventures of the Freedom Road*: The French Intellectuals in the 20th Century. Londres: Harvill, 1995 [trad. Richard Veasey] [*Les aventures de la liberté* – Une histoire subjective des intellectuels. Paris: Grasset, 1991].

POSTER, M. *Existential Marxism in Postwar France*: From Sartre to Althusser. Princeton: Princeton University Press, 1975.

ROCKMORE, T. *Heidegger and french Philosophy*: Humanism, Anti-Humanism, and Being. Londres: Routledge, 1995.

Estudos sobre a filosofia de Sartre – Livros e coletâneas contendo discussão de *Ser e nada*

CAWS, P. *Sartre*. Londres: Routledge & Kegan Paul, 1979.

DANTO, A. *Sartre*. Londres: Fontana/Collins, 1975.

HOWELLS, C. *Sartre*: The Necessity of Freedom. Cambridge: Cambridge University Press, 1988.

JEANSON, F. *Sartre and the Problem of Morality*. Bloomington: Indiana University Press, 1980 [trad. Robert V. Stone] [*Le problème moral et la pensée de Sartre*. Lettre-préface de Jean-Paul Sartre – Suivi de Um quidam nommé Sartre (1965). Paris: Seuil, 1966].

MANSER, A. *Sartre*: A Philosophic Study. Nova York: Oxford University Press, 1967.

MCCULLOCH, G. *Using Sartre*: An Analytical Introduction to Early Sartrean Themes. Londres: Routledge, 1994.

MORRIS, K.J. *Sartre*: An Analytical Introduction to Early Sartrean Themes. Londres: Routledge, 1994.

MORRIS, P.S. *Sartre's Concept of the Person*: An Analytical Approach. Amherst: University of Massachussetts Press, 1975.

MURDOCH, I. *Sartre, Romantic Rationalist*. Glasgow: Fontana/Collins, 1967.

REISMAN, D. *Sartre's Phenomenology*. Londres: Continuum, 2007.

RENAUT, A. *Sartre, le dernier philosophe*. Paris: Grasset, 1993.

SCHILPP, P.A. (org.). *The Philosophy of Jean-Paul Sartre*. La Salle: Open Court, 1981.

SCHUMACHER, B.N. (org.). *Das Sein um das Nichts*. Berlim: Akademie, 2003.

SILVERMAN, H.J. & FREDERICK, A.E. (orgs.). *Jean-Paul Sartre*: Contemporary Approaches to His Philosophy. Brighton: Harvester, 1980.

STERN, A. *Sartre*: His Philosophy and Existential Psychoanalysis. Londres: Vision, 1968.

STEWART, J. (org.). *The Debate between Sartre and Merleau-Ponty*. Evanston: Northwestern University Press, 1998.

WARNOCK, M. *The Philosophy of Sartre*. Londres: Hutchinson, 1965.

WIDER, K. *The Bodily Nature of Consciousness*: Sartre and Contemporary Philosophy of Mind. Ithaca: Cornell University Press, 1997.

Estudos de *Ser e nada*

CATALANO, J.S. *A Commentary of Jean-Paul Sartre's Being and Nothingness*. Chicago: University of Chicago press, 1974.

HARTMANN, K. *Sartre's Ontology*: A Study of Being and Nothingness in the Light of Hegel's Logic. Evanston: Northwestern University Press, 1966.

KREMER MARIETTI, A. *Jean-Paul Sartre et le désir d'être* – Une lecture de L'Être et le néant. Paris: Harmattan, 2005.

NATANSON, M. *A Critique of Jean-Paul Sartre's Ontology*. Nova York: Haskell, 1972.

SEEL, G. *La dialectique de Sartre*. Lausanne: L'Age de l'Homme, 1995 [trad. de E. Müller, P. Muller e M. Reinhardt, ampliada e revisada de *Sartres Dialektik Zur Methode und Begründung seiner Philosophie unter besonderer Berücksichtigung der Subjekys-, Zeit- und Wertheorie*. Bonn: Bouvier, 1971].

Leitura por tópico

Incluí alguns capítulos e artigos dos trabalhos listados abaixo sob o título "Estudos da filosofia de Sartre". Os capítulos e seções relevantes dos trabalhos listados abaixo sob o título "Estudos de *Ser e nada*" também devem ser consultados.

Ontologia e metafísica

AQUILA, R. "Two problems of being and nonbeing in Sartre's Being and Nothingness". *Philosophy and Phenomenological Research* 38, 1977, p. 167-186.

BARNES, H. "Sartre's ontology: the revealing and making of being". In: HOWELLS, C. (org.). *The Cambridge Companion to Sartre*. Cambridge/Nova York/Melbourne: Cambridge University Press, 1992.

_____. "Sartre as materialist". In: SCHILPP, P.A. (org.). *The Philosophy of Jean-Paul Sartre*. La Salle: Open Court, 1981.

DESCOMBES, V. *Modern French Philosophy*. Cambridge: Cambridge University Press, 1980, p. 48-54 [trad. L. Scott-Fox e J.M. Harding].

FRANK, M. "Schelling and Sartre on being and nothingness". NORMA, J. & WELCHMANN, A. (orgs.). *The New Schelling*. Londres: Continuum, 2004.

GARDNER, S. "Sartre, Schelling, and onto-theology". *Religious Studies* 42, 2006, p. 247-271.

MCCULLOCH, G. *Using Sartre*: An Analytical Introduction to Early Sartrean Themes. Londres: Routledge, 1994, caps. 6-7.

PETTIT, P. "Sartre and Parmenides". *Philosophical Studies* 17, 1968, p. 161-184.

RICHMOND, S. "Sartre and Bergson: a disagreement about nothingness". *International Journal of Philosophical Studies* 15, 2007, p. 77-95.

VAN DE PITTE, M.M. "Sartre as a transcendental realist". *Journal of the British Society for Phenomenology* 1, 1970, p. 22-26.

Consciência e o self

HENRICH, D. "Self-consciousness: a critical introduction to a theory". *Man and World* 4, 1971, p. 3-28.

KENEVAN, P.B. "Self-consciousness and the ego in the philosophy of Sartre". In: SCHILPP, P.A. (org.). *The Philosophy of Jean-Paul Sartre*. La Salle: Open Court, 1981.

LONGUENESSE, B. "Self-consciousness and self-reference: Sartre and Wittgenstein". *European Journal of Philosophy* 16, 2008, p. 1-21.

MORAN, R. *Authority and Estrangement: An Essay on Self-Knowledge*. Princeton: Princeton University Press, 2001, cap. 3 e seção 4.7.

MORRIS, P.S. *Sartre's Concept of the Person*. Amherst: University of Massachusetts Press, 1976, cap. 2.

REISMAN, D. *Sartre's Phenomenology*. Londres: Continuum, 2007, cap. 1-3.

Crítica de Freud

BROWN, L. & HAUSMAN, A. "Mechanism, intentionality and the unconscious: a comparison of Sartre and Freud". In: SCHILPP, P.A. (org.). *The Philosophy of Jean-Paul Sartre*. La Salle: Open Court, 1981.

GARDNER, S. *Irrationality and the Philosophy of Psychoanalysis*. Cambridge: Cambridge University Press, 1993, cap. 2.

HOWELLS, C. "Sartre and Freud". *French Studies* 33, 1979, p. 157-176.

NEU, J. "Divided minds: Sartre's 'bad faith' critique of Freud". *Review of Metaphysics* 42, 1988-1989, p. 79-101.

SOLL, I. "Sartre's rejection of the Freudian unconscious". In: SCHILPP, P.A. (org.). *The Philosophy of Jean-Paul Sartre*. La Salle: Open Court, 1981.

Relação com o Outro

AQUILA, R. "Sartre's other and the field of consciousness: a Husserlian reading". *European Journal of Philosophy* 6, 1998, p. 253-276.

GARDNER, S. "Sartre, intersubjectivity, and German Idealism". *Journal of the History of Philosophy* 43, 2005, p. 325-351.

HONNETH, A. "Erkennen und Anerkennen: zu Sartres Theorue det Intersubcitivität". In: *Unsichbarkeit*: Stationen einer Theorie der Intersubjecitvität. Frankfurt am Main: Suhkamp, 2003.

MORRIS, P.S. *Sartre's Concept of the Person*. Amherst: University of Massachusetts Press, 1976, cap. 6.

NATANSON, M. "The Problem of others in Being and Nothingness". In: SCHILPP, P.A. (org.). *The Philosophy of Jean-Paul Sartre*. La Salle: Open Court, 1981.

REGINSTER, B. "Le regard et l'aliénation dans *L'Être et le néant*". *Revue Philosophique de Louvain* 195, 2007, p. 398-427.

REISMAN, D. *Sartre's Phenomenology*. Londres: Continuum, 2007, cap. 4.

SACKS, M. "Sartre, Strawson and others". *Inquiry* 48, 2005, p. 275-299.

SCHROEDER, W.R. *Sartre and His Predecessors*: The Self and the Other. Londres: Routledge/Kegan Paul, 1984, esp. cap. 4.

THEUNISSEN, M. *The Other*: Studies in the Social Ontology of Husserl, Heidegger, Sartre, and Buber. Cambridge: MIT Press, 1986, cap. 6 [trad. Christopher Macann].

WILLIAMS, R.R. *Hegel's Ethics of Recognition*. Berkeley: University of California Press, 2000, p. 371-380.

O corpo

DILLON, M.C. "Sartre on the phenomenal body and Merleau-Ponty's critique". In: STEWART, J. (org.). *The Debate between Sartre and Merleau-Ponty*. Evanston: Northwestern University Press, 1998.

MONASTERIO, X.O. "The body in Being and Nothingness". In: SILVERMAN, H.J. & ELLISTON, F.A. (orgs.). *Jean-Paul Sartre*: Contemporary Approaches to His Philosophy. Brighton: Harvester, 1980.

MORRIS, K.J. *Sartre*: An Analytical Introduction to Early Sartrean Themes. Londres: Routledge, 1994, cap. 5.

MORRIS, P.S. *Sartre's Concept of the Person*. Amherst: University of Massachusetts Press, 1976, cap. 2.

Liberdade e motivação

BALDWIN, T. "The original choice in Sartre and Kant". *Proceedings of the Aristotelian Society* 80, 1979-1980, p. 31-44.

BLAIR, R.G. "Imagination and freedom in Spinoza and Sartre". *Journal of the British Society for Phenomenology* 1, 1970, p. 13-16.

COMPATON, J.J. "Sartre. Merleau-Ponty, and human freedom". In: STEWART, J. (org.). *The Debate between Sartre and Merleau-Ponty*. Evanston: Northwestern University Press, 1998.

FELL, J.P. "Sartre's theory of motivation: some clarifications". *Journal of the British Society for Phenomenology* 1, 1970, p. 27-34.

FLYNN, T.R. *Sartre and Marxist Existentialism*. Chicago: University of Chicago Press, 1984, cap. 1.

JOPLING, D. "Sartre's moral psychology". In: HOWELLS, C. (org.). *The Cambridge Companion to Sartre*. Cambridge/Nova York/Melbourne: Cambridge University Press, 1992.

MORRIS, H.J. *Sartre*. Londres: Blackwell, 2008, cap. 8.

MORRIS, P.S. *Sartre's Concept of the Person*. Amherst: University of Massachusetts Press, 1976, cap. 5.

OLSON, R.G. "The three theories of motivation in the philosophy of Jean-Paul Sartre". *Ethics* 66, 1956, p. 176-187.

STEWART, J. "Merleau-Ponty's criticisms of Sartre's theory of freedom". In: STEWART, J. (org.). *The Debate between Sartre and Merleau-Ponty*. Evanston: Northwestern University Press, 1998.

WARNOCK, M. "Freedom in the early philosophy of J.-P. Sartre". In: HONDERICH, T. (org.). *Essays on Freedom of Action*. Londres: Routledge & Kegan Paul, 1973.

Má-fé

MCCULLOCH, G. *Using Sartre*: An Analytical Introduction to Early Sartrean Themes. Londres: Routledge, 1994, cap. 4.

MORRIS, H.J. *Sartre*. Londres: Blackwell, 2008, cap. 4.

MORRIS, P.S. "Self-deception: Sartre's resolution of the paradox". In: SILVERMAN, H.J. & ELLISTON, F.A. (orgs.). *Jean-Paul Sartre*: Contemporary Approaches to His Philosophy. Brighton: Harvester, 1980.

PERNA, M.A. "Bad Faith and self-deception: reconstructing the Sartrean perspective". *Journal of the British Society for Phenomenology* 34, 2003, p. 22-44.

STONE, Robert V. "Sartre on bad Faith and authenticity". In: SCHILPP, P.A. (org.). *The Philosophy of Jean-Paul Sartre*. La Salle: Open Court, 1981.

Caráter

MORRIS, P.S. *Sartre's Concept of the Person*. Amherst: University of Massachusetts Press, 1976, cap. 4.

WEBBER, J. "Sartre's Theory of Character". *European Journal of Philosophy* 14, 2006, p. 94-116.

Ética

ANDERSON, T.C. *Sartre's Two Ethics*: From Authenticity to Integral Humanity. LaSalle: Open Court, 1993, cap. 1-5.

BAISASU, S. "The anxiety of influence: Sartre's search for an ethics and Kant's moral theory". *Sartre Studies International* 9, 2003, p. 21-53.

BALDWIN, T. "Sartre, existentialism and humanism". In: VESEY, G. (org.). *Philosophers Ancient and Modern*. Cambridge: Cambridge University Press, 1987.

BELL, L.A. *Sartre's Ethics of Authenticity*. Tuscaloosa: University of Alabama Press, 1989.

FOULK, G.J. "Plantinga's criticisms of Sartre's ethics". *Ethics* 82, 1972, p. 330-333.

JEANSON, F. *Sartre and the Problem of Morality*. Bloomington: Indiana University Press, 1980, parte 3, cap. 3.

KERNER, G.C. *Three Philosophical Moralists*: Mill, Kant, and Sartre. Oxford: Oxford University Press, 1990, parte III.

PLANTINGA, A. "An existentialist ethics". *Review of Metaphysics* 12, 1958, p. 235-256.

RENAUT, A. *Sartre, le dernier philosophe*. Paris: Grasset, 1993, parte 3.

ROBBINS, C.W. "Sartre and the moral life". *Philosophy* 52, 1977, p. 409-424.

SIMONT, J. "Sartrean ethics". In: HOWELLS, C. (org.). *The Cambridge Companion to Sartre*. Cambridge/Nova York/Melbourne: Cambridge University Press, 1992.

TAYLOR, Charles. "Responsibility for self". In: RORTY, A. (org.). *The Identities of Persons*. Berkeley: University of California Press, 1976.

ÍNDICE

A priori 65n. 70, 103, 104, 118, 120, 161, 165, 210, 273, 276
A psiquê (*La psychê*) 42
Absoluto
 contingência 85, 94
 evento 163, 292
 homem como 295, 313
 não substancial 42, 83, 239
 ponto de vista, absoluto cf. tb. Liberdade, absoluta
Abstração 165
Abstrato (*vs.* concreto) 165
Absurdo(a) 84n. 82, 287, 296
Ação 302
Ação
 agência/ação 220, 226, 227
 antecedentes psicológicos da 229
 atos/ações 39, 52-54, 183, 213, 220
 unidade da 227-228, 249
 voluntário 228

Acrasia 228
Adler, Alfred 186
Afeto, afetividade 42-45, 74, 87, 179, 202, 205-206, 273, 274, 306
 físico 213
Alienação 95, 178, 204, 214, 245, 265
Althusser, Louis, crítica a Sartre 322n. 184
Altruísmo 283
Amour propre [amor-próprio] 283n. 132
Angústia 222-223, 239, 276, 277
Antissemita e judeu 303
Aparência(s) 59, 70
 do determinismo psicológico 220, 223
 e essência 71
 ser da 73-78
 séries de, infinitas 70, 72, 91-92
 totalidade de 72

Aparência/realidade
  distinção 70-72
Apercepção 30
Apetite 179
Aristóteles, aristotélico 71, 161, 281
Aron, Raymond 15, 18, 302
Arte 17-18n. 10
  pós-guerra 302n. 145
"Arte do cinema" ["Motion picture art"] 17-18n. 10
Ateísmo 27, 37, 294, 295
  idealista *vs.* materialista 295
Atualidade e potencialidade 71
Ausência
  de Deus 296-297
  fenomenológica 100, 105-106, 130, 149, 197
Autenticidade 276
Autoafirmação 261
Autoconhecimento 41, 49, 79-81, 111n. 90, 150, 151, 187, 200, 252
  falhas do 44, 184, 186, 273
Autoconsciência 30-37, 111, 115, 141-142
  dualidade-na-unidade 144-145, 150
  pré-reflexiva (*conscience (de) soi* (*cogito* pré-reflexivo) 79-83, 141, 143-147, 151-152, 178, 190, 202, 221, 222, 246
  reflexiva; cf. Reflexão
Autoengano 44, 179, 186, 252-255
  paradoxo do 186, 252, 255
Autoidentidade 93, 173
  cf. tb. Ser-para-si; não idêntica a si
Autonomia
  da consciência 42, 83, 85
  humana 58, 286, 325, 328
Autorrelação (reflexividade) 35-36, 48, 80, 83, 94, 114, 141, 146, 147, 149, 150, 152, 162, 167, 169, 186, 191, 219, 221, 225, 246, 249, 273, 276, 291
Axiologia, axiológico; cf. Ética; Valor

Bachelard, Gaston 273
Barnes, Hazel 84

Bataille, Georges 15

Beaufret, Jean 311, 322

Beauvoir, Simone de 17, 279, 284, 286, 287, 302, 302n. 146, 304, 309n. 157, 320
   A ética da ambiguidade 124, 275-276n. 125, 279, 284, 285
   O segundo sexo 304-305, 304n. 152

Beleza 161

Bem, o 22, 277, 278, 282, 285, 287, 296

Bergson, Henri 13, 16-17
   Evolução criativa 301

Berkeley, George 77, 86, 169

Biografia/biográfico 275
   de Flaubert 268
   de Genet 240, 320
   estudos da biografia de Sartre 259

Breazeale, Daniel 27n. 19

Bréton, André 15

Brunschvicg, Léon 13, 14n. 2

Buchdahl, Gert 103n. 89

Buracos 273-274

Bürger, Peter 188, 325-326n. 187

Cahiers pour une morale 111n. 90, 276n. 125, 278, 282n. 131, 284, 284n. 133

Camus, Albert 314

Caráter 28, 180, 255-256
   inteligível 238
   traços de 256

Cartesianismo, cartesiano 48, 80, 189
   metodológico de Sartre 19-20n. 13, 129, 142, 189, 198, 207, 321, 323

Catarse 275

Categorias (kantianas) 120, 193

Catolicismo, católico 302n. 148, 303, 304

Causa sui 85, 209, 293, 295

Causalidade
   empírica 60, 128, 164
   psicológica 220-224

Caws, Peter 325n. 187

Cérebro 211, 216, 315

Ceticismo 61, 162
   sobre a liberdade humana 133, 299
   sobre o mundo externo 88-92

sobre outras mentes 195, 200, 207

Ciência, natural 62, 64, 214

"Circuito da egoidade" (*circuit d'ipséité*) 149, 166, 260, 265, 272

Classe 235, 263, 314

"Coeficiente de adversidade" 231

Cogito 35, 48, 62, 129, 142, 145, 308, 321
pré-reflexivo 79-83, 141, 144-147, 151-152, 178, 190, 202, 221, 222, 246
reflexivo 88, 154
cf. tb. Outro, *cogito* em relação ao; Reflexão

Cogito em relação a 202-203, 205, 208, 217, 310

Cognição; cf. Conhecimento

Cohen-Solal, Annie 13n. 1, 303n. 149

Coletividade, coletivo 21, 199, 263-264, 280, 314

"Como se" (*comme si*) 111, 164, 210, 241, 292, 294

Compatibilismo 220

Comunidade 263

Comunismo 302-303n. 148
cf. tb. Partido Comunista Francês

Conceitos
empíricos 164
regulativos 193, 267

Concreto (*vs.* abstrato) 165

Condições de possibilidade 29-32, 65n. 70, 253
cf. tb. Transcendental

Conflito (intersubjetivo) 189, 197, 199, 256, 260, 263, 265, 267, 284, 310

Conhecimento 13, 22, 31, 49, 61, 65, 75, 80, 86, 103, 114, 125, 139, 162-164
e apropriação 190
limites do 132, 135
primado do, pressuposto 66, 77, 100, 150
relações de cf. Relações epistemológicas sensoriais 207
cf. tb. Liberdade, epistemologia da; Outro, epistemologia do; autoconhecimento; Transcendental, condições

Consciência
 absoluta não substancial 42, 83
 autoativada mas não causa de si 84-85
 autonomia da 83
 como impessoal cf. *A transcendência do ego*
 conceito de, transcendental e perspectivista 82-84, 83n. 81, 89, 113, 136, 144, 146
 contingência da 85
 da criança 274
 e escolha 246
 e nada 101, 110, 111-115, 125
 e obrigação 146, 148, 225-227
 em primeira pessoa do plural 199, 263-264
 espontaneidade da 40, 54, 87
 modos da 143
 motivação/determinação da 83, 84n. 82, 250, 258
 não tética 159, 178, 182, 228, 239, 246
 natural; cf. Senso comum
 posicional 78, 82, 99, 105, 106
 pré-reflexiva/irreflexiva 32n. 24, 32-33, 38, 40, 88-89, 90-92, 119, 143-147, 149, 151-152, 155, 159, 164, 166, 178, 179, 182, 207, 221, 223, 246, 252, 272
 reflectiva; cf. Reflexão
 reflexividade da 83, 114
 relação com o para-si 141
 ser trans-fenomênico da 86, 88
 teleológica 145
 teses básicas de Sartre concernentes à 78-85
 tética 35, 78, 98, 159, 182, 227, 239
 transparência/caráter vazio da 31, 79, 120, 205
 unidade da 31, 39
 cf. tb. Coletividade; Contraditória; Predicação; Reflexão; Autoconsciência; *A transcendência do ego*, Impessoalidade da tese da consciência; Inconsciente
"Consciência do *self* e conhecimento do *self*" 99n. 87, 186n. 110

"Consciência infeliz" (*conscience malheureuse*) 160

Constituição (de objetos) 30n. 21, 120, 127-128

Contingência 17, 18, 132, 133, 209, 237, 245, 298
  da consciência 84
  do para-si 154-156, 212
  do ser-em-si 94, 156
  dos Outros 209, 213
  evasão do para-si da 258
  tentativa do em-si de livrar-se da 156, 290

Contingência do(s) 209, 213
  cenário da vergonha/buraco da fechadura 201, 203, 205, 214
  cenário do parque 202, 203
  epistemologia do(s) 189-210, 228-229
  idealismo e 192-194, 196, 197, 206
  mulher como 304
  multiplicidade do(s) 209-210, 211, 298
  necessidade do(s) 207, 209
  Outro-como-objeto 202, 209, 234, 260, 265
  Outro-como-sujeito 202, 209, 214, 260, 265, 284, 311
  presença do(s) 188, 191, 192, 203, 213
  questão "metafísica" de que por que existem Outros 210, 298
  realismo e 192, 193, 195, 203, 206
  recusa do(s) 205, 210, 260
  relação ontológica com 198-199, 204-206, 207
  cf. tb. "Nós" ["*we*"]

Conversão, radical 274, 276n. 125, 281, 285

Copernicano (copernicanismo) cf. Ponto de vista, perspectivista

Corpo 173, 192, 206, 211-217, 212n. 114, 215n. 115, 251, 274, 307

Corporeidade; cf. Corpo

Crença 38, 44, 89, 137-138n. 106, 143-145, 162, 178-179, 181, 208, 252, 254
  na magia 44n. 50

Cristianismo, cristão 23, 24, 314, 314n. 166
  existencialismo 304

Critérios 91, 229, 239
Crítica da razão dialética 21, 315n. 167, 317n. 173
Crítica de Sartre a 19-20n. 13, 29-34, 33n. 26, 36, 45, 51, 57, 58n. 66, 86-87, 90-92, 99, 99n. 87, 196, 198, 206
Crítica de *SN* 67, 303, 304-322
   a do próprio Sartre posteriormente 315-320, 316n. 172, 317-319, 318n. 175, 321, 322n. 182
   da ontologia 67, 115-117, 289, 306-313
   da teoria da liberdade 66, 230, 245, 307, 314, 316n. 172, 316-320
   das implicações práticas (éticas e políticas) 277-279, 303-304, 307, 310-314
   Derrida 322
   do método filosófico 308-315, 321, 322
   estruturalista 320
   Foucault 321
   Heidegger 311-313
   Lévi-Strauss 321
   Lukács 313
   Marcel 67n. 72, 245, 257n. 120, 278-279, 287n. 136, 304-305, 305n. 153
   Marcuse 313-314
   Marxista 313-314
   Merleau-Ponty 67n. 72, 99n. 88, 132n. 101, 289, 306-310, 309n. 157, 311
   pós-estruturalista 320, 322
   Wahl 116n. 92, 115-117, 129, 289
Cultura 235

Dado, o 232
Dasein 19-20n. 13, 75, 95, 109, 110, 140, 198, 199, 313
De facto/de jure
Deísmo 243, 297
Derrida, Jacques 322
   crítica a Sartre 322, 322n. 183
   "Os fins do homem" 322n. 183
Descartes, René 16, 46, 48, 62, 88, 90, 92, 154, 219n. 116
   e relação mente-corpo 215-217
"Descompressão do ser" 227
Desconstrução 322n. 183, 324, 326

Desejo 38, 131, 159, 160, 162, 179, 180, 197, 227, 254, 259, 262, 270-273, 282
explanação transcendental de 272
objetos de 271-273
reflexivo 272
Destruição 102, 105
Desvelamento do ser (*dévoilement d'être*) 284, 288
Determinação, empírica 103, 122-124, 164, 201
Determinismo 42, 49, 55, 59, 60, 220, 221, 224, 225, 228, 230, 248, 302-303n. 148
Deus 23, 26n. 18, 37n. 34, 85, 93, 132, 154, 158, 194-195, 258, 294-297, 297n. 142, 298
e moralidade 296n. 140
cf. tb. Projeto fundamental (de tornar-se Deus)
Dever 282n. 131
Dialética senhor/escravo 197, 260
Dialética/dialético 262, 315
materialismo 58n. 66, 302-303n. 148, 314, 317
senhor/escravo (de Hegel) 197, 260

Diários de guerra 16n. 6, 19-20n. 13, 26n. 17, 29, 42n. 47, 58n. 64, 58n. 66, 73n. 74, 84n. 82, 228n. 117, 296n. 140
Distinção e relação 64, 93, 113, 120, 126
Dor 213, 214, 215
Dualismo
crítica de Wahl 115-117
da ontologia de Sartre 67, 96-97, 99n. 88, 112, 115-117, 215, 289, 294, 306-310
dualismos tradicionais, mente-corpo 216-217
superação 70-72

Ego
conceito de Freud 184
cf. tb. "Eu", *self*
Egoidade (*ipséité*); cf. *Selfness*, circuito da
Egoísmo 37, 283, 283n. 132
Ekstase 172-173, 210, 238
Eliminativismo 61, 112, 299
Emergência, do para-si
Emoção 28, 37, 42-44, 44n. 50, 187, 227-229

Em-si-e-para-si (*en-soi-pour-soi*)
157, 258, 262, 270, 271, 295, 295n. 138

Ens causa sui 85, 209, 293, 294, 295

Epistemologia 14, 65
concepção de/e abordagem a problemas de por parte de Sartre 78, 79n. 79, 90, 91, 92n. 85, 96-100, 116, 118-120, 127, 132, 150-152, 161, 168, 188-190, 197-199, 206, 207-209, 230, 250, 323
metafísica da cognição 162
relações epistemológicas (*vs.* ontológicas) 76, 97-100, 136n. 104, 150, 198, 204, 205, 207
cf. tb. Conhecimento: "primado do conhecimento

Epoquê cf. Redução, fenomenológica

Equipamento, equipamental 110, 166

Esboço para uma teoria das emoções 16n. 8, 42-44, 43n. 49, 185n. 109, 227

Escola Normal Superior (*École Normale Supérieure*) 13, 16

Escolha 135, 155, 186, 229, 230, 236, 246, 251, 268
empírica 240
original, de mim mesmo cf. Projeto original

Espaço, espacialidade 103, 118, 119, 165, 166, 212, 215
das razões 250

Espelhamento (do *reflét-reflétant*) 144-146

Espinosa, Baruch, espinosismo 16n. 7, 22, 41-42, 45, 50, 55, 80, 121, 136, 161, 195, 244, 277, 299

Espírito (conceito de Hegel de) 263

Espontaneidade 32, 39, 40, 41, 54, 79n. 79, 87, 229, 239, 252
involuntária 228
pseudo/degradada 54

Esse est percipi 86

Essência
dos objetos, em relação à aparência 70, 71, 108

e existência, do sujeito humano 54, 84, 219, 219n. 116, 246

Estados (mentais/psíquicos) 37, 39, 53-54, 183, 200, 269

Estados Unidos 303

Estética, estético 17, 161, 274

Esteticismo 17, 17-18n. 10

Estoicismo, estoico 245, 313, 314n. 166

Estruturalismo 235, 320, 321n. 180, 325, 325n. 187
crítica a Sartre 321
crítica de Sartre a 322-323n. 184

Estruturas do para-si
imediatas 119, 124-125, 138, 188, 297
intersubjetividade 188, 210, 297

Estruturas, objetivas 235-236, 317, 317n. 173, 319, 320

Eterno retorno (doutrina de Nietzsche do) 26n. 18, 241, 245

Ética, ético 137-138n. 106, 251, 276, 277-284, 310-311
a de Sartre, ou subjetivista 26n. 18, 277, 279, 280
crítica de Sartre a outras teorias éticas 60, 282
Deus e 296n. 140
Implicações de *SN* 28, 66, 234, 240, 245, 266, 270, 277-287
objetivo da filosofia de Sartre 43, 53, 62, 270, 277
Sartre em relação à ética de Kant 278, 279, 281, 286

"Eu" 30-39, 33n. 26, 37n. 34, 41n. 44, 47, 51, 81
Conceito de Fichte de 24-25, 26n. 16
"Eu penso" (Kant) 30
(*je*) distinto de "mim" (*moi*) 38
cf. tb. *Self*

Evans, Gareth 215n. 115

Existência 21, 25, 55, 57, 146
humana 46, 48, 51, 52, 53, 61, 133, 250, 285, 286-288, 315n. 170
revelação da existência em *A Náusea* 62-64
precede a essência, no sujeito humano 49, 85
cf. tb. Ser

Existencialismo e humanismo [*O existencialismo é um*

humanismo] 49n. 54, 278, 279, 302, 311

Existencialismo, existencial 21, 67, 302, 302n. 145, 311, 313, 325
  definição de Wahl 116
  fenomenologia 305, 320

Experiência anormal
  significação filosófica 16n. 8, 17, 54n. 62, 62-64, 222, 267

Experiência dos sentidos/ conhecimento sensorial 180, 213

Facticidade 112, 139, 153-155, 173, 189, 212, 213, 230-235, 242, 258, 299, 319
  relação com a transcendência 174, 252, 266

Fadiga 258

Fazer (*faire*) 271, 272

Feminismo 304

Fenomenalismo 75, 76n. 75, 77, 86-88

Fenômeno 69-72, 136, 141
  do ser 72-77, 93
  objetividade do 72
  ser do 74, 75, 77, 88-92, 94, 118

Fenomenologia, fenomenológico
  existencial 305, 320
  ontologia 136, 209
  redução (*epoquê*) 30, 45, 133, 197
  método 14-15, 18, 21, 30, 36, 42, 62
  tradição após Sartre 307-313
  cf. tb. Heidegger; Husserl

Feuerbach, Ludwig 295

Ficção
  de Sartre 16, 18, 19, 66, 134, 249, 259, 301, 302
  e metafísica 111, 116, 241

Fichte, Johann Gottlieb 24-25, 26n. 16, 27, 27n. 19, 58, 136, 227, 324
  Wissenschaftslehre 24, 27

Filosofia analítica, e *SN* 55, 56, 83n. 81, 305n. 154, 323, 325-328

Fim (*fin*) 227, 249

Fisicalismo; cf. Materialismo

Flaubert, Gustave 268

Flynn, Thomas R. 318n. 175, 322n. 182

Forma/estrutura sujeito-predicado 46, 51, 54, 54n. 62, 93, 123, 147, 181, 187, 224, 237, 271
Foucault, Michel 321, 322n. 182
 A ordem das coisas 321, 322n. 182
 crítica a Sartre 323
 Crítica de Sartre a 322-323n. 184
 "Verdade e poder" 322n. 182
Fox, Nick Farrell 325n. 187
Fragilidade 102, 105
Frank, Manfred 81n. 80
Franks, Paul 23n. 15
Freud, Sigmund 185n. 109, 184-187, 229, 255, 268-270, 269n. 122, 274, 321
Fuga, do para-si 40, 99n. 87, 170, 173, 224, 265
Futuro 109, 167-173

Gênero 235
Genet, Jean 240, 320
Gestapo 19
Gosto 274
Graça 274
Gutting, Gary 13n. 1, 304n. 152, 321n. 180

Habermas, Jürgen 324
Harmonia preestabelecida 127, 131
Hayman, Ronald 13n. 1, 16n. 7, 16n. 8, 303n. 149
Hegel, Georg Wilhelm Friedrich 14, 20, 24, 25, 46, 47, 50, 51, 56, 107, 116n. 92, 129, 133, 135, 160, 173, 176, 189, 195, 197, 206, 209, 261, 266, 300, 322n. 183, 323
 crítica de Sartre a 107-110, 197, 207, 259, 261, 265
 Enciclopédia 24
 Fenomenologia do espírito 15, 160, 197
 Lógica 24, 107
Hegeliano de esquerda 295
Heidegger, Martin 14, 16n. 6, 19, 46, 58, 70, 99n. 87, 115, 116n. 92, 140, 166, 172, 195, 231, 311n. 160, 322, 324
 (ente/Ser) ôntico/ontológico distinção 73-75, 110, 312
 Carta sobre o "Humanismo" 310-314, 311n. 160, 322

Crítica a Sartre 19-20n. 13, 311-314
crítica de Sartre 19-20n. 13, 72-76, 94, 97, 98, 109-111, 197-200, 231, 264, 275
O que é metafísica? 16n. 6, 19-20n. 13
Ser e tempo 14, 73n. 74, 74, 86n. 83, 197, 313
cf. tb. *Dasein*
Heinrich (*Le diable et le bon Dieu*) 316
Hipóteses, da metafísica 292-293
História 25, 235, 314, 318-319, 321n. 181
filosofia da 21, 235
"História antropogenética"; cf. Ser-para-si, gênese do historicismo 315n. 167, 324
Howells, Christine 296n. 141, 311n. 159, 325n. 187
Huis clos (entre quatro paredes) 301
Humanismo 280, 287, 312, 321, 322n. 183
Hume, David 23, 147, 276, 277, 281

Humor 73
Husserl, Edmund 14, 15n. 3, 16n. 6, 18, 19, 26, 29-37, 42, 58, 70, 77, 78, 99, 115, 116n. 92, 119n. 97, 136, 195-196, 322, 322n. 183
As conferências de Paris 15n. 3
Meditações cartesianas 15n. 3
Hylê (conceito de Husserl de) 87, 88n. 84

Ics. [Inconsciente] 184, 268
Id (conceito de Freud de) 184
Idealismo 76, 86
absoluto 85, 163
berkeleyano/empírico 77, 86, 119, 169, 242
e o Outro 192-194, 196, 198, 206
Rejeição do, e argumentos contra por parte de Sartre 30n. 21, 58, 65-67, 75, 77, 86-92, 95, 107, 119, 120n. 98, 126, 164, 167-169, 192-194, 195, 196, 197, 206

Sartre e o 115, 117-120, 120n. 98, 125-129, 163, 304
cf. tb. Idealismo alemão; Fenomenalismo; Oposição realismo/idealismo; Idealismo transcendental

Idealismo alemão cf. Fichte. Hegel, Schelling

Identidade judaica 303, 309

Igreja Católica Romana 303

Iluminismo 286

Imagem mental 79n. 79, 220

Imaginação 29, 40n. 39, 43, 79n. 79, 88n. 84, 90, 220-222, 309

Imaginação 32n. 24, 40n. 39, 79n. 79, 88n. 84

Impulsos 179, 185, 237

Inclinação 237, 282

Incompatibilismo 225

Inconsciente 199, 238, 256, 268-270, 273, 317

Indeterminação, indeterminismo 225

Indiferença 261

Infância 268

Injustificabilidade 153, 239, 244

Instrumentalidade 166, 212, 213

Intenção 220, 229

Intencionalidade 31-33, 61, 79, 83, 98, 163, 307

"Intencionalidade" 78n. 77, 79n. 78, 79n. 79, 99n. 87, 119n. 97

Interrogativo 102-103

Intersubjetividade 202-210, 213-215, 260-267, 284-285, 297, 308
do mundo 130-132
cf. tb. Conflito; Outro(s)

Intuição 23, 105, 106, 146, 163, 193, 194, 296
metafísica/filosófica 55, 57, 62, 64, 197, 208, 294, 295n. 138, 298, 318n. 176

Investigações filosóficas 13

Involuntariedade 228

Irracionalidade, humana 53, 186, 256

Irracionalismo 314

"Irredutíveis" 237

Jacobi, Friedrich Heinrich 22-24, 22n. 14, 23n. 15, 25, 27, 83n. 81, 295, 305, 328
Janicaud, Dominique 13n. 1, 67n. 73, 301n. 144
Jaspers, Karl 236
Jogo 271
Jopling, David 311n. 159
Juízo 78, 93, 100, 103, 226
   e negação 100, 101, 103-107, 112-114, 123, 222
   modal 161
   prático 280
   cf. tb. Forma sujeito-predicado

Kanapa, Jean 313n. 165
Kant, Immanuel 13, 22-23, 30-31, 56, 71, 121n. 99, 193, 282n. 131, 328
   Crítica da razão pura 34n. 29, 280n. 128
   crítica de Sartre a 30n. 21, 32n. 25, 60, 66, 70-72, 92n. 85, 120, 120n. 98, 167-169, 192-194, 196, 280, 280n. 128, 282n. 131
   ética 58-60, 280n. 128, 281
   Paralogismos da razão pura 34n. 29
   refutação do idealismo 92n. 85
   relação de Sartre com 16, 30n. 21, 34n. 29, 58-60, 65-67, 92n. 85, 118-120, 126-128, 132, 134-137, 136n. 104, 163, 166, 238, 247, 278, 279, 280n. 128, 284, 286, 328

Kelly, Michael 13n. 1
Kierkegaard, Søren 15, 19-20n. 13, 25-26, 26n. 16, 26n. 17, 324
   Concluding Unscientific Postscript 25, 26n. 16
   O conceito de temor 26n. 17
   "Kierkegaard and the singular universal" 26n. 17
Kleinberg, Ethan 13n. 1, 15n. 4, 311n. 160, 322-323n. 184
Kojève, Alexandre 15, 15n. 4, 20
Kruks, Sonia 304n. 152

La Rochefoucauld, François de 37, 283n. 132
Lacan, Jacques 15, 317, 326
   crítica de Sartre a 322-323n. 184

falta (de ser) (*manque d'être*) 54, 111, 155-160, 162, 166, 179-180, 226, 246, 275, 299
Langer, Monika 309n. 157
"L'anthropologie" 134n. 103, 317n. 173, 322-323n. 184
Le diable et le bon Dieu 316
Le Havre 17
Leak, Andrew 13n. 1, 303n. 149
Lefebvre, Henri 313n. 165
Lei(s)
de séries de aparências 71
do *cogito* pré-reflexivo 143, 177
moral (de Kant) 59-60
natural/da natureza 58n. 66, 93, 217
psicológica 180, 236, 255
transcendental (de Kant) 120
Leibniz, Gottfried Wilhelm 161, 194, 297
Les Temps modernes 302
Lévinas, Emmanuel 15, 18, 309-310, 311n. 159, 323
Totalidade e infinito 309
Lévi-Strauss, Claude 321
crítica a Sartre 321
crítica de Sartre 322n. 184
O pensamento selvagem 321, 321n. 181
Lévy, Bernard-Henri 13n. 1, 19n. 11, 26n. 18, 302n. 146, 304n. 151, 308n. 155, 318n. 176
Liberação 301
Liberdade 23, 28, 40, 45-64, 218-236, 219n. 116, 244-250, 287n. 135, 297, 316-210, 324
absoluta 67, 133, 230, 271
afirmação da 252, 261, 266, 279, 283, 284-288
"argumento chefe" para 50
autonegante 254, 255
cenário da vertigem 222-223
cenário do jogador 222-223
como explanatória 240, 245
como pressupondo liberdade do Outro 284
consciência/experiência da 222-223
de ação 232
discussão posterior por Sartre 235, 315-321, 316n. 172
e idealismo 58-59, 65-66

e o nada 138, 219, 219n. 116, 222, 225, 226
e razão/racionalidade 249-250, 255, 282
e realismo 58, 65-66
e vontade 219, 228, 228n. 117
empírica 232-233, 235
epistemologia da 41n. 44, 45-47, 49-56, 59-61, 64, 133, 134, 135, 138, 218-226, 247-248, 298-300, 307-308, 322n. 183
incondicionada 232-233, 234, 315
"liberdade cartesiana" 219n. 116
limites da 206, 232-233, 234, 316-320
ontológica 232-233, 234, 247, 278, 319
Outro como limitante 205, 234
"poderia ter agido de outro modo" 225, 230
política 248
realização coletiva da 280
reflexivamente apreendida (angústia) 222-223
sem essência 246
teoria da criticada liberdade de Sartre 230, 244, 308, 314, 315-320, 316n. 172
Libertarianismo 224
Linguagem 213, 235, 317, 325
Lógica 255
"Lugar" 231
Lukács, György 313
crítica a Sartre 313

Má-fé (*mauvaise foi*) 179, 186, 187, 220, 223, 250-257, 276
"campeão da sinceridade" 251
Conduites ["padrões"] 251-252, 254
"homossexual" 251, 256, 260
relação com o autoengano 252-255
Magia 67n. 72, 131, 186, 208, 217-218, 257n. 120, 278-279, 287n. 136, 305-306, 305n. 153
Marcel, Gabriel 245
crítica a Sartre 67n. 72, 245, 257n. 120, 276-278, 287n. 136, 304-307, 305n. 153

"Existencialismo e liberdade humana" 304

Marcuse, Herbert 314-315, 314n. 166, 315n. 167
 crítica a Sartre 314-315

Marion, Jean-Luc 305

Marx, marxismo, marxista 321
 crítica a Sartre 314-315
 Sartre e 20, 241, 302, 302n. 148

Masoquismo 262

Materialismo, materialista 58, 58n. 66, 134n. 103, 186, 211
 ateísmo 295
 dialético/histórico 314, 315
 eliminativista 61, 112, 299

"Materialismo e revolução" 297n. 142, 302n. 148, 303n. 150, 317, 321n. 180, 305

Mauvaise foi cf. Má-fé

McBride 284n. 133

McCulloch 327n. 190

Mecanismo de censura 185-186

Melancolia 43, 43n. 49

Mente, mental; cf. Consciência; Psiquê; psicologia

Mente-corpo, problema/relação 211, 215-217

Merleau-Ponty, Maurice 15, 19, 137n. 105, 289, 302, 306-310, 321
 crítica a Sartre 67n. 72, 99n. 88, 132n. 101, 289, 306-310, 309n. 157, 311
 "Interrogação e dialética" 308
 Fenomenologia da percepção 306, 308
 O visível e o invisível 67n. 72, 99n. 88, 132n. 101, 308-309
 "Sartre e o ultrabolchevismo" 308

Mescalina 16n. 8

Metafilosofia 50
 de *SN* 19n. 13, 132-138, 137n. 106, 176-177, 308
 cf. tb. Ponto(s) de vista(s) de *SN*

Metafísica
 da cognição 162
 ficcional/como ficção 111, 117, 241
 hipóteses da 292-293
 vs. ontologia 291, 292, 294, 297

Metáfora, em *SN* 328

Metapsicologia (de Freud) 184-187, 269-270
Metodologia, de Sartre 47-48, 129, 141, 188, 315, 323
cf. tb. Cartesianismo; Perspectiva/perspectividade; Transcendental, argumentação/método em Sartre
"Meu", "minha", "minhidade" 30, 181, 200, 221, 270, 271, 317
do mundo
"Mim" (*moi*) 38, 222
Mobiles 227, 239, 249, 259
Mônada, Monadologia 194
Monismo 306-307, 309
cf. tb. Espinosa
motivacional 259, 270
Moore, G.E. 89
Moralidade; cf. Ética
Moralistas franceses 37, 257, 283n. 132
Moran, Richard 327n. 190
Morris, Phyllis Sutton 327n. 190
Morte 231, 281
Motifs 227, 239, 249

Motivação 37, 112, 155, 175, 179, 220, 236, 250, 256, 257-259, 276, 281, 283, 283n. 132
intersubjetiva 260-262, 265-267
irracional 186, 255
metafísica 256-258, 259, 270-272
monismo da 259, 270
cf. tb. Consciência, motivação da
Motivos (*mobiles*) 221, 227, 239, 249, 259
Mougin, Genri 313n. 165
Movimento 165
Mundo, objeto-mundo 117-118, 121-131, 140, 164, 165-167, 289, 290
como totalidade 165, 290
compartilhado 130-131
e egoidade 125, 148
relação com o ser-em-si 116-125, 140
unidade do 165
cf. tb. Responsabilidade, pelo mundo

Nada (*le néant*) 60, 101-115, 118, 138, 141, 147, 152, 155-156, 219, 220, 222, 225, 226
  concreto 106-107, 110
  e liberdade 19n. 11, 138, 218, 221, 224, 226
  self (*soi*) como 148
  teoria de Hegel do 107-109
  teoria de Heidegger do 109-110
  cf. tb. Consciência, como nada
Nadificação (*néantisation*) 107, 111, 129, 161, 169, 220, 221, 225, 233, 246, 289, 290, 293
Nancy, Jean-Luc 322n. 183
Não-auto-identidade 55, 124, 151, 172, 181, 253, 326
Natanson, Maurice 117n. 96, 136n. 104
Naturalismo 26n. 18, 44n. 50, 56, 58, 60, 61, 62, 64, 142, 269, 328
  crítica de Sartre ao 58n. 66, 58, 60-63, 62n. 67, 64, 142, 188, 210, 213, 215, 243, 323

Natureza 315
  filosofia da 24
  ordem natural 225
Náusea (A) 17-18n. 10, 18, 54n. 62, 62-64, 122, 295, 305
Nazis, nazismo 19, 302-303n. 148
Necessidade factual (*nécéssité de fait*)
Necessidade, necessário 208-209, 226
  contingente 209
  de minha contingência 212
  factual 154, 207, 209, 246
  ser 154
  teleológica 212
  transcendental 65n. 70, 165-166
Negação 101-107, 103n. 89, 108, 109, 114
  a priori 103
  e juízo 100, 101, 103-107, 112-114, 123, 222
  e motivação 220-221
  externa 100-101, 165, 194
  interna 100, 195, 205, 208, 262
  intersubjetiva 204, 260
  poder da, cf. Nadificação
  reflexiva 204, 254, 255

Negatidades 107, 130, 222
Neokantismo 13, 15
Neurose 268
Nietzsche, Friedrich 16n. 7, 17n. 9, 17-18n. 10, 26n. 18, 241, 245, 278-279, 282, 324 cf. tb. Eterno retorno
Niilismo 22-23, 67, 277, 285n. 134, 303, 305, 328
"Nós" (*nous-objet*) ["*us*"] 263, 264
Noumena, nominal 59, 65, 121, 238
Nouvelle Revue Française 18

O imaginário 16n. 8, 17-18n. 10, 44n. 51, 54n. 62, 220, 228n. 117
O que é literatura? 62n. 68, 280n. 128, 309n. 157
Objetividade, existência objetiva 25, 71, 72, 90, 106
e intersubjetividade 130-131
Objeto-mundo; cf. Mundo
Obras literárias, de Sartre 17, 18, 20, 67, 249, 259, 301, 302, 302-303n. 148

Obrigação (consciência como) 146, 147, 226-228, 242, 243
Obrigação, moral 282n. 131
Obscenidade 274
Ocupação 19, 303, 316
Ódio 262-263
Omnis determinatio est negativo 103
Ôntico/ontológico (entes/Ser) distinção (de Heidegger) 73-75, 110, 199, 312
Ontologia
básica 64, 69-97, 101, 122-127, 137, 139-141, 306, 308
monísticas 307-308, 309
plena 124-126, 140-141, 158, 165, 274, 306
primado da 133n. 102
vs. metafísicas 290, 292, 294, 297
cf. tb. Dualismo, da ontologia de Sartre
Oposição realismo/idealismo objetivo de Sartre de transcender o otimismo 14, 46, 94, 259, 287
"ontológico" 299

371

Organismo, orgânico 211, 212, 216
forma/unidade 152, 183
vida/fenômenos 180, 183, 315
Os caminhos para a liberdade 301
Outro(s) 188-211, 213-216, 231, 309-311

Paixão 228, 229, 255, 276, 282
Para-si cf. Ser-para-si; Estruturas do para-si
Parmênides, parmenidiano 121, 124n. 100
Partido Comunista Francês 302, 302-303n. 148, 313
Passado 168-173, 174-176, 177, 182, 220, 223, 231, 240
Percepção 31, 70, 71, 79n. 79, 107, 208, 306, 327n. 190
Percipere (etc.) 78n. 76
Permanência 165
Perspectiva/perspectividade, nos argumentos de Sartre 19n. 13, 89-90, 92, 100, 129, 133-139, 144, 146, 269

cf. tb. Ponto de vista, perspectivista
Pessoa/personalidade
Pessoalidade 40, 52, 148, 255
unidade da 36, 38-39, 48, 53, 82, 185, 230
cf. tb. *Self*
Platão, platonístico 16, 56, 124n. 100, 155, 278, 281
Política
implicações políticas de *SN* 280, 303
de Sartre 18, 20, 301, 302-303n. 148, 303, 308, 314, 315n. 167, 317
teoria política 235
Ponto(s) de vista de *SN*
absoluto (não perspectivista) 131-134, 135-138, 210, 225, 287, 298, 299, 308
metafilosóficos 132-136, 132n. 101, 136n. 104, 160, 211, 287, 296-300
perspectivista (copernicano) 133-138, 136n. 104, 177, 211, 287, 297-299
Pós-estruturalismo 320, 321n. 180, 322

Pós-guerra
  anos 302-303
  arte 302n. 145
"Posição" 231
Pós-metafísica
  filosofia 324, 325
Pós-modernismo 325n. 187, 326, 326n. 188, 326n. 189
Posse 101, 271, 273
Possibilidade, "o Possível", "meus possíveis" 118, 161-162, 171, 222, 223, 258
Poster, Mark 13n. 1, 302n. 147, 313n. 165, 321n. 180
Potencialidade (potência) 71, 162, 165
Prático(a) 21, 26n. 16, 43, 49, 102, 166, 222, 226-227, 235, 243-245
  juízo 280
  objetivo de *SN* 54-56, 133, 244, 248-249, 277
  primado da 137-138n. 106
  razão 220-222, 227, 253-255, 282-283
  relação com teórica 133, 137-138n. 106, 217, 225, 312

silogismo 254
cf. tb. Ética; Responsabilidade; Valor
Prazer 143, 177, 181
Predicação contraditória (do para-si) 52, 55, 135, 170, 173-177
Presença para si (*présence à soi*) 147, 148, 291, 322
Presença
  da reflexão para o refletido 275
  de mim para o Outro 191
  do Outro para mim 189, 191, 192, 203, 213
  do para si no em-si 151, 164, 170
  do *Self* 148
Presente 167, 168, 170, 171, 220
"Primado do conhecimento" 100, 150, 198, 207
Primeira Guerra Mundial 14
Primeira pessoa (perspectiva de) 47-48, 189, 236
Primeira pessoa plural cf. "Nós" ["*we*"]
Princípio da razão suficiente 85, 133, 236

Probabilidade 165

Problema das outras mentes 188, 190, 191, 192, 199

Projeção (mecanismo de) 131, 274

Projeto fundamental (de tornar-se Deus) 255-259, 262, 266, 272, 275, 281, 283, 284

Projeto original (escolha de mim mesmo) 128, 129, 130, 155, 230, 234, 236-240, 242, 244, 255, 258, 259, 267, 275
pré-lógico 255
modificação radical do 239

Projeto
do para-si, de encontrar a si mesmo 290, 291
cf. tb. Projeto fundamental; Projeto original

Proposição especulativa 46, 51

Propriedade (de estados mentais) cf. Posse

Proust, Marcel 16, 183

Prova 47, 207
e liberdade 46, 49, 223
cf. tb. Prova ontológica

Prova ontológica 88-92, 92n. 85, 97-98, 130, 160-161, 208

Psicanálise
empírica (freudiana) 184-187, 185n. 109, 229, 255, 267-270, 269n. 122, 274, 320
existencial 187, 236, 248, 259, 267-270, 272, 273, 274, 281
método da 268
cf. tb. Simbolismo

Psicologia, psicológico 16, 39, 52, 177-182, 182n. 108, 187, 215, 236, 237, 238
"fatos"/estados 83n. 81, 177, 182, 252, 254
forças 37, 179, 224
leis 180, 236, 256
tipos 236
cf. tb. Senso comum; Psicologia; Psiquê

Psicologia/*self* 37-38, 39, 40n. 39, 42, 43, 53, 61-63, 79, 141, 159, 177-178, 187, 210, 222-223, 229, 236, 254-256
realidade 103
reflexão 149, 151
relação com o Outro 203, 205, 208
responsabilidade 243, 248

teleologia 143
tempo 169
Psiquê/o psíquico 39, 83n. 81, 159, 169, 177, 182-183, 184, 187, 191, 200, 204, 220, 223, 229, 236, 270, 272, 275, 282, 283

Qualidades
das coisas (afetivas, "precisando-ser-apanhadas" etc.) 43, 126, 130, 274
de pessoa (mental/psíquica) 37
qualidade, na realidade empírica 70, 164
simbolismo das 273-274

Raça 235
Racionalidade cf. Razão
Rassemblement Démocratique Révolutionnaire
Razão (razões) 239, 249-250, 254-256, 277
dialética 321n. 181
espaço da 250
faculdade da 250
para ação 227, 249, 259, 280, 281
prática 221-222, 226, 254-256, 282-283
pressupõe liberdade 250, 255, 283
cf. tb. Prática, razão
Realidade
empírica 118-119, 123, 164-166, 172
humana (*réalité humaine*) 140, 219, 243, 258, 270, 297, 299, 314
transcendental 59
Realismo
direto 89, 98
empírico 65, 119
e o Outro 192, 193, 195, 203, 206
Sartre e 57, 73n. 74, 77, 115, 117-120, 125-127, 128-129, 136, 163-165
rejeição do, e argumentos contra por Sartre 66, 95, 126, 167, 192, 195, 243, 286
transcendental 119
(O) recife do solipsismo [*The Reef of solipsism*] 192, 194

375

Reconhecimento (intersubjetivo) 15, 197, 198, 260, 263, 302

Redução, fenomenológica 30, 45, 134, 197

Reflet-reflétant, refléter 144-147, 150-151, 152, 170, 177

Reflexão (*réflexion*) 30, 33, 34-36, 48, 80-82, 141, 144, 149-152, 172-173, 181-183
 e ceticismo 90-93
 e consciência da liberdade 222-223
 e consciência do Outro 190-191
 ekstasis 171-172
 impura/acessória 54, 183, 275
 pura 41n. 44, 166, 183, 249, 275, 275n. 124, 276n. 125, 277, 281
 réflechir vs. refléter 144
 teleologia da 142, 151, 210

Reflexividade; cf. Autorrelação

Regulativo 194, 267

Reino dos fins 279, 280n. 128

Relações concretas com o(s) 183, 188, 190, 259-267

Relações concretas com Outros 183, 188, 190, 259-267
 cf. tb. Conflito

Relações ontológicas (*vs.* epistemológicas) 75, 97-101, 158, 198, 204-205, 222
 com o Outro 198-199, 204-206, 207
 dinâmicas 100, 205
 externas 100-101
 internas 100, 158, 205
 negativas 100, 205, 207

Relações
 do conhecimento; cf. Epistemologia, relações epistemológicas
 sujeito-sujeito 203
 do ser; cf. Relações ontológicas
 externas 100-101, 146, 165, 166, 194
 extramundanas 203
 internas 100, 194, 198, 205, 245, 271, 292
 cf. tb. Relações concretas com Outros; Negação relacionamentos, humanos; Conflito

Religião, consciência religiosa 14, 25, 27, 285, 294
cf. tb. Deísmo; Deus; Teologia
Renaut, Alain 13n. 1
Renúncia [*resignation*] 282
Representações, mentais 79, 89, 100, 150, 152, 168, 181, 191, 194
Repressão 184-185
Resistência (psicanalítica) 185
Resistência, França 14, 19n. 11
Responsabilidade 26n. 18, 133, 186, 234, 239, 248, 250, 252, 270, 310, 319
definida, como autoria 243
pela humanidade 280
pelo mundo 66n. 71, 127, 129, 241-245, 248
pelo passado 170
sentido transcendental de 243, 249
Richmond, Sarah
Rockmore, Tom 13n. 1
Românticos alemães 328
Rousseau, Jean-Jacques 16n. 7

Sacks, Mark 140n. 107
Sadismo 262, 263
Saint-Genet 276n. 125
Salvação 284-288
Schelling, Friedrich Wilhelm Joseph 24-25, 27, 58
Schiller, Friedrich 271
Schopenhauer, Arthur 16n. 7, 25, 160, 276-277, 281
Sede 179-180, 258
Segunda Guerra Mundial 14
Self transcendental/sujeito/*self*/ego 29-37, 33n. 26, 41, 52, 65, 120, 196
"verdadeiro *self*" (*Moi profond*) 224
cf. tb. Autoconsciência; Autorrelação; *A transcendência do ego*
Self, egoidade [*selfhood*] 139, 141-149
carece da forma sujeito--predicado 52-54
"circuito da egoidade" (*circuit d'ipséité*) 149, 166, 260, 265, 272
concepção partitiva do 186, 187, 224, 229

distinção *self*/mundo 64
e nada 147
egoidade (*ipséité*) 125, 141,
  148, 171, 189, 209
escolha original; cf. Projeto
  original
espaçotemporal 153, 204,
  243
presença a si (*présence à
  soi*) 147, 148, 291, 323
reforço do, pelo Outro 209,
  260, 262
Self (ideal metafísico) 148,
  157-158, 171, 172, 225,
  271
teleológico 147
teoria do "feixe" 237
teoria do "*substratum*" 237
teorias da "não-propriedade"
  147
transcendente (ego) 38-39,
  148
Sensação 180
Senso comum, crítica de Sartre
  ao 56, 216-218, 226, 268,
  304-306, 328
corpo 211, 215
desejo 179, 270, 271,
  272-273
emoção 42, 43-44

intersubjetividade 131
liberdade 50, 221-224, 227,
  228, 230, 231, 233
proto-naturalista 103
Ser
como necessário
  (autofundante) 154
como passivo 38, 44, 87-88,
  118, 251
como relativo ao sujeito 86
conceito de 22, 24, 25, 26
concepções deflacionárias
  do 73, 74, 75, 76n. 75
conhecimento do 75
contingente 209
da aparência 73, 76
desejo do 270, 272
desvelamento/revelação do
  (*dévoilement d'être*) 284,
  287
do fenômeno 75, 76, 88,
  93, 118
e aparência 70
irredutibilidade conceptual
  da relação com conceitos
  e juízos 23, 24, 26, 75, 93
medido pelo conhecimento
  (idealismo) 77, 86, 196
modos de, múltiplos 51, 55,
  61, 65, 112, 113, 248

relações de; cf. Relações
  ontológicas
  significado/*Sinn* do (a questão
    de Heidegger) 94
Ser-em-si 60, 93-95, 96, 113,
    117, 118, 121-126, 132
  além da negação 93, 102,
    118
  além das categorias metafísicas
    93-94, 118, 122, 250
  autoidêntico 93
  contingência absoluta do 94,
    156
  crítica de Wahl 115
  e realidade mundo-objeto/
    empírica 117-124, 140
  não matéria 94
  não noumenal 121
  primado, ontológico 129
  tentativa de encontrar a si
    mesmo 156, 290, 292
  unidade do 94
Ser-em-si-e-para-si 157, 258,
    262, 270, 271, 295n. 138, 296
Ser-no-mundo 95, 96, 97,
    99n. 87
Ser-para-outros
  ser-para-o-Outro 172, 189,
    191, 204, 206, 209, 213, 257,
    263

Ser-para-si 94, 96, 172, 275, 283
  contingência do 154
  estruturas imediatas do
    para-si 120, 124-125, 138,
    188, 297, 300
  gênese do ("história
    antropogenética") 111-112,
    147-149, 154, 156, 288-293,
    297-299
  individuação do (para-si) 119,
    241
  não-idêntico-a-si 55, 124,
    151, 173, 183, 253, 326
  praticamente orientado 166
  primado, metodológico 129
  unidade do 229
  cf. tb. Projeto fundamental;
    Falta; Nada; *Self*; Teleologia,
    do para-si; Emergência
Sexualidade, relações sexuais
    28, 179, 251, 263, 267, 274
Significado ontológico 273
Simbolismo, simbolização 186,
    259, 267-269, 272, 273-275
  das coisas 273-275
  existencial 273
  freudiana 184
Simpatia 267
Sinceridade 252, 260

Síntese, sintético 144, 157
   do ego transcendente 38-40
   do ser-para-si 157, 290, 291, 293
   intersubjetiva 265
   kantiana 30, 163
   pré-lógica 255
   unidade da consciência 35
Sistema/sistematicidade
   compromisso de Sartre com 26, 26n. 28, 28, 45, 55, 114, 180, 324, 328
   filosófico 23-25, 50, 238
   oposição a 56
Situação, caráter de situado 152-154, 183, 213, 223, 229, 230-235, 259, 264, 284, 316, 319
Socialidade, social 266
   fenômenos 314, 317-320
   ser 153, 210, 235, 315
   teoria 235, 315, 317
   cf. tb. "Nós" ["*we*"]
"Socialismo e liberdade" 19
Société Française de la Philosophie 300
Sofrimento 159, 160
Solipsismo 131, 189, 194, 195, 196, 200-201, 208

Sonhos 90, 268
Stalag [campo] 19, 19n. 12, 27
Strawson, P.F. 36n. 33, 140
Substância, substancialidade 41, 54, 85, 93, 183
   cf. tb. Forma sujeito-predicado
Sujeito, subjetividade 32n. 25
   conceito de Kierkegaard de 25-27
   morte do 315, 320-323, 322n. 182, 326, 326n. 189
   cf. tb. Ser-para-si; Consciência; Autossubjetividade/ objetividade
Surrealistas 16n. 7

Tarefas 166
Teísmo 23, 36, 243, 294, 295, 297, 299
Teleologia, teleológico
   abortiva 287, 288
   da temporalidade 168-172
   das relações intersubjetivas 266
   do para-si 142, 145-146, 148, 152, 154, 156, 163, 168-173, 178-180, 228, 253, 260, 264, 281

explanação do corpo 212
explanação do Outro 210
Tempo cf. Temporalidade
Temporalidade, temporalização
  93, 118, 139, 151, 164,
  167-172, 182, 220, 246,
  275, 290
  como ordem formal 171
  como totalidade 168, 171
  concepção idealista da
    168-169, 171
  dinâmica vs. estática 171
  explicação fenomenológica
    da 168-171
  explicação ontológica da 171
  original 167, 275
  psíquica 169, 182, 275
  "tempo do mundo" (objetivo,
    "universal") 164, 172, 204
  visão realista da 167, 171
Teologia 27, 133, 281, 288,
  294, 305
  negativa 296
  cf. tb. Deísmo; Teísmo
Ter (avoir) 271
Terceira pessoa (perspectiva)
  83n. 81, 236
Terceira República 14
Terceiro, o (Le Tiers) 264

"Ter de ser" (avoir à être) 94,
  145, 147
"The legend of truth" 17n. 9,
  54n. 62
"Totalidade destotalizada"
  293-294
Totalidade do; como um todo/
  em geral 96-97, 110, 133,
  149, 289, 292, 294, 297,
  298, 299
  transfenomenal, do(a)
    consciência/sujeito 86, 88
  transfenomenal, dos objetos
    da consciência 76, 77,
    88-91, 94
Totalidade
  "destotalizada" 293-294
  "Eu-e-Outro" 262
  consciência como 34, 42
  de aparências 72
  de existentes (realidade) 113
  de para-si-mesmos 298
  de ser; cf. Ser, totalidade de
    definida 293
  mundo como 164, 290
  para-si como 151
  pessoa/sujeito como 238,
    241, 268
  tempo como 169, 171

381

Tragédia, trágico 285-287
Transcendência (estrutura do para-si) 30, 72, 88, 109, 114, 128, 139, 158, 159, 163, 189, 208, 213, 221, 226
da consciência, em direção ao objeto 71, 72
do ego 36-40
Outros, de mim 203, 234
relação com a facticidade 174, 251, 266
"transcendência na imanência" 221
transcendência-transcendido 213
(A) transcendência do ego 14n. 2, 29-42, 33n. 26, 37n. 34, 40n. 42, 48, 52, 54n. 63, 78n. 77, 141, 148, 152, 177-178, 183, 200-201, 212n. 114, 224, 228n. 117, 237, 269, 283n. 132
impessoalidade da consciência, tese 31-37, 32n. 24, 39, 40, 41n. 45, 148, 200, 283n. 132

Transcendental
argumentação/método em Sartre 30n. 21, 83, 83n. 81, 89-91, 92n. 85, 113, 119, 139, 149, 164-166, 171
condições/fundamentos 29-32, 65n. 70, 102, 106, 155, 165-166, 167, 171
idealismo 30n. 21, 58, 59, 118, 120, 120n. 98, 121n. 99, 126, 129, 136
necessidade 65n. 70, 165-166
realismo/realidade 59, 118
teoria social 317
tradição 57
cf. tb. *Self*, Transcendental
Trier 19

Unidade do 288, 292, 297, 299
cf. tb. Ser-para-si; Ser-em-si; Existência; Distinção ôntico/ontológico
Unidade
de consciência 31, 39
de *mobile*, *motif* e *fin* 228, 249
de mundo 164
de para-si 229

de pessoa/*self*/sujeito 35, 38-39, 48, 53, 82, 186, 230, 236-238
de Psiquê 183
de ser e aparência 70, 73
de ser-em-si 93
do ser 289, 292, 297, 299
na dualidade da autoconsciência 142-153, 172
orgânica 152
Utilitarismo 282

Valor 17n. 9, 21, 57, 58n. 66, 137-138n. 106, 139, 155, 157-161, 228, 258, 271, 278-284, 282n. 131, 285-288, 312
"Antivalor" 274
cf. tb. Estética; Ética
Verdade 103
Verdade e existência 278
Vergonha 190-192, 201, 203, 205, 214
"Véu de ideias" 79
Vichy 19
Virtual 39, 183
"Visão de lugar algum" 135, 160, 177
Viscosidade (*le visqueux*) 273, 274
Volição; cf. Vontade
Vontade 219, 228, 228n. 117

Wahl, Jean 15, 26n. 17, 302n. 145
"As raízes do existencialismo" 116n. 92
crítica a Sartre 115-118, 116n. 92, 128, 288
Vers le concret 15
Warren, Jim
Whitford, Margaret 309n. 157
Wittgenstein, Ludwig 180

383

Coleção Chaves de Leitura

- *Fundamentação da metafísica dos costumes* – Uma chave de leitura
Sally Sedgwick

- *Fenomenologia do espírito* – Uma chave de leitura
Ralf Ludwig

- *O príncipe* – Uma chave de leitura
Miguel Vatter

- *Assim falava Zaratustra* – Uma chave de leitura
Rüdiger Schmidt e Cord Spreckelsen

- *A república* – Uma chave de leitura
Nickolas Pappas

- *Ser e tempo* – Uma chave de leitura
Paul Gorner

- *A Ética a Nicômaco* – Uma chave de leitura
Michael Pakaluk

- *Suma Teológica* – Uma chave de leitura
Stephen J. Loughlin

- *O ser e o nada* – Uma chave de leitura
Sebastian Gardner

- *Confissões* – Uma chave de leitura
Catherine Conybeare